父母与孩子有效沟通的
指导书

如何说 孩子才会听
怎么听 孩子才肯说

静涛 凤莲◎编著

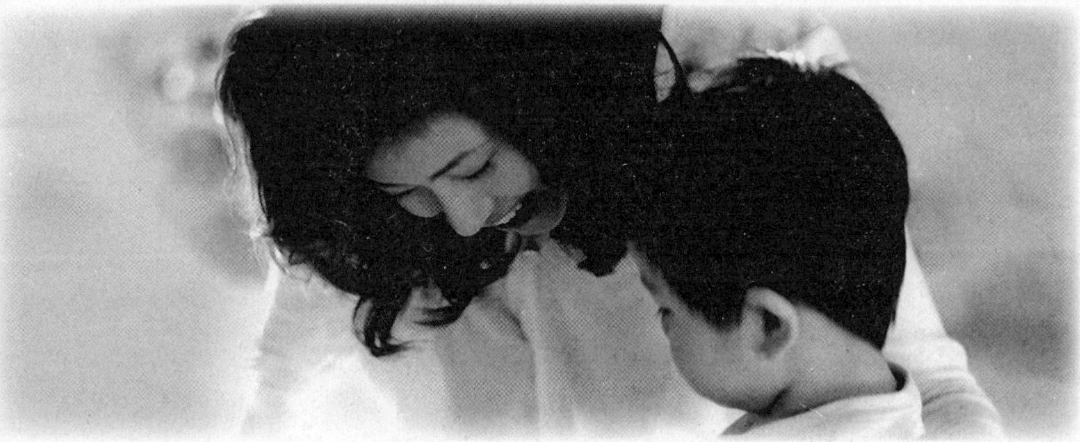

南海出版公司
2019 · 海口

图书在版编目（CIP）数据

如何说孩子才会听 怎么听孩子才肯说 / 静涛, 凤莲编著. -- 海口 : 南海出版公司, 2019.5

ISBN 978-7-5442-9553-6

Ⅰ. ①如… Ⅱ. ①静… ②凤… Ⅲ. ①家庭教育 Ⅳ. ①G78

中国版本图书馆CIP数据核字（2019）第043077号

RUHE SHUO HAIZI CAI HUI TING ZENME TING HAIZI CAI KEN SHUO

如何说孩子才会听 怎么听孩子才肯说

编　　者　静 涛 凤 莲
责任编辑　李凤君
装帧设计　李爱雪
出版发行　南海出版公司　电话：（0898）66568511（出版）（0898）65350227（发行）
社　　址　海南省海口市海秀中路51号星华大厦五楼　邮编：570206
电子邮箱　nhpublishing@163.com
经　　销　新华书店
印　　刷　北京柯蓝博泰印务有限公司
开　　本　710毫米 × 960毫米 1/16
印　　张　20
字　　数　270千
版　　次　2019年5月第1版　2019年5月第1次印刷
书　　号　ISBN 978-7-5442-9553-6
定　　价　45.00元

前言

“你这孩子怎么那么不听话？”

“我说过多少遍了，你就是不长记性是吧？”

“你等着，看我抽出工夫怎么揍你！”

“看你那德行，早知这样我生你干啥？”

“你能不能说句话？哑巴了？”

“你可真笨，我就没见过这么笨的孩子。”

面对不听话的孩子，做父母的常常忍不住这样脱口而出。是的，天凉了让加衣服就是不加，地板凉可就是要打赤脚，就是不爱刷牙，就是要把饭弄得满桌子都是，就是要把屋子弄得乱七八糟，到吃饭的点了还要看电视，就是不愿意做作业等等，怎么说都不听。无数家长为此烦恼，家里充满呵斥和吵嚷声，甚至为此打骂孩子。可是这样没用，火药味儿越浓烈，问题就越难解决。

有关教育研究指出：孩子如果生活在批评之中，就学会了谴责；如果生活在敌意之中，就学会了争斗；如果生活在讽刺之中，就学会了害羞；如果生活在暴力之中、地狱之中，就会成为“魔鬼”！

“打骂式教育”不是教育孩子的好方法。经常斥责或打骂孩子的话，会造成严重的亲子隔阂；会让孩子失去自信，悲观厌世；会让孩子变得脾气暴躁，心惊胆战，产生对父母、对学校、对社会不满的情绪；会导致孩子说谎的行为；会促使孩子坠入孤独的深渊；会使孩子学习错误的解决问题的方式；会造成孩子的人格畸形。

所以，天下的为人父母者，如果你的孩子不听话，改变一下你的教育方式吧！认真思考一下，如何说孩子才会听，怎么听孩子才肯说。

天下没有哪一个父母不盼望自己的孩子能成龙成凤的，但无数事例证明，没有一个孩子是在父母的打骂中成才的。打骂威吓可能会起作用，但只是暂时的，不会持久。其实，只有父母会说也会听才能培养出真正优秀的孩子。

父母的一句话，可以照亮孩子的一生，让孩子的人生充满阳光和快乐；同样，父母的一句话亦可以让孩子陷入深渊，一生都在痛苦中挣扎。父母的态度和语言就有这样强大的力量。所以作为父母，应当在孩子面前充当爱神和智者。

要终止家庭中的言语伤害，让孩子快乐、积极、健康、开朗并有勇气克服缺点和困难。同时父母们也应该明确对孩子说什么，知道什么样的话才能让孩子信心十足，以及应该怎样从正面的角度去审视孩子、肯定孩子、表扬孩子、激励孩子，让孩子自信、自强，拥有积极健康的心态和幸福快乐的人生。

光说不够，还要会听。只有用心倾听孩子的心声，才能捕捉到有效的信息，找准教育的切入点。

父母可以从孩子感兴趣的话题入手，不一定要局限于学习方面，不需要有什么框框，有话说就好，也可在共同游戏、活动中，更好地实现心理沟通。倾听是相互的，父母们也可把自己的烦恼和难题讲给孩子听，请孩子帮助想办法，这样可使孩子理解父母的苦恼和工作中的艰辛。父母们还需要有足够的耐心及较高的思想道德修养，只有这样，才能用正确的人生观、价值观、世界观，对“听”出的问题进行分析，对孩子作出正确的引导；只有这样，才能走进孩子的心灵花园，帮助他们清除杂草，生发一切真善美的幼芽。

所以说，教育孩子，能听会说很重要。说，可以“说”出一个好孩子；听，可以“听”出一个好孩子；听说结合，可以实现父母与孩子的完美沟通，有助于培养孩子成才。

目 录

第 1 章

走进孩子的内心，打开孩子的心扉

亲子教育，从心灵沟通开始

雨琦是个出色的“小明星”，各方面都很优秀，有喜欢她的男同学经常送礼物给她。

面对刚刚步入青春期的女儿，妈妈坦然地教她自然地看待这样的事，同时教她怎样友善地拒绝男孩子们的礼物。

女儿很顺利地处理好了这些事情，没有过早地陷入情感的波动中。

美好的青春总伴随着几多烦恼，尤其是对女孩子，母亲的角色在沟通中更能够显示出优势。

当父母的给孩子最好的礼物是什么？是沟通。

沟通，是指通过谈话或其他方式进行相互了解。人与人之间当然也包括父母与子女之间，都需要沟通，需要了解和谅解，才能更融洽地生活。沟通是做父母的都应学会的一门艺术。

在现实生活中，常听到一些做父母的感叹：“孩子长大了，就不听我们的话了。”其实，这主要是父母与孩子缺少沟通所致。为什么相当多的中国家庭缺少沟通而父母不自觉呢？因为在我们的国度里传统的不民主的家庭教育模式影响太深了。不少家庭对孩子是：批评多于表扬，禁止多于提倡，指责多于鼓励，贬低多于欣赏，威胁多于启发，命令多于商量。在这样的背景下，孩子处于不被尊重的地位，怎么可能产生真正的心灵沟通呢？

许多家长自己就是在传统观念影响下长大的，没有意识到家长与孩子沟通对孩子的成长是多么重要。

亲子间沟通的重要性至少有三步：

首先，家长与孩子如果不能沟通，实际上会完全丧失教育权力。

例如在校园暴力中受侮的学生竟然自杀的事件，人们感到奇怪，为什么这些孩子受到欺负不敢向家长述说，非要选择自杀这条路呢？其实主要原因之一就是亲子间平日缺少沟通，孩子误认为如果告诉家长，家长不会相信，自己反而会挨打。可见，亲子间如果不能沟通，孩子远离家长，实际上等于家长完全丧失教育权力。

其次，如果家长与孩子不能进行有效的沟通，肯定会降低教育效果。

现在不少家庭所谓的家庭教育也只是在表面进行。这主要有三种表现：一是无的放矢，家长对孩子的需要不了解，只是家长一厢情愿地向孩子唠叨；二是误解孩子，家长主观地判定孩子的问题，然后进行教育；三是空洞说教，家长对孩子的接受水平不了解，想用成人熟悉的“有分量”的概念去打动、启发孩子。

最后，沟通是减缓压力的良方。

在竞争日趋强烈的今天，孩子们一方面有着优厚的生活条件和良好的学习环境，一方面要承受越来越大的精神压力，这种压力多来自学业。于是一些孩子开始厌学，一些孩子有考试恐慌症。在这种情况下，如果家长还进一步地给孩子施压，效果往往并不好，而家长的理解和良好的沟通则能够大大缓解这种压力。郑州的一位同学在小学升初中模拟考试前夕非常紧张。妈妈就对他说，所谓考试就是考考试试，接着拿自己新近岗位竞聘的经历做例子，鼓励儿子只要考出自己应有的水平就行了。儿子一下子释然。在母亲的帮助下，他慢慢学会了保持良好的心态去战胜自我、迎接挑战。

亲子正面沟通秘诀

人与人之间当然也包括父母与子女之间，都需要沟通，需要了解和谅解，才能更融洽地生活。沟通是做父母的都应学会的一门艺术。

1. 平等地对待孩子

父母要平等对待孩子，设身处地地为孩子着想，努力达到与孩子的相互理解，用经验和成熟的思考引导孩子，但不能一味将自己的喜好强加于孩子。

2. 用尊重的语气发言

用尊重的语气而不是教训的语气发言。尊重孩子会使孩子也尊重你，教训孩子常常带来他们的反感和对立，只会产生相反的效果。

3. 帮助孩子认识自己

父母要正视孩子自我意识的增长和认识能力的提高，指导、帮助他们正确认识自己所处年龄阶段的生理、心理特点，明确指出他们自身尚存的幼稚性、依赖性和认识上的片面性。

4. 可以试着让孩子“参政”

家里的事也可以征求孩子的意见，如果他的意见合理或与大人的意见一致，就以他的意见做出决定，这样可以增加他的“参政（家政）感”和责任感，从而促进家庭关系的和谐。

父母要真诚地向孩子敞开心扉

刘先生不苟言笑，严肃古板，是一位典型的威权父亲，他可能从来未曾体会到孩子的感受，也可能从来没能欣赏孩子的笑容。他负责社区的清洁工作，社区的孩子们都知道，刘先生很凶，脾气暴躁，没人敢接近他。

刘先生的孩子们都惧怕父亲，碰到父亲在场，尤其是吃饭的时候，都不敢讲话。孩子先帮他把饭盛好，稍有一些地方不符合父亲的意思，就得挨骂。有时邻居能亲眼看见，他的小孩在做家务时，动作稍微慢一点儿，他就大吼大叫，孩子们都吓得不敢讲话，低着头拼命做事。

孩子们慢慢长大，都离开了家庭，平时也很少回家。后来，刘先生年老体衰，生病了，没有一个孩子愿意去照顾他，唯独年老的老伴在身旁照顾。

在中国的亲子关系中，有一个很奇怪的现象：父母往往很少向孩子透露自己的内心世界，却要求孩子能够向父母吐露一切，这种不平等的关系是亲子沟通的一道屏障。

刘先生不爱他的孩子吗？他像牛马般地努力工作，难道不是为了家人幸福？只是因为时代与文化环境的局限，让他的观念跟不上来，变得僵化，不知该如何跟孩子们有效沟通，如何温情相处。他的苦，不是他自己愿意的啊！每当看到许多孤单而受苦的老父亲们，我们的内心难道就没什么感触吗？

传统父亲在孩子的心目中“既熟悉，又陌生”。有一位接受调查的孩子无奈地说出自己对父亲的感觉：“我的父亲是个非常严肃的人。从很早以前，我们的沟通就很少、很浅，单独和父亲相处，竟会带给我许多焦虑和不安。并不是因为我畏惧他，而是不知道如何处理与一个陌生人相处所带来的情绪和反应。即使到了今日，我明白这样的关系是我心中一个难解的结，但我依旧不知如何与父亲接近。”

这种父亲往往都坚持父亲的权威不容侵犯。若孩子“不听话”“不乖”，等于是漠视他的命令或者是忤逆他。这会使他感觉权威地位的动摇，因而他就会采取非常手段以巩固他一家之主的地位。即使他自己做错事，也不愿向孩子道歉。这种父亲对其他人都可以道歉，唯独对自己的小孩不行。一个拥有健康人格的孩子，会愿意长期忍受父亲如此的教导方式吗？

父母一味地要求孩子向自己敞开心扉是不行的，父母也需要向孩子敞开心扉。只有向孩子敞开自己的心扉，才能得到孩子的认同，从而促进亲子关系的发展，建立良好的亲子沟通关系。

当孩子关切地问父母“您为什么不高兴啊”“是不是工作上有了麻烦”“您有什么麻烦，能不能告诉我”的时候，父母就应该认真地考虑一下，是否应该敞开心扉跟孩子谈一谈。如果只是搪塞敷衍地说“没什么，很好”或“不关你的事，去玩你的吧”，那就等于是将孩子对父母的关心推开。

父母真诚地向孩子敞开心扉，表现了对孩子的尊重和信赖。为人父母者，若能在孩子面前以一种轻松的方式让孩子接受自己的不完美，承认自己的错误，不仅会让孩子觉得自己与父母更亲近，从而加深亲子之间的感情，而且能把一种坦然、放松的处世态度传达给孩子。

亲子正面沟通秘诀

那么作为父母，如何向孩子敞开自己的心扉呢？

1. 和孩子分享你的喜怒哀乐

有哲人说过：分享快乐，快乐就会加倍；分担痛苦，痛苦就会减半。父母向孩子敞开自己的心扉，分享喜怒哀乐，那么孩子就能感觉到父母对他的信任和尊重，就会更加尊敬父母，向父母敞开心扉。

2. 让孩子了解你的工作状况

现在许多父母的确都很忙，但挤出一点儿时间来陪陪孩子，和孩子说说自己的工作细节，谈谈工作的酸甜苦辣，聊聊成功的幸福体验，对增进自己与孩子之间的情感是十分重要的。

3. 告诉孩子你的隐私或秘密

在父母眼里，孩子永远都是小孩，什么也不懂，很多事情告诉他们也没用。尤其是自己的隐私或秘密如果让孩子知道了，会是一件很丢面子的事情。其实不然，如果孩子知道自己的父母愿意跟自己分享隐私和秘密，便会更加信任父母，父母也就能更容易地走进孩子的内心深处。

总之，父母与孩子沟通一定要讲艺术，只有真诚地向孩子敞开自己的心扉，才能引起孩子感情上的共鸣，从而与孩子建立起一种相互信任的关系，使亲子关系融洽起来。

关注孩子的心声，心教重于管教

在五年级的一节劳动课上，老师在教学生缝制椅子垫。正好赶上“三八”妇女节，老师就号召同学们回家后给妈妈缝一个椅子垫。

老师说：“妈妈平时关心你们，付出了很多心血，你们也应该关心自己的妈妈。送给妈妈一个自己亲手做的礼物，就是关心妈妈的实际行动。”孩子们听了，积极性很高。

楠楠听了老师的话，回家后顾不上做作业，翻箱倒柜地找出布啊，针线啊，忙了半天，辛辛苦苦地给妈妈缝了个椅子垫。长这么大，他还从来没有为妈妈付出过这么多的劳动，他多希望妈妈会因为他变得懂事了而喜出望外啊。他在一针一针缝椅子垫的时候，就想象着妈妈回家后看到这份特殊的礼物时的高兴劲儿。他想给妈妈一个惊喜，就把缝好的椅子垫先藏了起来，不让妈妈看见。

妈妈下班回家，开口问道：“写完作业没有？”

楠楠回答说：“还没有呢。”

妈妈一下来了气：“放学这么半天，你干什么了？”

楠楠说：“妈妈，今天是‘三八’妇女节，我给您做了个礼物。”说着拿出了藏在门后边的椅子垫。

他满以为妈妈会高兴呢，没想到，妈妈不但没有什么惊喜，反而一手抓过椅子垫，说：“你弄这玩意儿干吗？不写作业！”边说边把楠楠忙了半天做的椅子垫拆了。

楠楠当时气得直哭，他对妈妈的一片爱心被妈妈粗暴地伤害了。他万万没想到妈妈会这样。他大失所望，不明白妈妈怎么就不懂自己的心。

教育家经常说，教育要“抓住时机”。对上例中的妈妈来说，孩子亲手给自己缝椅子垫，这是一个多么好的教育时机！它的意义远不止于孩子会干活儿了，其意义主要体现在人的情感上，在孩子的一针一线中浸透着孩子对妈妈的爱和关心，浸透着孩子对妈妈的感情回报。这是一个多么好的母子情感双向交流的机会呀！

专家在对中国和澳大利亚的一些父母进行测试和比较之后，发现中国父母与澳大利亚父母有一点非常明显的差别。那就是，中国的父母最重视孩子是不是听话，是不是认真、刻苦地学习，是不是遵守纪律等等，相对来说不太重视孩子的情感和情绪表现。而澳大利亚父母却把孩子的情绪、情感放在相当重要的位置上，非常重视孩子平时的情绪状态，如孩子是不是高兴、乐观等。专家们把这种现象称作“文化差异”。

你到医院去，说“我病了”，医生会问：“哪儿不舒服？感冒发烧，还是哪儿不合适？”如果你说：“我心情不好，老是不高兴。”医生会说：“你回家吧，我治不了。”他认为你没病。

但是，如果在西方国家，医生听到你说这句话，他一定非常重视，会认真地建议你去找一个精神科医生看一看。因为在他们那里，如果一个人情绪、情感上出了问题，会被人们当作大问题。

这种文化差异给我们的启示之一，就是我们要不要适当地转变一些家庭教育观念？比如，你望子成龙，这并没有错，谁不希望自己的孩子将来有出息？但是，孩子整天坐在那里写啊念啊，学习，学习，再学习，他就能“成龙”吗？如果他的情绪、情感发展不正常，如果他不善于和别人打交道，如果他的“努力”和“勤奋”都是被强迫的，如果他不诚实守信，如果他冷漠无情，不善于理解别人，他将来会怎样？

教育，不要忽视心理的、思想的教育。重才轻思想，就是悲剧的根源。

亲子正面沟通秘诀

家长如何关注孩子的心声呢？

1. 懂得情趣，懂得换花样跟孩子沟通

正面的谈话方式是可以的，但这样的沟通往往被家长演化为“说教”，结果只会让孩子觉得你啰嗦，觉得你烦。所以，多给他们讲故事、谈看法、论时事，在潜移默化中影响他们的思想，这很重要。

沟通，还有一种方法，就是跟孩子共同读一本书，各拿一张纸，把看书的感受和认识写下来，这种互相学习的感觉非常好。有心的母亲最好把这些读书笔记订起来，保留一份最珍贵的亲子沟通记录。

2. 尊重自己的孩子

在日常生活中，我们首先要站在孩子的立场上，设身处地体验孩子的真实感受，多一分对孩子的理解，少一分对孩子的训斥。只有这样，才能加强亲子之间的沟通，创造孩子成长的宽松氛围。你才可能走进孩子的心灵世界，成为孩子的心灵导师。

3. 做孩子最好的朋友

一位母亲经常对孩子说：“你和妈妈是好朋友，你的喜怒哀乐牵动着妈妈的心：你高兴，妈妈就快乐；你遇到不顺心的事情，妈妈会比你更难过的。无论你遇到什么事情，妈妈都会给你出主意，一同和你商量解决的办法，绝不会因为你的所作所为而痛骂你的。”因此，她的孩子对她很信任，也愿意和她讲真话。

与孩子多谈心，疏导孩子心理压力

有这样一个女孩子，上小学时学习一直很努力，成绩也不错。妈妈一天到晚说："好好学习，一定要考上好中学，考不上好中学就没有出路。"在妈妈的督促和自己的努力下，她如愿以偿，考上了理想的中学。妈妈又说："你在班里的成绩要进入前十名，否则就没有发展前途。"这个女孩子不懈努力进入了前十名。妈妈又说："你得争第一，这就是出路。"很自然，接下来妈妈会要求考大学，考名牌大学，否则就一事无成。

这个女孩子就在妈妈无休止的要求中艰难地成长。

她在日记中写道："妈妈无止境地加码，压得我实在喘不过气来……每当我实现了妈妈的愿望，妈妈就高兴极了，此刻我就成了天上的星星；当我失败没达到妈妈的要求时，我就成了地上的狗熊，无休止的奚落就会劈头盖脸地扑来……

"多少年来，在我的心中只有第一，必须第一，无数个第一整天在追赶着我，我真是太累了……"

在这个紧张不安、充满竞争、快速发展的社会里，每一个人都会遇到压力。现在好孩子们要面对很多问题，课业负担重、学习时间长、父母管得过死、考试不及格、竞赛不入围、上不了重点校、和同学老师关系不好等等，都会给孩子带来心理压力，影响孩子个性的发展。特别是那些性格内向的孩子、学习成绩差的孩子、单亲家庭的孩子、智障或有生理缺陷的孩子、调皮或常犯错的孩子，他们面临的问题更多，再加上一些家长不能正确地对待他们，这些孩子在遇到不愉快的事情时，就会有话不敢说，忍气吞声，心理的积郁得不到疏散。久而久之，他们就会表现出注意力不集中、行为迟钝、精神不振、人际关系紧张等不良状况。

许多父母和老师说，现在的孩子太娇气，心理承受能力太差。一个人只要参与社会生活，就会遇到各种压力、困难和挫折。对此，有的人坚强、乐观，勇敢地去战胜它；有的人就显得懦弱、悲观，处处逃避它。做多大的事需要多大的心理承受能力，要使孩子逐步形成遇忙不乱、遇惊不颤、宠辱不惊的心理品质，保持心理健康，家长要从关心孩子出发，有爱心、有耐心地与孩子多谈心，做孩子的知心朋友。只有这样，才能使孩子的郁闷得到疏散，使孩子每天都有个好心情。

亲子正面沟通秘诀

疏导孩子的心理压力，具体可采取以下几种做法：

1. 父母不要给孩子制订不切实际的奋斗目标

不要给孩子的行为太多的约束。如果不顾孩子自身实际，只知道让孩子这个拿第一、那个要优秀，就会给孩子造成巨大的压力。还有的父母只让孩子学习，这也不让干，那也不让干，这也会让孩子感到压抑。

2. 要让孩子有足够的休息和娱乐时间

如果孩子不能得到足够的睡眠，休息不好，就会感到身心疲劳，无法集中精力学习，最终让孩子感到紧张，给孩子带来压力。娱乐是化解孩子压力的较好途径，与孩子一起做游戏，使孩子沉浸在快乐的事情之中，压力就会被抛到九霄云外了。

3. 积极鼓励孩子

做父母的还可以采取积极鼓励的态度来大大减轻孩子的学习压力，要理解孩子，多与孩子交流；应该尊重孩子，对孩子表示信任；要积极鼓励孩子，尤其是在孩子失败的时候。

4. 教孩子思维不要绝对化

要让孩子多渠道思考问题，不要把人生的希望放在“必须”和“唯一”的赌注上，否则一旦失利，他们就无法承受，要从绝对化的思维方式中解放出来。

像朋友一样与孩子促膝谈心

芳芳气鼓鼓地回到家里，因为下雨，班上原定的郊游没有去成。

妈妈见她不高兴，随口说了句：“哭也没用，要玩还有下回呢。又不是我让它下雨。”

本来芳芳似乎还没有发作的意思，这一下可不得了：先是呜呜地哭了一阵，不一会儿跑到自己的房间，索性趴在床上大哭，而且连晚饭也没有吃。

很多父母都会遇到类似的情形：有时，父母拖着疲惫的身体，努力地打起精神，准备和孩子好好沟通沟通，但不是被孩子三言两语打发了，就是被噎得半天回不过神来，不但不能达到了解孩子的目的，还惹了一肚子气，因此也逐渐丧失了和孩子谈话的兴趣，以至于越来越不了解孩子，越来越不知道该怎样教育孩子。所以，做父母的要学会与孩子交谈的技巧。

很多父母都觉得自己的孩子不听话、不懂事，尤其是孩子顶嘴更使父母恼火。有的父母气不过就会打孩子一顿，打完又会后悔。其实孩子是集天使与魔鬼于一身的精灵，你了解他们和他们成为朋友，或许就不会为此而发恼了。

父母和孩子能够顺利地交流思想，对于相互之间保持良好关系非常重要。父母都应当设法消除自己与孩子之间的隔阂，增进与孩子之间的关系，让孩子能跟自己讲讲他们内心的感受，以便理解和帮助他们。

如果孩子把父母当作自己的朋友，就乐于把心里话讲给父母听，因代沟而产生的沟通障碍也就消失了。所以，父母要与孩子进行良好沟通，先学会和孩子做朋友。像朋友一样与孩子谈心，交流思想，可以及时了解孩子的思想状况，把握孩子的心理，也让孩子理解你对他的关心和爱护。这样能够促进孩子与父母之间的感情，使孩子对你产生信任感，也有利于孩子的健康成长。

亲子正面沟通秘诀

父母跟孩子做朋友的方法：

1. 尊重孩子

很多父母不尊重孩子，认为孩子就是孩子他们的想法都太天真可笑，其实孩子都很聪明。你不尊重他们的想法和做法，你们之间就已经有隔阂了，做父母的不能拿你的想法来衡量一个孩子的思想。任何一个孩子的想法做父母的都要去尊重，哪怕是多么可笑的想法。

2. 每天和孩子聊天

父母要尽量从繁忙的工作中抽出时间来陪孩子一起玩，例如一起看电视或一同骑车到某处游玩，培养朋友般的“友谊”。

3. 不要老是教训孩子

凡是孩子都难免会犯错，做家长的不要大声指责，先听听孩子的想法。如果孩子情绪很激动，不妨先让他们冷静下，等孩子平静下来的时候可以和他推心置腹地聊聊，也可以给他建议，这样可以避免孩子下次犯同样的错误。做父母的想发火的时候一定要冷静站在孩子的立场想想。

4. 自己做错了要向孩子道歉

很多父母要求孩子做错事道歉，但是做父母的做错就觉得是理所当然的，父母要诚心和孩子做朋友就不能把自己当作父母，要记得是孩子的朋友。所以当父母做错了事情该道歉的一定要道歉。父母要求孩子怎样做首先自己要做到，否则做不到以身作则的榜样。

总之，父母不要把孩子当作孩子，要放下身段和他们打成一片。要诚心、耐心地倾听他们的心声，走进他们的世界。要平等地对待他们。不要过多使用暴力和谩骂，这样只会让孩子离你越来越远。无论多忙都要每天和孩子真诚沟通。做父母的一定要让孩子在快乐中成长！

信任，架起亲子沟通的坚实桥梁

刘清为即将中考的女儿棒棒制订了一套学习方案，女儿也同意了。按方案的规定，只有在做完作业后，棒棒才能玩一会儿游戏，到时间就要休息。

有一天，刘清出差提前回到家，发现棒棒在房间里聚精会神地玩游戏，而且没有先完成功课。

“棒棒！”刘清大喊一声，死死地盯住女儿。

女儿急忙把游戏关掉，试图做出一个笑脸，然后故作镇静地说：“我做了一个小时的功课，刚刚才坐下来休息一会儿。”

“棒棒，你真让我伤心，你怎么会这样对待妈妈，你懂不懂这样做会对你有什么样的影响？你不必解释了，听我说。”看见女儿似乎要申辩，刘清急忙制止住了她，“我不想听你任何的解释，你让我失望极了，你知不知道我这样做全是为了你？”

“那你不要管我好了。”棒棒顶了一句。

“什么？”妈妈的眼睛瞪了起来，声音骤然升高。

此时，棒棒的眼睛里开始出现恐惧的样子，她在寻找退路。“不管你？这是我的责任，我当然要管。你回房间去想一想，还有……”刘清忽然想起棒棒这周末要去参加一个同学的生日聚会，“还有这周末你不能去参加聚会了。”

“为什么？”棒棒大叫，愤怒和绝望像洪水一样涌出，“我要去，我就要去，你不讲理！”

看着女儿那种狂怒的表情，刘清也有些不安了。她知道女儿是多么盼望能去给最要好的朋友过生日，但她的愤怒阻止她收回这道“命令”。

“是你自己放弃了这次机会。”

“为什么？你是不是太过分了？我就要去，看你怎么办！”女儿暴跳如雷，她此时困兽似的表情和姿态是刘清最不愿意看到的。

“你马上停止，不然我要发火了。”

“你已经发火了，我就这样，怎么样？”

“啪、啪”，刘清狠狠地在女儿背后拍了两下。

“哇！”女儿哭着冲进自己房中，“哐啷”一声将门关上。

随着这两下，刘清的气泄了，却感到十分内疚，有一种被击败的感觉。

一直在旁注视的保姆说：“刘姐，这几天她都没有贪玩，今天的确是先做了一些作业，才央求我让她玩一会儿的，我觉得她是很看重你的规定的，你应该信任孩子才是。”

用制度强求孩子，一旦出了问题就过于鲁莽地、不加思索地采用不正确方式的母亲，即使她内心有多么关心孩子，在我们看来，她也可能是个失职的母亲，因为她既没有做到相信自己的孩子，也不够体谅孩子。

父母与子女的相互信任是成功进行家庭教育的重要因素。一些教育专家在家庭调查中发现，子女对父母有特殊的信任，他们往往把父母看成是自己学习上的蒙师、德行上的榜样、生活上的参谋、感情上的挚友。他们也特别希望能得到父母的信任，他们认为，只有父母的信任，才让他们觉得最踏实、最可靠。父母的信任意味着压力、重视和鼓励，这是真正触动他们心灵的动力。

许多普通的、不为老师和家长看好的孩子，他们的潜能表现在日常生活的细微之处，做父母的一定要对他们充满信心，坚信只要是生命就能绽放灿烂的花朵，并耐心地帮助孩子挖掘出那闪烁着独特光芒的潜质，让它成为打开孩子生命潜能的金钥匙。

充分信任孩子，才能感染孩子、激励孩子；充分信任孩子，才能使孩子的潜能得到最充分的展现。对孩子的信任，能够激发出孩子内心的动力，让孩子体会到成功的快乐和失败的忧伤。他们会在父母充满信任的目光和言语中，自己从摔倒的地方爬起来，一步一个脚印地走向成功，实现他们心中的理想。

如果父母还没有和孩子建立起平等信任的朋友关系，双方不妨现在就坐到一起，开诚布公、推心置腹地进行沟通和交流，把彼此的想法告诉对方，这样才会更好地消除隔阂、化解代沟。其实父母慢慢地就能体会到，同孩子做朋友是一件非常有趣、非常快乐的事情。

请记住：父母应该是孩子最信赖的好朋友。

亲子正面沟通秘诀

怎样才能做到信任孩子，做孩子的好朋友呢？

1. 培养孩子的自信心

有位哲人说：“自信心是每个人事业成功的支点，一个人若没有自信心，就不可能有所作为。有了自信心，就能把阻力化为动力，战胜各种困难，敢于夺取胜利。”因此，父母要注重培养孩子的自信心，要引导孩子尊重别人但不迷信别人，要用科学的态度对待别人的成功与失败。正确看待自己的进步，要有成功的自信心。而有了自信作为基础，才能够做到信任他人。

2. 正确对待孩子的缺点

当孩子犯了错误时，不要用偏激的言辞去斥责他们，而要循循善诱，晓之以理，和孩子一起分析事件的来龙去脉，指出孩子犯错误的原因以及造成的危害，然后帮助孩子改正错误。一生中不犯错误的人是没有的，特别是人生观和道德观正在形成中的孩子，犯错误的可能性更大。做父母的要充分理解他们、信任他们，并引导他们正确对待错误。

3. 和孩子一起面对挫折

在日常生活中，对孩子的一切，切忌热心包办和冷淡蔑视。凡是孩子能做的事，只要是有益的，父母就应支持他们去做。孩子缺乏经验和技术，有时失败了，或者有什么失误，这是正常现象。当孩子遇到挫折和失败时，父母应多进行安慰和鼓励，帮助他们找出原因，使他们的自信心得到充分的保护。

总之，父母应该同孩子们建立起相互信任、相互平等、相互尊重的朋友关系。因为孩子们不仅需要在生活上能抚养自己的父母，也需要阅历广、愿意倾听并能够给予自己忠告和帮助的朋友。

无言的爱是滋润孩子心灵的甘泉

一位上班族妈妈，每天不得不很早地离开家，她的小宝贝们很少能对她说“再见”。为了能让孩子们知道她有多么爱他们，每天早上离家前，她先悄悄地进入他们的房间，给他们每人脸上一个深深的吻，到孩子们起床时，会从镜子里看见妈妈留下的鲜红的吻，知道妈妈是爱他们的，并向他们说“再见”。

每逢周末，这位妈妈会把准备好的午餐放在一个野餐篮里，带着

她的孩子们进行一次美妙的活动。一整天，她和孩子们一起散步、放风筝、玩球。她的宝贝们知道，这是一周中最特殊的时间。

任何一个孩子都需要父母的爱，被爱使孩子有安全感与价值感。父母对子女示爱时，除了能使孩子体验到被爱的满足之外，也能使孩子知道因何事而被爱，从而使其逐渐树立是非观念。更有调查表明，如果经常对孩子说“我爱你”“真高兴，你是我的宝贝”等，以及经常拥抱、抚摸和亲吻孩子，会慢慢地让孩子们充满自信。孩子们长大后注定要在充满压力的环境中生存，而自幼就得到亲子行为温暖的人更能承受住社会环境的压力，并避免得那些与压力有关的疾病。

让我们看看美国的父母是如何关爱自己的孩子的。

一位美国爸爸如是说：

我会常常用又大又暖的毯子裹着女儿，带她到庭院里，让她坐在我的大腿上，我们一起观赏月亮和星星，这对我们来说是最美好的时候。

我给我的每一个孩子都保存了一本他们4~9岁的日记。我让他们知道，我是多么地爱他们。没有这些记录，他们的一些重要瞬间、美妙时刻将很容易被遗忘，也靠着这日记，他们成长中的趣事、思想乃至“恶作剧”都能被如实地记录下来。

记得在我还是小孩的时候，我的父亲常双手握住我的手，目光凝视着我，然后握我的手三次，好像对我说：“我爱你。”现在我也用同样的方式，试着握住我女儿的手，女儿会用双手回握我，我非常激动。

很多家长对孩子的爱是有条件的，要求孩子做出相应的行为或取得相应的成绩，然后再给予孩子与之相适应的爱，家长与孩子的关系成了“生意”关系。这种有条件的爱会极大地扼杀孩子的自尊心，孩子在意识深层感觉到的会是屈辱，是人格的贬损，是自尊心的伤害。

心理学家认为，孩子最需要的爱就是无条件的爱。孩子最害怕的就是被遗弃与遗忘。对孩子来说，父母的爱是无条件的包容，这种无条件的爱会使孩子有安全感和价值感。孩子一旦有了安全感，自信、稳定、自在的感觉就会油然而生，这样，孩子才能勇敢地冒险，不怕艰难困苦。可以说，父母的无条件的爱是孩子最基本的需要。

亲子正面沟通秘诀

高尔基说："爱孩子，这是连母鸡都会的。"大家都知道，"母爱"是无私的，是一种奉献，但在这儿，"无私奉献"并不是"崇高"的代名词，因为"母爱"只是任何动物都具备的一种本能。人和动物的区别在于人有意识，因此，父母在爱自己的孩子时头脑一定要清醒，要有原则地、理智地去爱。但是，许多家长"望子成龙"心切，却不知道怎样合理地去爱孩子，甚至造成了以下几种不正确的教养态度：

1. 溺爱型

这类家长很爱孩子，但这种爱缺乏理智和分寸，他们想方设法满足孩子的一切需求，包括无理的要求。久而久之，父母的权威就丧失殆尽，教育便无从谈起。这种教养形态下的孩子自然是任性、自私和懒惰的。在幼儿园中，他们是很难与同伴融洽相处的，对于老师的教育也常常难以接受。

2. 放任型

这种类型的家长，无论孩子做什么，他们都一点儿也不关心、不责备，让孩子自由地做自己想做的事，放任孩子自行发展，对孩子的家教几乎为零，对孩子的行为没有什么明确要求，对他们的奖惩往往是随心所欲的。

3. 专横型

与以上两种方式截然相反，这种教养方式下的孩子，意见和愿望不容易得到表达，正当需要得不到满足。他们常常受到父母的斥责和禁止，得不到应有的温暖和尊重，缺少参加社会交往的机会，和家长缺少沟通。在这种教育方式下，孩子易形成畏惧、利己、缺乏安全感、对人不能宽容等缺点。在与同伴的交往中，也不用语言去跟别人商量、交流，而多是用一些粗暴的行为去满足自己的需求。

4. 不一致型

这一类型的家长对待子女的态度，常依自己当时的情况而异，有时非常严厉，有时非常溺爱；或是父母双方或家庭成员之中一方非常严厉，另一方非常溺爱。总之，他们对子女的态度不一致。这类型家长对孩子的教育是有意识的，但方法多变、配合不好，以致教育效果不理想，也容易引起各种矛盾，对孩子的成长形成许多不利的因素。

父母应当有意识地改进和提高爱孩子的方法。有意识地爱孩子是培养孩子安全感和勇气的最重要的途径。当孩子被无条件地爱着的时候，他的自信心会大增，会感受到自我价值。

第 2 章

爱和尊重，铺设亲子沟通的双行道

尊重孩子，孩子才可能获得自尊

有一位母亲当过30多年老师，却犯了一个令自己后悔莫及的错误。

一天，她发现儿子在自己的屋子里烦闷地走来走去，非常替孩子着急。

她隐隐知道，上高中的儿子在谈恋爱，碰到了什么挫折，她暗暗祈祷：儿子啊儿子，你可有点出息，别为这么点儿事想不开！

一会儿，儿子出门了，妈妈再也按捺不住急切的心情，想方设法撬开了儿子的抽屉，取出了儿子的日记。可是，当她翻开日记时，手却像被烫了一样——原来儿子在日记中夹了一张纸条，上面写着："妈妈，我料定您会来偷看我的日记！我有烦恼是自己的事，您不必管我，我能挺过这一关！"

这位母亲说："道高一尺，魔高一丈。我低估了孩子的能力。还是应该尊重孩子呀！"

孩子是什么？孩子不是玩具、附属品、动物、机器……最简单的解释当然是"人"。孩子也有人权，但在我们这个民族的很长一段时间里，孩子的诸多权利却常常被忽视。我们常常以那种君臣的心态面对孩子，父母、老师是皇帝，孩子是臣民，成人永远没有错，孩子却总是错得离谱。孩子在成长的过程里，只是被保护、被限制、被约束、被处罚，他们该有的应该被尊重的权利却很少被提及。父母总是要求孩子来实现自己未圆的梦，于是孩子没有了自己的理想，有的只是大人的期待。

尊重孩子，是因为孩子一出生，就是一个独立的个体，并且被认为是一个权利主体。他们不是父母的附属物，他们的人格尊严受国际、国家和地方等各种法律法规的保护。所以父母应该尊重孩子，案例中这位母亲认为孩子能力提高了，才意识到要尊重孩子，其实是不正确的。从法律角度来讲，无论孩子是否有这种“能力”，他们都应该受到尊重。

从另一角度说，只有被人尊重，孩子才可能获得自尊，并可能学会尊重别人，而自尊和尊重他人是成为一个具有健康人格的人的首要条件。由于孩子年幼，自尊意识处于稚嫩状态，特别容易受到伤害，所以更应当给予保护。可以说，父母是否尊重孩子，将对孩子一生的发展起重要作用，值得父母们予以特别的重视。

新一代的父母们对民主的意识有足够的认识，在对待社会及工作问题上，人们常常能自动地应用民主概念。但在家庭中，在对待孩子的教育问题时，却时常暴露出潜在的家长意识，其中很重要的原因是成年人认为孩子们年幼无知、体力缺乏、毫无经验，完全在自己的保护伞下成长，家长应对他们负完全的责任，因而也就有了权利来指挥他们，于是就表现为独断专行、主观片面，站在成年人的立场去体味孩子的感觉。在这种思想的指导下，位置便有了倾斜，过分看重了自己的权利而忽略了孩子们的权利。每一个孩子都是有主动性的个体，因而也就有了权利。因此，即使孩子还很小，家长也不能忽视他们的权利，随意支配他们。

亲子正面沟通秘诀

尊重孩子，就是要尊重孩子的生存权、发展权、受保护权以及参与家庭、文化和社会生活的权利。孩子其实应该有很多被尊重的权利，但却常常被父母忽视。

1. 平等权

唯有受到平等的对待，孩子才不至于在挫折中流失掉学习、生活的乐趣。平等地看待每个孩子，他们方能学会平等地看待自己。

2. 分享权

孩子有权把在学习中所看见的、所听见的、所想到的一切“报告”给成人，家长快乐的事也可以和孩子说一说。别说这只是成人的想法，孩子从不这样认为，其实他们以能分享家长的心事为荣，只要你给他们机会，孩子会很乐于聆听。

3. 体验权

体验是孩子汲取智慧的泉源，是促进孩子心智发展的花园。父母应该明白，没有亲身体会，难以建构出自己的一套智慧逻辑，所以，让我们把体验权还给孩子，告诉他们：读万卷书，不如行万里路。

4. 探索权

探索是顽皮的，父母应该予以容忍；探索是危险的，父母应该给予安全。太多的限制只会毁灭孩子的智慧，会妨碍他们成长为真正独立的个体。

5. 独立权

独立的孩子比较有主见、喜欢争论、不听使唤、常常特立独行，既有的成规不一定能应用在他们身上，他们不喜欢受到束缚，更不想听从天命、墨守成规。父母应当放手让孩子自由成长，给孩子独立权，让孩子自己演自己。

孩子还有很多的权利，如生气权、快乐权、运动权、被鼓励权等等。教育要以人为本，那么首先从承认孩子也是“人”开始，真正从人性出发尊重孩子一切的天赋人权。尊重意味着孩子有权决定自己的事务，在受尊重的环境里成长的孩子才有机会慢慢浸染人文色彩。

也许，您看了这些权利会坐不住了，这么点儿大的孩子有这么多权利，谁还管教得了？其实，一个珍惜自己权利的人，比一个不珍惜自己权利的人更好教育，因为所有儿童的权利都在教孩子做人。

尊重孩子的理想和追求

肖琳是个充满幻想的女孩子，喜欢写作，梦想能成为一个大作家。她每天都会把所思所想记录下来。上了初三，马上要中考了，学习生活越来越紧张，可是她每天还是坚持2000字左右的创作，这使她的学习成绩开始下降。

这学年的期中考试过后，肖琳的妈妈到学校开家长会，才知道肖琳的成绩已经由原来的上游下降到了班里的中游，妈妈很是生气。回到家里，她直接奔入肖琳的房间，还没开始说话，就看到了肖琳桌子上摆着一摞手写稿，自然是气不打一处来，二话不说就把这些稿子打翻在地。肖琳看到妈妈的这种做法，看到自己珍贵的文稿被随便丢到地上，很伤心。她哭着对妈妈说："你知道这些文稿我付出了多少心血？对我有多重要吗？你为什么要这样做呢？"

妈妈在气头上，听不进肖琳说的任何一句话，不由分说地骂道："只会写文章能考上高中吗？能考上大学吗？你这样下去，一辈子都没有出息！你写出的这些东西，有什么用处？简直就是不务正业！"

肖琳一下子蒙了，她根本想不到妈妈会说这样的话，她不知道妈妈怎么会觉得她的梦想竟是如此的幼稚。

天下做父母的，没有不希望自己的孩子能成龙成凤的，因此有的父母从孩子咿呀学语时就为孩子设计了一幅理想的蓝图，甚至孩子以后要上哪所大学的哪种专业都考虑到了。父母为了实现这一目的，不顾孩子的爱好和理想，强迫孩子按他们设计的轨道发展，如果孩子有一点没有符合他们的意愿，就对孩子的所有努力和成绩全盘否定，甚至打骂孩子。确实，现代社会竞争越来越激烈，父母这种望子成才、追求上进的良好愿望，本来无可厚非。但是为了孩子能有一个好的前途，否定孩子的理想和追求，而给孩子过大的压力，结果让孩子不堪重负而走向极端，这就太让人遗憾了。

有的父母认为，孩子还小，很多事情他们都不懂，父母为他们作出选择对他们有好处。殊不知，孩子虽然年龄小，但是他们也有着鲜活的思想和情感，有自己的兴趣、志向和理想。孩子为了自己的目标而努力的时候，是自觉自愿、积极主动的，因此会学得又快又好，同时享受到学习的乐趣。如果父母把自己的意愿强加给孩子，让孩子担负起父母的愿望，那孩子就会感到身上的担子太重了，压力太大了，就会觉得学习是一种痛苦的过程。同时，这也会使孩子失去自己的成长空间和独立意识，可能导致孩子产生抵触、反叛与对抗的情绪，出现与父母关系紧张、厌学等现象，甚至走上歧路。也有些孩子会变得精神萎靡，对生活、学习感到迷茫、失去信心等等，这些都对孩子的心理健康极其不利，甚至可能引发心理障碍与心理疾病。

亲子正面沟通秘诀

父母千万不要为孩子设计发展的模式，不要让孩子做自己的“接力棒”。其实，每个人都有自己的理想和追求，孩子也不例外。那么，父母又该如何对待孩子的理想和追求呢？

1. 给孩子一个成为自己的空间

父母要给孩子足够的成长空间，让他们拥有自己的理想和愿望，有自己的思想和独立思考的权利，不要让孩子成为按照他人意愿做事的盲从的人，更不要让孩子成为代替父母实现未尽理想的工具。

2. 尊重孩子的独立性

随着孩子一天天长大，他们会逐渐形成独立的意识，所以父母要尊重孩子的独立性，让孩子充分地发展，而不是把他们限制在自己已为他们设计好的框子里。不然的话，他们也会像自己一样，在弥补父母遗憾的同时，留下自己的遗憾。

3. 给孩子最后的决定权

对孩子理想真正的支持应该建立在对孩子的充分理解和尊重的基础之上，以孩子的心理准备和接受能力为前提，然后进行适当的启发和引导，需要的是精心地呵护，不是说教，不是命令，更不是趁机提条件。即使孩子的理想与父母的意愿产生了很大的偏差，也要平静地与孩子沟通，在尊重孩子理想和追求的基础上，通过充分的商量和探讨，最后把决定权交给孩子。

作为父母，培养孩子要顺其自然、因材施教，是什么铁就打什么钉。为人父母者，要多站在孩子的角度考虑问题，从精神上给孩子以关爱，让他们按照自己的愿望发展，而不要一味地强行让孩子按照自己设计的轨道生活。

尊重孩子的自主性

李薇从邮局取回一个大包裹，同事们都好奇地问她是不是老家寄来的什么稀罕东西。谁知李薇的回答却让同事们大跌眼镜——根本不是什么稀罕东西，而是在市里读初中的儿子王虎寄回来的一大包脏衣服。

王虎去市里上学之前，没有独立生活的经验。到市里读初中之后，他先是把从家里带去的干净衣服穿一遍，然后再挑出相对干净点儿的衣服再穿一遍。实在找不出干净衣服了，就把脏衣服包一个包裹寄回家。妈妈洗好，晾干了，再给他寄回去。

老师问他，为什么不试着自己洗洗衣服，别的同学都会自己洗。王虎说他从来没有自己洗过衣服，不知道怎么洗。记得小时候自己曾经想洗衣服，手刚一伸进盆里，妈妈就喊了起来，让他离盆远一点儿，别弄脏身上穿的衣服。等大一点的时候，有一次他想用洗衣机洗几件衣服，妈妈看见了，又大声喊起来，怕他触电，怕他不会洗，洗不干净。从那以后，王虎的衣服穿脏了就脱下来扔给妈妈，再也没有主动要求过洗衣服。不仅如此，在其他方面，只要王虎想干点什么，妈妈看见了总是会反对，怕王虎这干不好，那也干不好。天长日久，王虎越来越“乖”了，很少主动做什么事情了。王虎的“乖”不仅表现在家里，还表现在学校里，表现在课堂上，老师提问题的时候，他很少举手，也很少思考，在期末的评语上，老师总会写上“自主性太差”的评语。

有时候孩子不听话，是其要求独立自主的表现。独立自主是健康人格的重要构成部分，它对孩子的生活、学习质量以及成年后事业的成功和家庭生活的美满都具有非常重要的影响。

在现实生活中，许多父母为了让孩子专心学习，什么事都不让孩子去做。早晨起床帮孩子叠被，上学前帮孩子准备学习用具，有时还会被孩子埋怨忘了帮他准备某些学习用具。

有个男孩出生在一个富裕的家庭，父母都是公司总经理。在家里，他这根独苗简直成了“小皇帝”，从来都是说一不二。父母处处唯命是从，真是“顶在头上怕摔了，含在口中怕化掉”，对孩子娇生惯养，达到了登峰造极的地步。可怜天下父母心啊！小男孩一天天长大，却什么事都要依赖父母，已经上四年级了，还让父母背着走。这时候，父母才觉察到了溺爱孩子的坏处，这样下去不要说成才，就连生活自理都成问题。夫妇俩决定改变一下爱孩子的方式，以使孩子得到正常发展。

要知道，孩子并不是生来就是这样依赖父母的，他们的依赖性一般来说都和父母的包办代替有关。父母包办代替得越多，孩子的依赖性就越强。反之，如果父母不插手孩子可以做的事，没有了依靠，孩子就会自己动手开始做了。

著名的教育家陈鹤琴先生曾提出：“凡是孩子自己能做的，应该让他自己去做；凡是孩子自己能够想的，应该让他自己想。”其实，父母们只要肯放开手，就会惊奇地发现孩子的潜力是无穷的，他们能做许多父母认为他们不可能做到的事情。

亲子正面沟通秘诀

要想让孩子具有自主性，要想减少孩子不听话的行为，父母应该适当放手，让孩子自己去做事情。至于父母具体应该如何做，教育专家给出了如下建议：

1. 给孩子空间，让他自己往前走

孩子当然喜欢生活在母亲的怀抱里，但是他不能永远这样。有这样一位母亲，孩子已经上小学二年级了，送他上学还要费力地背着他走，直到离学校几十米远的地方，因为怕老师看见，才不情愿地把孩子放下来……如此被母亲呵护长大的孩子，他的自主性从何谈起呢？做父母的，应根据孩子自身的特点和能力，扩大孩子自由活动的空间，如鼓励他自己找朋友玩，让他在这个空间里自己当主人。

2. 创造条件，让孩子自己去锻炼

用拔苗助长这种违反客观规律的做法培养孩子，肯定是要失败的，但完全采用“顺其自然”的态度，也不利于孩子的成长。遵照客观规律，积极创造条件，让孩子去锻炼，这才是父母应该采取的正确做法。

3. 给孩子困难，让他自己去战胜

俗话说“穷人的孩子早当家”，生活在穷困家庭的孩子，恶劣的生存环境自然就为他准备了艰苦锻炼的条件。现在生活水平普遍提高了，父母应多想办法给孩子设置一些困难，让孩子去解决。孩子在生活中碰到困难，也要求他尽量自己去解决，从而培养孩子应对未来的能力和意志。

4. 给孩子冲突，让他自己去解决

和成年人一样，孩子们在一起时也难免有冲突。解决冲突的过程，正是孩子健康成长、走向成熟的过程。当孩子向父母诉说自己遇到的诸如人际交往之间的矛盾时，父母应鼓励孩子去面对，指导孩子自己去解决，而不是回避矛盾，更不宜由父母代替孩子解决矛盾。

5. 给孩子权利，让他自己去选择

孩子的自主性在他的自主选择上表现得最为明显。但不少父母怕孩子选择错误，从来不给孩子选择的权利。这样的孩子长大后，就不能适应竞争激烈的社会生活。父母应主动给孩子选择的权利，并告诉孩子要对自己的选择负责。

尊重和呵护孩子的兴趣爱好

小华从小就非常喜欢小动物，而且非常热衷于研究小动物的生活习性。初中时，他更是常常因为观察小动物而弄得浑身是泥。父母对此非常生气，觉得他不务正业，于是就想方设法阻止他去外面玩。

一开始，他总是趁着父母不注意偷偷地跑到附近的公园里做自己喜欢做的事。有一次，他把一个黑色的蜘蛛带回家后，父母大发雷霆，训斥他不应该把这么脏的东西带回家。爸爸还一脚踩死了蜘蛛，妈妈竟然摔烂了他积累了好几年的装着各种标本的“百宝箱”。那一刻，小华愣住了，回到自己的房间默默地坐了一个下午。

从那以后，他的学习成绩一落千丈，变得沉默寡言。父母为此非常发愁，甚至怀疑他是不是智力有问题。而小华的生物老师却说：“小华这孩子特别聪明，如果好好培养，将来一定会是一个非常出色的生物学家。”

在现实生活中，有很多父母都会犯像小华父母这样的错误。像小华父母这样干涉孩子的兴趣，会给孩子带来一定的伤害。

一是父母对孩子兴趣的过分干涉会使孩子对自己的爱好产生片面的认识，认为自己没有眼光、没有本事，从而否定自己对事物的判断能力，变得没有自信。

二是父母忽视孩子的兴趣爱好，不听孩子的解释，不从孩子的爱好出发去了解孩子真正喜欢和感兴趣的东西，这样做既不能满足孩子的需要，还会使孩子觉得父母不能理解、尊重他，从而产生逆反心理。这对孩子的成长是非常不利的。

我们都说：兴趣是最好的老师，有了兴趣孩子就会学得更轻松、更快乐，他们也非常愿意去做自己喜欢做的事，而且不知疲倦。如果不去考虑孩子的爱好兴趣，而是强加给孩子那些父母认为应该学的东西，会使孩子失去发挥自己才能的机会，容易使孩子产生厌烦心理。

三是如果父母忽视孩子的兴趣，强加给他们一些学习任务，就会使他们产生抗拒心理。有些孩子本来对音乐不感兴趣，被家长“逼迫”着每天练琴，结果琴技总是没有提高。于是，恨铁不成钢的家长开始斥责甚至打骂孩子，用“你怎么这么笨”等词语责骂刺激孩子。久而久之，孩子开始产生逆反心理，有的则变得自卑并产生自闭倾向。

父母应认识到尊重孩子兴趣爱好的重要性，然而很多父母不愿意承认孩子尤其是自己的孩子具有独特的兴趣与爱好。曾经发生过这么一件事：有个父母强迫坐不住的孩子弹琴，以致孩子只得砸断自己的手指以示反抗。像这样不顾孩子的抗议，像催命一样催促着孩子去学自己不喜欢学的东西，都是父母不尊重孩子的兴趣与爱好的表现，其后果可想而知。

亲子正面沟通秘诀

有的父母也想尊重孩子的兴趣和爱好，却往往不知道该如何去做。

作为父母，可以参考以下几种做法：

1. 善于发现，为孩子创造条件

父母要善于发现孩子的兴趣爱好，并试着引导孩子多在兴趣方面下功夫，尽可能地为孩子创造机会、创造条件，让孩子无忧无虑地在自己喜爱的天地里畅游。这样会激发孩子最大的潜能，从而在某一领域取得突出成就。

2. 尊重孩子的喜爱和兴趣

父母要尊重孩子的爱好兴趣，即使孩子的这种兴趣爱好可能与父母的期望有差距，但只要是正当的爱好，父母就应该予以尊重。孩子在做自己喜欢的事情时，他们的创造力和潜力才有可能得到充分的发挥，专注、认真、持之以恒的习惯和意志品质也可以得到锻炼，这有利于其成长。

当然，父母对孩子的兴趣爱好也不能听之任之，而是要给予适当的引导和帮助。如果孩子因为沉浸在某个兴趣爱好中，影响了正常的学习、生活，父母还是应该适当加以干预的，应教会孩子正确地对待两者之间的关系，合理安排时间，但要用孩子可以接受的方式进行，切不可简单地制止。

尊重孩子内心深处的隐私

丽丽是一名初二女生。有一天，她正走在上学的路上，突然想起作业忘记带了，于是急忙又掉头往家跑。当她掏出钥匙打开家门时，看到妈妈正从自己的房间里出来，脸上带着不自然的表情。丽丽走进自己房间去拿作业本，推开房门，她愣住了，她看到书桌的抽屉全部敞开着，日记本、同学们送的生日礼物及贺卡等全都胡乱地堆在桌子上。

丽丽非常生气地质问妈妈：“你为什么翻我的抽屉，随便动我的东西？”

没想到妈妈却比她还生气：“怎么了？当妈妈的看看女儿的东西还有错吗？”

“可是你应该经过我的允许才能看啊！”丽丽很愤怒地回答妈妈。

“小孩子有什么允许不允许的，别忘了我是你妈妈，好了，快去上学吧！”妈妈毫不在乎地对丽丽说。

很多父母和孩子在“隐私”问题上有过不少交锋。一封封“地址内详”的信件让父母们疑心不止；孩子在日记本中记下心中的真实想法，父母们也希望能够“拜读”；对打到家中的电话，父母们更要例行检查……这些关心的行为都让孩子们感到不舒服。

隐私，是每个人藏在心里，不愿意告诉他人的秘密。我们每个人都会有自己的隐私，孩子也不例外。随着孩子年龄的增长，他们的生活领域、知识、情感都逐渐丰富起来，自我意识、自尊意识也在不断增强，原先无所顾忌敞开的心扉也会随之渐渐关闭起来。但是，很多父母却没有意识到他们的孩子正在长大，忽略了孩子也会有自己的秘密，总认为自己是孩子的父母，可以无所顾忌地进入孩子的世界、随意闯入孩子的“隐私地带”，甚至粗暴干涉，私拆孩子的信件、监听电话、偷看日记等。

那么，孩子们为什么对父母偷看他们的日记、私拆他们的信件如此反感呢？又为什么要在自己使用的抽屉上锁上一把锁呢？

其实，孩子到了一定年龄后会强烈感觉到自己的独立性，想拥有自己的隐私，也渴望被尊重，这是孩子独立意识和自尊意识的一种体现。随着年龄的增长，孩子对父母的依赖逐渐减少，独立意识逐渐增强，希望别人尊重他们的自主性、独立性。同时，随着生活领域的扩大，知识信息的增多，他们的内心变得敏感起来，感情变得细腻起来，会产生许多想法，原先敞开的心扉渐渐关闭，有了自己的隐私。而且，即使他们有不少话想说，但观点已经与父母有所不同了，于是他们与父母的心理沟通就会明显减少，转而把自己的秘密和内心的感受都倾诉在日记里。

这时，如果父母采取强硬和蛮横的手段，想方设法去查看孩子的日记、偷听孩子的电话等，无视孩子的感受，随意侵犯孩子的隐私，就会带来许多负面的影响，甚至产生意想不到的后果。孩子会因为自己的隐私受到侵犯而采取更加极端的措施将其保护起来，把自己的心紧紧锁闭，并导致与父母关系的恶化。这样，父母想了解孩子就变得更加困难了。

亲子正面沟通秘诀

尊重孩子的隐私权，给孩子一个自由的空间，这样做并非放任自流，而是对孩子的隐私给予充分的关注和积极的引导。

1. 从心底承认孩子是独立的个体

孩子是人，不是物。是人，就有感情，就有他自己的行为方式，就有自己的独立人格，也有他的隐私权。为人父母者，如果你想把自己的孩子培养成为高素质的人，那么你首先要做一个尊重孩子的人。

尊重孩子的隐私，在家庭教育中应当表现为更多的契约精神和民主、协商的方法和方式。比如，父母进入子女房间应该先敲门；移动或用孩子的东西应该得到他们的允许；任何牵涉到子女的决定都应该先和子女商谈；不要随意翻看子女的日记或隐私；应该尊重孩子的所有权利，把孩子当作成人来加以尊重。

2. 父母要经常与孩子沟通

试着了解孩子的想法，要相信孩子、理解孩子，宽容孩子在成长过程中稚嫩的想法和做法。要注意培养孩子独立的人格，培养孩子明辨是非的能力，尽量以平等的身份多与孩子交流，倾听和征求孩子的意见和建议。作为父母，如果真的想看孩子所写的东西以便更好地了解孩子，一定要争取使孩子信任自己，使孩子主动、自愿地披露心中的隐私。

3. 父母要培养孩子的自我教育能力

父母不能苛求一个处在叛逆期的并不成熟的孩子以大人的思维角度去考虑问题。父母获取有关孩子隐私的信息，即使发现孩子有些越轨和不良因素，也不必大惊失色，甚至对孩子辱骂殴打，可以与孩子一起讨论理想、事业、道德、人生观、价值观等问题，可以通过讲故事、做游戏等途径对孩子加以引导，引导孩子自己悟出为人处世的真理，提高孩子按规范要求调整自己行为的能力。孩子一旦有了这种自我教育能力，其一些隐私中的危险倾向，都有可能得到自我解决。

天下父母们，当你用自己的语言和行为去赏识和尊重孩子时，孩子也同样会尊重你，从而把你当成他的好朋友。这样，当他们遇到什么事情或者心中有秘密的时候，才有可能主动向你谈起。请记住，你越尊重孩子的隐私，你与孩子的距离也就越近。

孩子交友，要给予赏识和尊重

爸爸参加了女儿小丽所在班级的家长会。一回到家便把一个小本子递给了小丽，上面记下了小丽的名次和成绩，还记下了班里前十名的名单及成绩。忽然，小丽看到在小本子显眼的地方写着她的铁杆姐妹的名字，倒数第三，306分。爸爸记这个干什么？她正疑惑着，爸爸先开口了：“你看见你那个什么最铁的姐妹的分数了吗？那么差！你怎么整天和这种人在一起？”小丽知道了爸爸记自己好朋友的成绩的原因，反驳说：“她的成绩好坏，跟我和她是好朋友有什么关系呢？”“关系大了，你以后不能和这种坏孩子在一起！”“她不坏！”小丽叫喊着。“不管如何，你不能和她来往了！你看看她那个差分，你以后会被影响的！”爸爸张大嘴巴嚷着。“我不会的，不会受她的影响的！”小丽为好友抱不平，“她不是坏孩子，她虽然学习不好，可她人不坏，她很善良，待人友好，我和她是分不开的好朋友。”小丽继续和爸爸喊。双方争得面红耳赤，可不管小丽怎么说，爸爸都不同意她们两个再来往。小丽生气地跑进自己房间偷偷地哭了。

做父母的都希望自己的孩子向成绩好的同学学习，与优秀的同学交朋友，一旦发现自己的孩子与成绩差的同学交朋友，便会感到惊恐万端，生怕成绩差的学生影响了自家的孩子。

相信每一个成年人，都有这种体会：回忆起童年生活时会感觉非常兴奋，说起与童年朋友一起做的各种趣事，如数家珍。这些经历说明：在孩子成长阶段是需要朋友的，孩童时代的友谊是非常珍贵的。童年时代不应该缺失朋友，这会让孩子过得很孤独，而且也不利于孩子身心的健康发展。

支持孩子的社会交往，尊重孩子的朋友，这样不仅可以让孩子感觉到父母对他的尊重而更加信赖父母，而且还可以促进孩子之间的友谊和交往，促使他们互相帮助、互相学习。

尊重孩子的朋友，对孩子的成长也有诸多好处：

首先，可以通过赏识孩子朋友的优点，让孩子在与朋友的交往中主动学习，克服自己的缺点。

其次，尊重孩子的朋友，鼓励孩子与朋友交往，可以培养孩子的社会适应和交际能力。

最后，鼓励孩子在与朋友的交往中培养群体意识，可以克服孩子过强的个体意识。朋友之间的群体生活可以克服孩子以自我为中心的毛病，让他们遵从群体活动规则，认识到每个人的权利和义务。如果只顾自己，就会受到朋友们的排斥，其他孩子就会看不起他，不跟他接触，将会促使孩子最终向群体规范“投降”。“合群”是人的重要品质和能力，这是父母无法口授给孩子的。

因此，父母应该鼓励孩子交朋友，当孩子有了朋友之后，应该给予赏识和尊重，促进孩子之间的交往。

如果孩子已经交上了朋友，父母要及时给予肯定，比如对孩子说：“真高兴你有了自己的朋友，听说你的朋友很棒，你们应该互相关心、互相帮助。”或者说：“听说你交的朋友很出色，我很想见见他，你看可以吗？”

如果孩子还没有朋友，则应积极帮孩子寻找。比如鼓励孩子与家附近的孩子一起玩，与同事或同学的孩子一起玩，并适时和孩子讨论他们交往的情况，帮助孩子分析并作出选择。

另外，要欢迎孩子的朋友到家里来。把孩子的朋友当成自己的朋友一样，采取热情欢迎的态度。当孩子来家里时，父母应该说：“我们家来朋友啦，欢迎欢迎。”或者说：“真高兴我的孩子有你这样的朋友，你能来太好了！”而且要鼓励孩子认真接待，让孩子的朋友感觉到你对他们的支持和赏识。父母这样做，既可以表示自己对孩子的尊重，也可以进一步密切与孩子的关系。

亲子正面沟通秘诀

对于孩子和朋友的交往，父母既不能草木皆兵，任意破坏孩子与朋友之间的感情；也不能听之任之，使孩子陷入不当的交际圈。而是要充分利用他们喜欢交往的心理，因势利导，正确地引导和帮助他们建立纯真的友谊。

1. 让孩子知道什么样的人才算好朋友

父母要有意识地对孩子进行择友引导。比如革命老人谢觉哉在《交朋友中的道理》一文中就提出过这样的忠告：“要交‘益友’，不交

‘损友’。”就是要和正直的人、诚实的人、爱集体的人交朋友，不能与品德低劣、染有恶习的人交往。这样就让孩子在交友之时有了一个大的原则和方向，不与那些品质低劣的人交往，从而避免陷入交往误区。

2. 指导孩子怎样与朋友相处

在孩子交朋友的过程中，父母要不断地进行指导：对待朋友要真诚坦率，以诚相待，严于律己，宽以待人。对待朋友要努力做到热情、关心、彬彬有礼。处事要宽宏大量，不计较个人得失。每个人的性格、情趣各有不同，交往中就要尽量尊重朋友的意愿，主动寻找双方都感兴趣的话题进行交谈。

3. 尊重孩子的意愿

在孩子交往的过程中，尽管需要父母的指导，但父母也要尊重他们的意愿，让他们有一定的自主权。在选择朋友方面，父母和孩子的意见常常会不一致，只要对方不是品行太差，还是尽量先尊重孩子的意见，然后在他们交往的过程中，进行积极的引导和帮助。

4. 当孩子结交了不大好的朋友时要引导

由于孩子涉世不深，辨识能力不强，一时不慎就可能出现不良的交往。万一自己的孩子出现了这种情况，父母切不能采取简单粗暴的方式方法，而应该细致地做好思想教育和积极防范措施。父母应先耐心地弄清情况，再诚恳地与孩子进行感情沟通，提高孩子的认识。必要时，还应与学校、有关方面联系，终止孩子与不良朋友的交往。

与孩子商量，听听孩子的意见

有两个男生，一个叫李刚，另一个叫王海。他们的父母失业了，两个家庭都陷入了困境。面对同样的境况，两个孩子的表现却截然不同。

王海没有改变穿名牌，跟着时尚走的习惯，最近又迷上了上网，并且达到废寝忘食的地步，更别说按时上课了。

“海儿是全家的希望，我们都盼着他读书好，将来能有出息，没想到他连课都不上！”王海的父亲感到非常失望，“但我们还是觉得孩子应该拥有这个时代给予他们的快乐，再苦再累也不能让孩子觉得委屈，不能让他来承受父母因工作失败而带来的酸楚。所以，我们从不在孩子面前倾诉失业后的失落，更不会抱怨挣钱太辛苦和受到太多的委屈，照常满足他的吃穿要求，没想到这孩子把我们对他的期望抛到了九霄云外。”

而李刚却和王海大有不同，虽然有时上学也常迟到，可是成绩却有进无退。

原来李刚的父母下岗后又另起创业，白天黑夜顾不了家，但思前想后，李刚的父母还是将实情告诉了孩子，与孩子商量应该怎么办。他们说：“有句古话不是说‘穷人的孩子早当家’吗？我们生活困难，孩子是家庭成员，有义务帮助家庭早日脱离困境。”

李刚的父亲是一个性情爽朗的人，提起儿子就乐呵呵的：“与孩子商量后，孩子也很乐意，主动提出照顾好奶奶和搞好自己的学习。我们有时回家累了，他还会为我们捶捶背，按摩按摩。我们遇到什么困难也会与他商量，请他帮着想办法。我们常对孩子说的就是‘我们都是家庭中的一员，要相亲相爱，尽职尽责’，儿子做到了，他关心每个家人，把奶奶也照顾得挺好，这可解决了我们家的大问题了。而且听说他现在学习也没耽误，真是让我们高兴，也太难为孩子了。”

“这件事爸爸妈妈想听听你的意思。”“孩子，这是个严重的问题，咱们商量一下看怎么解决好。”作为家长，尊重孩子的发言权是十分必要的。

孩子是家庭中重要的一员，可是，许多父母在决定一些事情尤其是一些重要的事情时往往把孩子排斥在外。是的，生活中纯粹的大人之间的事没有必要让孩子知道，可是还有很多事是完全应该让孩子也参与讨论的，尤其是涉及孩子的某项决定时。不要以为孩子小，什么也不懂，更不要以为孩子是你的，你就可以随便对与他相关的事作出决定。

事实上，只要是家庭的成员，即使年龄小，也有权知道关于自己以及家里的事情，有权参与家庭事件的讨论与决定。

如果你还在抱怨孩子不理解你，老跟你作对，那么就先想想自己是否在理解和尊重孩子的基础上与孩子商量了？

亲子正面沟通秘诀

许多父母也想和孩子商量，但往往不知道怎样做才合适。那么，你不妨按照下面的方法来做做看：

1. 尊重孩子的每一个意愿和想法，给孩子一个自主决定的机会

尊重孩子的权利，就是要征得孩子的同意，让孩子有选择的机会并且在尊重孩子的基础上给予引导，这也是民主家庭中父母应当为孩子负起的一个责任。

2. 在决定之前，不妨先听听孩子的意愿和想法

现在的父母都希望自己的孩子多才多艺，成为一个优秀的孩子。那么，如果让孩子学，一定要仔细观察，与孩子商量之后，再选择一种比较适合孩子性情及兴趣的才艺。千万不要让他一下子接触太多，或强迫他学习不感兴趣的东西，破坏了他学习的信心和欲望。

弯下腰与孩子平等友好商量

辉辉今年上幼儿园大班，从他3岁起，爸爸就给他报了绘画班，让

他去学画画，还规定每天都必须画一小时的画。一开始辉辉很听爸爸的话，可是渐渐地，看着邻居的孩子每天回家后就去小区健身区玩，辉辉就羡慕起来了。

一天，放学后，辉辉爸没去学校接辉辉，辉辉就与邻居的孩子一起回来，回来后，他没画画，而是与邻居的孩子一起去小区健身区玩耍。

爸爸知道后，将辉辉狠狠骂了一通："你怎么这么没出息，就知道玩，一点儿上进心也没有，将来只能去扫大街了！"

"爸爸，我不喜欢画画，一点儿意思也没有。你们每天都逼着我画，其实我是为你们画的。"

"你……那你想做什么？！"

"我长大后想当一名威风凛凛的警察！"

孩子喜欢当警察，爸爸则让孩子学画画，并给孩子立下每天要画多长时间的规矩，如果孩子不遵守，爸爸就发脾气。其实，这是很多父母都会犯的通病，总以为孩子小，事事要听自己的，从不和孩子商量，不去征求孩子的意见。

做父母的要时刻记得，孩子是家庭重要的一份子，不要以家长的身份居高临下地对待孩子，而要平等地对待孩子，要尊重孩子的发言权。和孩子说道理、讲规矩时，不要忘记弯下腰与他们平等商量。

和孩子一起商量，大人和孩子各自的观点都被摆出来，做父母的把意见耐心地传递给孩子，让他思考判断，然后耐心地听取孩子的想法，顺着孩子的思路对孩子进行劝说、开导，这会更利于搞清孩子的想法，有利于亲子之间的沟通，有利于孩子的身心健康发展。

商量，不是父母发号施令，而是要使每个问题的解决都打上"民主"的印记。商量更不是迁就，而是父母与孩子对话、沟通、相互了解，形成双方可接受的意见或办法。

作为父母，给孩子发言的权利，以商量的口气和孩子讲道理是十分必要的。著名教育家魏书生写过一篇文章，叫《商量，商量，再商量》，讲出与孩子商量在其学习、教育上的重要性。与孩子商量，完全可行，做父母的赶快试试吧，一定会发生你意想不到的好效果。

亲子正面沟通秘诀

父母学会与孩子商量，可以从下面的小事开始：

你现在不想睡觉吗？明早你能够按时起床上学吗？

你又要这么多钱做什么？给一半可以吗？

把旧文具盒扔掉买新的不在我们这个月的消费计划里，怎么办？

……

如果你还在抱怨孩子不理解你，老跟你作对，不遵守规矩，那么就先想想自己是否在理解和尊重孩子的基础上与孩子商量了？

站到孩子的角度看待和处理问题

柳柳放学后很不高兴，向妈妈抱怨老师当着全班同学的面大声批评她。妈妈听完，根本不考虑孩子言语中的委屈，用质问的口气说：“老师为什么要批评你？你是干什么坏事了？”柳柳听到妈妈这样说，瞪着妈妈，很生气地说：“我什么也没干，老师是没事找事。”“不会吧，老师不会无缘无故地斥责学生。再说，老师怎么不去批评别人？偏偏批评的是你？”

柳柳重重地坐在椅子上，更加不开心了。妈妈继续问道：“那么这个问题，你打算如何处理呢？”柳柳很倔强地说了一句：“什么也不做！我真后悔跟你说这件事情！”妈妈意识到情况不妙，如果继续问下去，女儿一定会和她对立起来，这样什么问题也解决不了。

这时，妈妈悄悄改变了她的态度，平复了自己的情绪，用一种友好的语调对女儿说："我想你当时是很尴尬的，因为老师当着全班那么多同学的面儿批评你，让你无地自容。"柳柳没有想到妈妈的态度突然会改变，有些怀疑地看了妈妈一眼，妈妈接着讲："其实类似的事情我也遇到过。记得我念小学五年级的时候，在考场上，我的铅笔用完了，我站起来借了一支铅笔，老师大声地批评了我，让我很下不了台，我感到十分尴尬，也很气愤，和你这次的感觉一样。"

柳柳开始轻松了，也对妈妈的事情感兴趣了，并打开了话匣子："真的？和我的情况几乎完全一样啊！我也只是在上课时借一支铅笔，因为我的铅笔不够用了。而且我借铅笔的时候小心翼翼，没有打扰别的同学。我觉得老师为这么简单的事情教训我，真是太不公平了！""是这样。现在咱们来考虑以后怎样去避免这种情况。你能不能想出办法，今后避免这种尴尬的局面呢？""我可以多准备一支铅笔，或者向老师说出我的问题，让老师帮忙想办法解决，就可以避免这种情况了……""这个主意不错。"妈妈和柳柳愉快地交谈着。

在生活中，很多父母总是以为孩子什么也不懂，对待孩子就像是上级对下级，处理问题永远都是从自己的角度出发，而丝毫不顾及孩子的想法。这样做，不但不会得到孩子的认同，还会引起孩子的反感，破坏父母的形象，且达不到预期的教育效果。

父母只有放下架子，尊重孩子，以平等的身份对待孩子，才能与孩子建立相互之间的信任，成为孩子的知心朋友，才能实现成功的亲子沟通。孩子有价值和尊严，应该受到尊重。在生活中要尊重孩子，父母要把孩子放到一个平等的位置上与之交往，这样才能让孩子对父母信服。同时，父母光有对孩子的尊重是不够的，还要信任孩子，争取成为孩子的知心朋友。

建立和孩子之间相互信任的最佳手段，是把自己放到孩子的位置上，站在孩子的角度去看问题。作为合格的父母，必须尊重和信任孩子，必须站在孩子的角度去看待和处理问题。

亲子正面沟通秘诀

父母学会站在孩子的角度去看问题，应该做到以下几点：

1. 对待孩子应该真诚

与孩子交流的过程中，一定要真诚。父母真诚与否，孩子是能感觉到的。父母应真诚地向孩子敞开自己的心门，想什么，感受什么，尽量都让孩子知道。

2. 放弃大人的成见

大人的世界和孩子的世界是不一样的，如果父母硬要用大人世界的要求来对待孩子，势必会发生许多亲子关系上的问题和不愉快。因此，父母应该学会放下自己的成见，试着用“孩子世界”的眼光来了解和认识孩子。

3. 学会换位思考

站在不同的角度就有不同的立场，处于不同的立场就会产生不同的观念。作为父母应该学会换位思考，当孩子遇到问题和烦恼时，能够迅速从孩子的位置和角度来看待问题、分析问题，这样才能有效地解决问题。换位思考是一种快速拉近和孩子心灵距离的有效方法。

总之，父母和孩子之间不是主人与奴隶的关系，而是一种平等、尊重、关心和信任的友谊关系。父母要尊重与理解孩子，要能站在孩子的角度来看待问题，这样才能赢得孩子的信任与友谊。

第3章

和孩子说话，要温和不要粗暴

孩子闹情绪，你要怎么办

当孩子闹情绪时，你的反应是：

A：

“别哭了，妈妈带你去买雪糕吃。”

“来，爸爸带你去动物园，不要再发脾气啦！”

“你再这个样子，我就不让你出去玩了！”

B：

“你这个样子像个男孩子吗？真丢人！”

“你再吵我就打你了！”

“你自己做错了事还耍脾气，想挨打啊？”

C：

“回你自己的房间吧，等气消了再出来！”

“爱哭你就哭个够吧！哭够了再来找我。”

D：

不理会孩子的情绪反应，喋喋不休地唠叨：“人总会遇到不如意的事嘛。妈妈像你这么大的时候，已经会自己照顾自己了。你想想，爸爸妈妈在你身上花了多少心血……”

选项A属于“交换型”父母。这类父母认为负面情绪有害，所以每当孩子有忧伤的感觉时，就急于努力把世界“修补”好，却忽略了孩子更需要的是了解和慰藉。

看到父母的这些反应后，孩子会对自己产生怀疑：“既然这不是什么大不了的事情，为什么我的感觉这么糟？”次数多了，孩子会变得缺乏自信，在情绪上很容易产生很大的压力。

选项B属于“惩罚型”父母。孩子常常由于表达哀伤、愤怒和恐惧而受到这类父母的责备、训斥或惩罚。他们以为这样不会“惯”出孩子的坏脾气，或者能够让孩子变得更坚强。

久而久之，孩子会觉得表达出自己的情绪会带来耻辱、痛苦。所以，对于负面情绪孩子是又憎恨又无可奈何，长大后面对人生的挑战时，孩子就会显得力不从心。

选项C属于“冷漠型”父母。这类父母接受孩子的负面情绪，既不否定也不责骂，而是“不予干涉”，让孩子自己去找办法宣泄一下或者冷静下来。

因为得不到父母积极的引导，一个愤怒的孩子可能会变得有侵略性，用伤害别人的方式来发泄；一个伤心的孩子会尽情和长时间地哭闹，不知道怎样去安抚自己和舒解自己。这种处理方式同样不利于孩子成长。

选项D属于“说教型”父母。这种父母以为孩子只要明白了道理，负面情绪就会消失，所以总热衷于滔滔不绝地讲道理。

他们的孩子会感到孤单无助，得独自面对负面情绪带来的痛苦，而父母喋喋不休地训导，只会令这种痛苦加倍。

以上四种是传统的处理孩子情绪的方式，显然都不利于孩子的培养。

亲子正面沟通秘诀

最好的处理方式是EQ型父母。这类父母善于感觉孩子的情绪。看到孩子流泪时，能设身处地地想象孩子的处境，感受到孩子的悲痛；看到孩子生气时，他们也能感受到孩子的挫败与愤怒。而父母的这种接受与认同，能让孩子感到身边有可以信赖的支撑，也就更有信心去学习怎样处理面临的问题。

EQ型父母会尊重并完全接受孩子的感受，帮助孩子去捕捉内心的情绪。因为孩子越能精确地以言辞表达他们的感觉，就越能掌握处理情绪的能力。这类父母也懂得为孩子的行为定规矩，让孩子清楚地明白，他的情绪不是问题，不良的言行才是问题的关键。所有的感受和期望都是可以被接受的，但并非所有的行为都可以被接受。并且懂得与孩子一起讨论解决问题的方法，引导孩子找出更恰当的方法来处理自己的负面情绪。

教育孩子，就是在教育自己

明明妈在教育儿子方面，经常控制不好自己的情绪。她深知教育孩子就像牵着蜗牛散步，需要有耐心，可问题是，在气头上的时候，真是恨不得有把蜗牛推着跑的冲动！

明明洗脸时衣服被打湿了，他烦躁，妈妈嫌他矫情。

明明生闷气自己把自己关进房间，妈妈嫌他没度量。

明明打着创作旗号满墙的涂鸦，妈妈责备他不爱惜屋子。

每一天，妈妈总会感到明明有一些她让束手无策的行为，令她烦恼不已。

有一次明明发脾气大哭大喊，妈妈极不耐烦，对他怒吼：“喊什么喊！”

明明当即反驳：“你还不是也在喊！”

妈妈顿时哑口无言。

很多父母教育孩子缺少耐心，孩子不听话或是犯了错误时，自己总是不能静下心来与孩子沟通，而是对孩子进行一番激烈的指责和说教，然而这样却常常换来孩子的“以牙还牙”，和父母对着来。

教育学家苏霍姆林斯基说过：“每个瞬间，你看到孩子，也就看到了自己；你教育孩子，也就是教育自己，并检查自己的人格。”孩子就是父母的一面镜子，想要教育好熊孩子，就先要管控好自己。

作为父母，我们要努力尝试从孩子的角度听他们内心的声音。我们都希望自己的孩子更平和、不爱发脾气，我们自己就必须学会调节自己的情绪，与他们打交道时，自己要是一个平静的父母。

孩子总让我们生气，可是在我们要发怒之前，请先想想，我们为什么要愤怒？我们真的有认真听孩子在说吗？我们是因为孩子生气还是因为自己的状态？当问清楚这些问题之后，一切都会变得简单起来。

我国宋代名人司马光说过：“为人母者不患不慈，患于知爱不知教也。”这句话的意思是说：做母亲的，不用担心她对孩子的不慈爱，值得担心的是她只知道爱孩子却不知道怎样教育孩子。心理学也告诉我们，孩子的问题主要是情绪问题，学习不好都是因为负面情绪困扰，很少因为智力。父母内心的焦虑与浮躁，比孩子有学习问题更可怕。

所以，作为父母的我们，先要学会管理好自己的情绪，冷静处理孩子的各种问题。

亲子正面沟通秘诀

父母教育孩子要学会控制好自己的情绪，平心静气地孩子做好沟通，以更有效地帮助孩子成长。

1. 理智对待孩子的反对，耐心与孩子沟通

在父母和孩子谈话的过程中，如果孩子的意见和父母有冲突，父母千万不要失去控制大吼大叫，应该冷静地分析一下孩子的意见是否正确。如果是正确的，就给予支持；如果是错误的，父母应该在商讨的气氛中用温和的态度帮孩子分析。切记不要一味地否定孩子的意见，以免

使孩子养成沉默寡言的孤僻性格。

2. 反省自己，从自身找原因

跟孩子发生冲突时，不要总追问“孩子究竟是怎么了”，而是要想想“我应该做些什么”。如果你能坚持以这种观点看问题，那你就能更得心应手地处理孩子的情绪反应，跟孩子的关系也一定会越来越好。

3. 放松心情，不要将成人的快节奏变成对孩子的要求

有的父母直言孩子太“慢”，是因为父母习惯将成人节奏变成对孩子的要求，忽视了孩子成长阶段的特性。

父母该做的不是逼孩子加快速度，而是自己放松心情，放慢节奏。到底是孩子动作太慢，还是父母太急？所有这些问题都值得父母反思。要想让孩子做什么事情都快一点儿，只有找到他慢的根本原因，才能对症下药。想改变孩子的一些坏习惯，就要避免一味地责备，而是要帮助孩子提高动作的熟练和敏捷程度，激发孩子学习的兴趣，增强自信心，提高责任心，教给孩子如何利用统筹方法提高效率、节省时间。

一般情况下，孩子都希望完成任务后马上出去玩，但多数父母却会让他们继续做其他练习。由于孩子看不到玩的希望，所以就想出了磨蹭的招数。对这样的孩子，父母要懂得给孩子适度的任务，留一定的空闲。

家长情绪好，亲子沟通没烦恼

心理学上有一个著名的实验，叫作情绪实验。

实验是这样的。一位11世纪的古代学者曾把一胎所生的两只羊羔置于不同的外界环境中生活：一只小羊羔随羊群在水草地快乐地生活；而在另一只羊羔旁拴了一只狼，它总是看到自己面前那只野兽的威胁，在

极度惊恐的状态下，根本吃不下东西，不久就因恐慌而死去。

医学心理学家还用狗做嫉妒情绪实验：把一只饥饿的狗关在一个铁笼子里，让笼子外面的另一只狗当着它的面吃肉骨头，笼内的狗在急躁、气愤和嫉妒的负性情绪状态下，产生了病态反应。

实验告诉我们：恐惧、焦虑、抑郁、嫉妒、敌意、冲动等负性情绪，是一种破坏性的情感。

有的家长教育孩子时，常常为自己的情绪所左右。家长高兴时，教育孩子能注意方式方法，不高兴时就简单粗暴，甚至无事找事，把孩子当作出气筒，动不动就打骂训斥、讽刺挖苦等等。这种因家长情绪的好坏而出现的教子尺度不一，其祸害是无穷的。

第一，这会在孩子的行为标准上造成混乱。就是说，这往往会使孩子不知自己到底应该怎样做，既不利于孩子不良行为的及时纠正，又不利于孩子良好行为习惯的养成。

第二，这容易使孩子养成看家长脸色行事的坏毛病，并且不利于家长及时、准确地把握孩子的真实情况，不利于家长教育的针对性、实效性。

第三，家长的不良情绪直接影响着孩子的心境，特别是因不良情绪而导致的家长教育孩子方式方法上的简单粗暴，往往会使孩子同时遭到“体罚”与“心罚”的双重伤害，这不仅严重地影响着孩子身心的健康发展，甚至会对孩子的一生带来重大伤害。

第四，这往往还会使家长在孩子心目中的威信大大降低，这种威信的“降低”，往往又会对以后的家庭教育人为地制造出种种障碍。比如，有些家长所说的“孩子大了，反而越来越不听话”，就与这种“障碍”有关。

家长的情绪变化，都会引起孩子心理和情绪的相应波动，对孩子产生不利的影响。家长的情绪会直接影响教育孩子的效果，家长一定学会自我调节和控制情绪。

亲子正面沟通秘诀

要培养教育好孩子，家长应学会调节自己的情绪，别让不良情绪影响自己对孩子的教育。

1. 培养自己具有乐观的生活态度

无论遇到什么困难和挫折，都要以乐观、积极的态度去面对，相信问题总会有办法解决的，从而勇敢地面对现实，努力进取，永不悲观失望，对前途充满信心和希望。持这样的乐观态度往往会产生积极情绪。

2. 适当地发泄积存在心中的不良情绪

比如，可以向知己倾诉自己的苦恼和忧伤等等。这样做，有助于消除心中的烦恼、压抑，从而达到心平气和的状态。这种发泄对人的心理健康是有益的。

3. 保持适当的紧张和热情

紧张是一种情绪，它能维持和提高学习、工作效率。如考试时产生的紧张情绪，能使大脑功能达到最高效率的状态。平时工作或做某件事，也需要保持适当的紧张。张弛调节适度，就会使生活更有节奏和情趣。

4. 善于理智地控制自己

种种要求和愿望，都应符合社会道德和规范，否则就要用理智打消这种念头，不能苛求社会与他人满足自己的一切愿望。这样做对维持心理平衡、培养健康情绪很有好处。

通过不断加强心理品质的修养，不但做父母者能使自己保持良好的情绪，同时，父母的方式方法和情绪态度将带给孩子潜移默化的影响。

劝说孩子，要温和不要粗暴

胡丽的孩子今年上初二。这孩子上小学时非常聪明乖巧，学习成绩虽不冒尖但也不算坏，胡丽从来也没有多费心过，别人也都夸她的孩子聪明懂事，胡丽也曾非常骄傲和自豪。可是自从孩子上了初中后，学习成绩就一落千丈，逆反心理也非常强。

去年一年，家里经常充满火药味。孩子英语考试不及格，胡丽找老师每周进行补课，结果一学期花了3000元，孩子考试还是不及格。胡丽说东，他偏要西，母子俩总是话不投机半句多，说不了两句就会吵起来。胡丽和丈夫也常因为孩子的教育问题拌嘴。那一段时间胡丽非常痛苦，不知道该怎么办，对孩子说话也非常尖刻。

有一次胡丽当着孩子的面说："人家怎么养那么好的孩子，每次考试都那么好，我怎么养了个这么笨的孩子！"孩子脑袋反应特别快，立即回了胡丽一句说："我怎么遇见了这么笨的妈妈，人家妈妈都是当厂长的，你干的啥？"胡丽当时哑口无言。

后来胡丽仔细反思，想搞清孩子的问题到底出在什么地方。她感觉是自己对孩子的态度出了问题，对孩子的态度越差，孩子的成绩就越滑坡。胡丽觉得找到了原因，就决定改正自己的态度，对孩子永远保持温和的态度。

从此之后，无论孩子做什么，胡丽总是用耐心温和的态度对待孩子。

两个月过去了，奇迹出现了，孩子和胡丽都有很大的变化，孩子不再和她作对了，有什么事情还会主动请教她，也知道关心人了，不再发脾气了。星期天胡丽去值班时，还会嘱咐她说："妈妈你放心去吧，我在家会管住我自己，路上要小心。"另外，孩子写作业也比以前快多了，也知道努力，每次周末回家都会让爸爸给他辅导物理、数学等科目。

孩子现在英语虽然还不是太好，但从他的眼神中胡丽能看出他早晚会赶上的。

胡丽明白了：父母对孩子的态度不仅影响孩子智力发展和学习，也会影响孩子其他能力和人格的发展。

父母的态度不仅影响孩子对生活的看法，还会影响孩子智力和能力的发展，影响孩子的行为和道德发展。

孩子的社会适应能力、人际交往能力、自主能力、独立能力等，无不是在童年时代奠定基础的，父母对待孩子的态度，对孩子在这些方面能力的形成有巨大影响。

父母是用温和的态度鼓励孩子去和其他孩子交往，还是限制孩子的交往；父母是有意让孩子在某种环境受到挫折，得到锻炼，还是把孩子保护起来，害怕孩子受到挫折；当孩子遇到挫折是帮助、鼓励孩子，还是讽刺、嘲笑、忽视孩子，甚至让孩子在挫折面前逃避等，都将对孩子造成重大的影响。

父母对孩子持有消极粗暴的态度，就会影响孩子的行为向不良或不健康的方面发展；父母对孩子持有积极温和的态度，就会影响孩子的行为向健康的方面发展。只有在父母温和的态度下，在父母的鼓励和帮助下，孩子在社会能力方面才能建立起较好的自我评价和自我意向，建立起自信心，从而很好地发展出自主能力、独立能力和其他社会能力，为一生的发展奠定良好的基础。

父母要永远用温和的态度对待孩子。当发现孩子犯了错时，父母要注意控制自己的情绪，从孩子的角度出发，用温和的态度对孩子讲清楚问题的后果，让孩子认识自己的错误。当然，必要时父母还可以用温和的语气对孩子进行适当的批评。

亲子正面沟通秘诀

为了孩子的健康成长，容易冲动、喜欢对孩子报以拳脚的父母们一定要控制好自己的情绪，摆正自己的心态，不要粗暴地对待孩子，否则将会对孩子的心理和性格产生极为不良的影响。运用以下的“温和式”教育孩子的方法，将能起到良好的效果：

1. 不要让自己的坏情绪感染孩子

父母应该注意自己日常生活中的情绪对孩子的影响。不要在孩子面前表现出消极的情绪，那样也会使孩子处在一种不和谐的家庭环境中，受到父母的消极情绪的影响而导致情绪上也发生变化。

2. 多跟孩子讲道理

父母要多跟孩子讲道理，不要用打骂、斥责的方式对待孩子，因为打骂对孩子会有很大的影响。平常父母要多和孩子沟通，了解孩子的想法，用讲道理的方式教孩子会较为适当。

注意同孩子说话的腔调和语气

孩子兴冲冲地跑回家：“妈妈，我想把在学校发生的所有事告诉你！”

妈妈：“你说，你说，妈妈听着呢！”

孩子：“我们班的小帅又把新来的女老师气哭了。”

妈妈：“噢！”

孩子：“小明和强子打架被老师罚站了。”

妈妈：“噢！”一边说，一边还在厨房里不停地忙碌着。

孩子继续：“我们要发新书了！”

妈妈：“知道了！”

孩子有点不耐烦："妈妈，你到底有没有在听我讲啊！"

妈妈："听着呢，都听见了。"

孩子："那就给我复述一下。"

妈妈："我现在忙着呢！"

孩子："算了，我也不跟你说了，你好像一点儿也不关心，我回屋了！"

很多父母由于没有学会如何与孩子进行有效的交流，往往在不知不觉中就用一些孩子不喜欢的声调，说一些违反自己本意的话，结果和孩子产生了不必要的冲突。

也有很多父母，在动怒的时候往往口无遮拦。因为他们觉得，对自己的孩子，他们完全有资格骂，所以多难听的话都能说出来。有时觉得说得越难听，越能提醒孩子注意。哪里想到，许多话是会造成严重后果的，绝对不能说出口。例如：

"给我滚！就当我没有你这样的儿子！"

"你以为你是谁，你可是我养大的！"

"你简直一无是处！"

"你很讨厌！"

"养个你这样的孩子，我真是倒了八辈子的霉了！"

诸如此类的话对孩子都是一种"威胁"。孩子听到，心里会怎么想？也许这话会让他感到自己是个没用的人，是个累赘，可又无力改变这个现实。这种矛盾的心理会让孩子惶恐和无所适从。这样的情绪压抑得太久，必定会化为愤怒，总有一天会爆发出来。那时，很可能会造成严重的后果。

作为父母，要想让孩子接受自己的意见，使教育达到一定的效果，必须学会与孩子沟通，注意自己的说话方式和语气。

亲子正面沟通秘诀

在与孩子交谈时，父母应注意自己的态度，注意与孩子说话的腔调和口气，特别要注意以下几点：

1. 要平等对待孩子

要从平等的地位出发，不摆父母的架子。在心情好的时候要这样，在心情不佳或被顶撞的时候更要注意态度。

2. 要以孩子为中心

要以孩子关心和感兴趣的话题进行交谈，当然，有父母和孩子都感兴趣的话题更好。父母与孩子以这类话题交谈最容易沟通，也便于父母掌握孩子的思想动向。

3. 要有足够的耐心

有些问题孩子不一定能很快理解，父母要耐心帮助孩子慢慢认识。

跟孩子说话语气别太强硬

男孩放学后兴冲冲地跑回家，家里来了几位客人，男孩向客人问完好后跟妈妈说：“妈妈，今天我们学校发生了一件事儿！”

妈妈：“什么事？”

男孩：“我们班今天发期中考试的成绩了。”

妈妈：“哦！”

男孩：“妈妈你猜我数学考了多少分？”

“你说说！”妈妈漫不经心地说。

男孩：“我数学考了99分！”

妈妈：“哦，那语文呢？”

男孩小声地：“语文，80分！”

妈妈：“那你那么高兴干什么？语文80分你觉得有什么值得高兴的吗？赶紧回屋学习去，别在这儿嚷嚷个不停，没看家里有客人吗？”

男孩：“算了，我也多余跟你说，反正你也没兴趣，我回屋了！”

没有哪一位父母想要让孩子伤心，也没有哪一位父母暗下决心“今天我就是要让儿子下不来台”，然而，生活中，真的会出现这样的现象：由于父母说话方式不当，导致孩子下不来台。

不少父母觉得自己管教孩子，打一顿或者骂几句是完全正常的，父母管孩子是天经地义。可是，他们却没意识到自己在批评孩子时不注意说话方式，粗鲁地吼叫和叫骂，可能会给孩子造成严重不良的后果。

“滚远点！别在我身边麻烦我！”

“你能不能安静一会儿，这一天跟个猴子似的！”

……

用这样的语气跟孩子说话，用这样的字眼评价孩子，很可能会让他一下子失去自尊和自信，觉得自己真的没用，一无是处，是个人见人厌的坏孩子。孩子们不喜欢自己，认为自己是父母的累赘，内心就会变得越来越失落、惶恐和无所适从，对孩子的学习和成长产生了极不为利的影响。父母和孩子说话时，要避免用刺耳强硬的语气，以免对孩子产生伤害。

亲子正面沟通秘诀

父母只有掌握了与孩子交谈的艺术，注意自己的说话方式，才能在教育孩子的过程中与孩子产生共鸣，收到事半功倍的效果。具体可以采用以下方式：

1. 循循善诱，加深亲子感情

父母与孩子沟通，可以先从孩子关心和感兴趣的话题开始进行交谈，当然，如果父母和孩子的兴趣相同或相近，那么沟通起来会更加顺畅。父母与孩子以兴趣为话题交谈最容易沟通，也便于父母掌握孩子的内心想法和思想动向。

2. 平等地交流，尊重孩子的人格，温和地商量和讨论

让孩子有发言的机会，用平等的语气而不是发号施令，用尊重的态度而不是威吓逼迫，这样孩子会自愿地表达自己的观点，积极参与交谈。

3. 动之以情，晓之以理，才能让孩子心服口服

父母不赞成孩子的意见，应跟孩子耐心地解释原因，说明道理，使孩子理解。当孩子犯错误，要帮助孩子分析原因，指出可能造成的危害。

4. 在与孩子交谈时，父母要控制自己的情绪

父母不能因为自己心情好就纵容孩子，放低要求标准，偏袒和过度保护孩子；也不能因为自己心情不佳或被孩子顶撞而大发雷霆，对孩子拳脚相加。有些问题孩子不一定能很快理解和接受，需要父母耐心地帮助孩子慢慢认识。

轻声细语地跟孩子讲道理

有一对双胞胎姐妹，丽丽和娇娇。在她们很小的时候，父母就离异了，丽丽和母亲一起生活，娇娇和父亲一起生活。虽是双胞胎，但性格截然相反。

据丽丽和娇娇的班主任反映，丽丽是一个性情活泼开朗、遇事不急不躁的女孩，无论是生活上还是学习中遇到困难，她总是想办法解决，而且自我控制能力很好，特别遵守纪律，对自己的学习、生活都做有详

细的计划，所以，丽丽的学习成绩一直名列前茅。

娇娇则是一个脾气非常暴躁的女孩，遇到一点儿不顺心的事情就会大发脾气，有一次考试，娇娇连着碰上两道题目答不上来，一气之下，竟然把试卷撕得粉碎，还使劲地捶打桌子，老师不得不将她请出了教室。

起初，老师也感到奇怪，这两个孩子为什么在性格上有这么大的差异呢？原来她们的爸爸是个火暴脾气，而且爱喝酒，喝酒之后，脾气就更糟糕了，娇娇的学习成绩退步了，爸爸总会严厉地批评她，甚至是打她，久而久之，娇娇也和爸爸一样，遇到不顺心的事情就发脾气。

丽丽的妈妈是一个十分谦和温顺的女人，她非常关心丽丽的生活、学习，用丽丽的话说，妈妈是她的闺密，有什么事情她都会和妈妈讲，每次妈妈都会耐心地倾听，然后和她一起想办法解决，即便是丽丽犯了错误，妈妈也从来没有大声地吼过她，所以，丽丽的性格和妈妈很像，做事有条不紊，遇事不急不躁，积极向上。

从这个案例中，我们可以看出低声教育比粗嗓门儿教育更有效果，更能让孩子接受。

当孩子犯了错误、违反规矩后，你通常会怎么做？歇斯底里地朝孩子大喊？还是轻声细语地跟他讲道理？对于这个问题，可能很多父母并没有太在意过，往往是根据自己的心情来选择采用哪种方式教育孩子，他们并没有意识到不同的教育方式，会对孩子产生怎样不同的结果。

有些家长总认为自己提高说话的分贝，就能让孩子屈服，让孩子听话，同时也能显示出家长的威严，其实这是一种误解。如果父母对孩子大喊大叫，会让孩子感到害怕，也容易激起孩子的逆反和抵触心理，这样一来，就起不到教育的目的了。父母在和孩子说明道理和规矩时，用温和的低声调，与孩子沟通起来就会很顺畅，孩子更容易接受。

亲子正面沟通秘诀

那么，父母该如何进行低声教育呢？

首先，就是将你说话的分贝降下来，无论孩子犯了怎样的错误，都不要试图用大喊大叫的方式来解决，与孩子沟通最合适的分贝是40分贝。

其次，警惕语言暴力，所谓的语言暴力就是使用谩骂、诋毁、蔑视、嘲笑等侮辱歧视性的语言，致使他人的精神上和心理上遭到侵犯和损害。比如，有的家长经常对孩子说："你真是笨死了，我怎么生了你这么个笨孩子""你再不听话，我就不要你了""你除了哭，还能做什么，你就是个窝囊废"……

当孩子做错了事，很多时候，父母是很难控制自己的情绪不去批评孩子的，但是，请你在说话前，先想一想，你即将说出的话，是否会对孩子造成不良的影响。父母应该明白一点：我们批评孩子是为了孩子改正错误，应该就事论事，而不是发泄自己的情绪，更不能说出伤害孩子自尊心的言语。

最后，在孩子犯错误之后，你要告诉孩子哪里做得不对，下次应该怎么做。

学会低声教育孩子，不仅有利于孩子自身的成长，其实，也是对我们自身修养的一次升华。

要永远用温和的态度对待孩子

近段时间，小强做什么事情总是特别兴奋，在教室里要么看见他和同伴追逐打闹，要么乱喊乱叫，连以前父母最拿手的办法戴"高帽子"的方法都不管用了。

今天早上晨间锻炼时，妈妈按周计划内容让孩子们到户外踢毽子。

由于有几个孩子拿来的是鸡毛毽子，再加上孩子们还不会踢，几个拿鸡毛毽子的孩子就拿着毽子乱扔起来。小强虽然离妈妈比较近，但是一点儿也不认真地踢着毽子，时不时地和同伴嬉戏，老师提醒他好好锻炼，但他却假装听不到老师的好言劝告，故意将鸡毛毽子一次又一次地扔到旁边的绿化带上。

妈妈当时一急就给他一顿批评："你怎么老是喜欢把毽子扔到树枝上呢？为什么不好好练习踢毽子呢？老师让你好好练习不要乱扔毽子你没听见吗？"

妈妈原以为妈妈的教育能让他认识到自己是错了，没想到小强的表情却是若无其事的样子，而且还朝着其他同伴笑呢！这下妈妈更火了，妈妈对着大家说："来，妈妈们把毽子都拿到这边来练习，不要跟小强这样不乖的孩子一起练习了。"

当孩子们全响应了妈妈的号召后，妈妈才发现小强正拿着那个鸡毛毽子瞪着眼看着妈妈，委屈的眼泪含在眼眶里打转。妈妈的心情一下子变得复杂起来了：是不是自己刚才的一番话打击了他的自尊心。

现在的孩子越来越难管了，一些年轻的父母抱怨说，稍不如意，脾气就上来了，打也不听、骂也不灵、哄他吧他还更来劲，有些父母会觉得这样的孩子简直无可救药，索性就用自己的坏脾气去好好教训一番，但最后效果往往事与愿违，这样的情况下次还会出现，并且会在孩子内心留下创伤伤害彼此感情。

有意识地控制自己的情绪，支配自己行动的能力是意志的重要品质，是情商的重要因素。父母管教孩子必须有理有据，不能是情绪化训斥或打骂孩子，如果是孩子犯了错误，应当心平气和地与孩子沟通，让孩子知道错在哪里，违反了规矩一定要处罚，这是为他们将来的人格养成打下基础，这样才不致让孩子有偏差的认知或行为产生。如果是孩子因为任性而影响父母的情绪，此时千万不要上前制止，或者劝解，否则孩子会撒娇，脾气会更倔强，此时父母无须大发雷霆，不妨收敛起自己的牛脾气。

亲子正面沟通秘诀

很多父母也想用温和的态度对待破坏规矩的孩子，但往往控制不住自己的情绪，不知道自己该怎样才能做到。那么，不妨按照下面的方法来做做看，你一定会发现，其实以温和的态度对待孩子并不难。

1. 父母要控制情绪，平衡心态

父母的不良情绪直接影响着孩子的心境，特别是因不良情绪而导致的父母教育孩子方式方法上的过激行为，往往会使孩子同时遭到“体罚”与“心罚”的双重伤害，这不仅严重地影响着孩子身心的健康发展，甚至会对孩子的一生带来重大伤害。父母在教育孩子时应依靠理智的力量学会控制自己的不良情绪，比如学会并善于以自我暗示、自我激励、心理换位等方法来管住自己。

2. 要学会对孩子的错误“冷处理”

所谓“冷处理”，就是在自己着急、上火、生气时不要教育孩子，自己先消消气，等心情平静了再教育孩子。而当孩子生气、激动的时候，也不适宜进行教育，应该等孩子平静下来再用温和的态度进行教育。这样才能防止粗暴型的教育，才能冷静地、客观地处理孩子的各种问题。

第 4 章

表扬不贬损，把话说到孩子心里去

每天夸孩子一句并不难

美国心理学家为了研究母亲对人一生的影响，在全美选出50位成功人士和50名有犯罪记录者，分别给他们去信，请他们谈谈母亲对自己的影响。其中有两封来信说的都是同一件事——分苹果，读来颇耐人寻味。

一封信是一个在监狱服刑的犯人写的：小时候，有一天妈妈拿来几个苹果，大小不同，我非常想要那个又红又大的苹果。妈妈听了，瞪了我一眼，责备我说："好孩子要学会把好东西让给别人，不要总想着自己。"于是，我灵机一动，改口说："妈妈，我想要那个最小的，把最大的留给弟弟吧。"妈妈听了非常高兴，把那个又红又大的苹果奖励给了我。从此，我学会了说谎。

另一封信是一位来自白宫的著名人士写的：小时候，有一天妈妈拿出几个苹果，大小不同。我和弟弟都争着要大的。妈妈把那个最红最大的苹果举在手中，对我们说："这个最大最红的最好吃，谁都想得到它。很好，现在让我们来进行一场比赛，谁干得最快最好，谁就有权得到它。"我们三人比赛除草，结果我赢得了那个最大的苹果，妈妈还夸奖了我一番。我非常感谢母亲，她让我明白了付出与收获成正比。

同样是分苹果，却带来两种截然相反的结果——一个孩子学会了说谎，另一个孩子却从中懂得了一个令其终身受益的道理。正如马卡连柯所言：生活中的每一件小事，每一次随便闲聊，每一个平常的举止，每一个不经意的眼神——在父母的不知不觉中，都可能对孩子产生重要的影响。教育其实存在于构成孩子生活环境的方方面面。孩子若生活在批评中，便会学会谴责；孩子若生活在接纳中，便会学会仁爱；孩子若生活在分享中，便会学会慷慨；孩子若生活在公平中，便会知道正义；孩子若生活在诚实中，便会懂得什么是真理。

教育孩子，常常就在生活的点点滴滴之中。

每天夸孩子一句，重要吗？日本的一项研究表明，经常受到家长夸奖和很少受到家长夸奖的孩子，前者成才率比后者高五倍！

许多家长和幼儿教师都知道：如果今天夸孩子的手干净，第二天他的手会更干净；如果今天夸他的字比昨天写得好了，明天他的字准写得更工整；如果今天夸他讲礼貌了，明天他也会更注重礼貌……孩子其实很聪明，在受到大人的夸奖时，他不仅心情愉悦，而且懂得了什么是对的，什么是错的；什么是大人提倡的，什么是大人反对的。这样，比家长直接对他说应该做什么、不应该做什么，效果要好得多。

每天夸孩子一句并不难，但夸奖到位却不是一件易事。首先要夸得准，如果夸得不准，孩子就会感到是受了欺骗，起不到激励作用。如果夸错了，那反而会引起不良的后果。孩子会把错的当成对的，即使以后你想更改过来都很难，因为他心中的是非标准会因你的错夸而混淆了。因此，家长要时刻关注孩子的每一点细微的进步、每一个小小的闪光点，及时给予夸奖和鼓励，让孩子产生成就感和自豪感，促使孩子不断进步。

每天夸孩子一句吧，你很快就会看到意想不到的效果！

亲子正面沟通秘诀

父母怎样做才能使表扬更有效呢？下面的观点能给父母带来一些启发，并为父母在表扬孩子时提供有益的参考：

1. 表扬要具体

对于孩子来说，表扬不能太笼统、模糊，不能简单地用“你真是一个好孩子”“你真棒”这样的一般赞语，而应对孩子的优点和进步的具体细节给予肯定，使孩子明白“好”在哪里。对孩子的表扬越具体，孩子越容易明白哪些是好的行为，越容易找准努力的方向。

2. 表扬的方式要变化

父母使用单一的、不变的、重复的语言去表扬孩子，时间一长，根本起不到激励孩子的作用，有时甚至会引起孩子的厌烦。新颖的表扬、多变的刺激，容易唤起孩子的注意，容易激发孩子的动机。

3. 表扬要看见过程

表扬不仅要看结果，还要看见过程。父母应该引导孩子重视努力的过程而不是成功的结果，激励孩子坚持不懈地努力争取，即便失败了，奋斗的经历对孩子来说也是一种财富。

4. 表扬要视情况而定

为了培养孩子的一些好习惯，父母一旦发现孩子有进步了，就一定要瞅准时机，着力表扬。慢慢地，等孩子在父母的表扬声中养成了习惯时，则需要减少表扬的次数，而且表扬的间隔时间要长一些，直到孩子取得了相当大的进步或成绩时，再对其给予表扬。只有把握好了这样的节奏，才能更有效地发挥表扬的作用。

5. 表扬要把握好时机和分寸

对孩子的表扬并非多多益善，表扬也像服药一样，不能随便乱用，它也有使用的禁忌规则。所以，父母对孩子的表扬一定要适度，一定要掌握好“火候”，把握好轻重。

鼓励孩子多作自我肯定

一位母亲第一次参加家长会，幼儿园的老师说：“你的儿子有多动

症，在板凳上连三分钟都坐不了，你最好带他去医院看一看。”回家的路上，儿子问妈妈，老师都说了些什么。她鼻子一酸，差点流下泪来，因为全班30位小朋友，只有她的儿子表现最差，唯有对他，老师表现出不屑。然而她还是微笑着告诉她的儿子：“老师表扬你了，说宝宝原来在板凳上坐不了一分钟，现在能坐三分钟了。其他的妈妈都非常羡慕妈妈，因为全班只有宝宝进步了。”那天晚上，儿子破天荒地吃了两碗米饭，并且没让妈妈喂。

儿子上小学了，家长会上，老师对她说：“全班50名学生，这次数学考试，你儿子排在第50名，我们怀疑他智力上有些障碍，你最好能带他去医院查一查。”走出教室，她流下了泪。然而，当她回到家里，却微笑着对坐在桌前的儿子说：“老师对你充满了信心。他说了，你并不是个笨孩子，只要能细心些，会超过你的同桌，这次你的同桌排在第21名。”说这话时，她发现，儿子黯淡的眼神一下子充满了光亮，沮丧的脸也一下子舒展开来。第二天上学时，儿子去得比平时都要早。她甚至发现，从这以后，儿子温顺得让她吃惊，好像长大了许多。

孩子上了初中，又一次家长会。她坐在儿子的座位上，等着老师点她儿子的名字，因为每次家长会，她儿子的名字总是在差生的行列中被点到。然而，这次却出乎她的预料，直到家长会结束，都没听到他儿子的名字。她有些不习惯，临别时去问老师，老师告诉她：“按你儿子现在的成绩，考重点高中有点危险。”听了这话，她惊喜地走出校门，此时，她发现儿子在等她。走在路上，她扶着儿子的肩膀，心里有一种说不出的甜蜜，她告诉儿子：“班主任对你非常满意，他说了，只要你努力，很有希望考上重点高中。”

高中毕业了。第一批大学录取通知书下达时，学校打电话让她儿子到学校去一趟。她有一种预感，她儿子被第一批重点大学录取了，因为在报考时，她对儿子说过，相信他能考取重点大学。儿子从学校回来，把一封印有清华大学招生办公室的特快专递交到她的手里，突然，就转身跑到自己的房间里大哭起来，儿子边哭边说："妈妈，我知道我不是个聪明的孩子，可是，这个世界上只有你能欣赏我……尽管那是骗我的话。我知道这些话只是一层纸，一捅就破，但我还是喜欢听，因为它是我学习的动力所在，妈妈的这层纸让我不停地奋斗、不停地进取。"听了这话，妈妈悲喜交加，再也按捺不住十几年来凝聚在心中的泪水，任它流下，打在手中的信封上……

你参加过孩子的家长会吗？你是怎样参加家长会的？你从家长会回来会和上面的这位母亲一样，无论他表现出色抑或平平，都微笑着面对你的孩子吗？

有位专家经常和家长朋友们说孩子的成长过程中至少需要千百次的肯定，他们的反应大多是很惊讶地"哇"一声，然后问专家是表扬孩子千百次吗？专家回答道：你可以一直这样理解，不过肯定孩子比表扬孩子更进一步，它要求家长不管在任何场合都用心体会孩子的感受，关注孩子，认同孩子。

培养成功和幸福的孩子的关键之一，是让孩子有高度的自信心，使其不会因为一时的成败或行为表现来影响自己的价值感。父母的责任是帮助孩子建立起良好的自我概念和自我形象，由自信心再渐渐地发展出孩子的自律和自爱。在这个过程中，没有任何附加条件的爱和肯定的目光是孩子成长最好的营养。

鼓励孩子多作自我肯定，并不意味着应该让他"滥用"自我肯定。不要鼓励孩子在任何时候、任何情况下都使用自我肯定。自我肯定也应有个度，要分时间、场合，更要有一定的原则、标准和尺度。再好的良药也不能下得过猛——孩子的自我肯定用过了头，那就可能变成了一个自负甚至唯我独尊的小霸王。

亲子正面沟通秘诀

在鼓励孩子方面，父母应该怎么做呢？

1. 坚定不移地信任你的孩子

认可孩子作为一个独立存在的个体，有他自己的独立意志，并有着无限的成长潜力。始终坚定不移地信任你的孩子，认可他、赞赏他、鼓励他，必要时指出他在行为上需要改进的地方，这是使孩子建立积极自我形象的有效方法。

2. 帮助孩子正视错误

孩子由于做了一件错事而遭到了批评，一下子感到丧失了前进的方向。此时你应该告诉他，对待批评的最好办法便是承认并改正。当孩子主动承认了错误时，你完全可以告诉他："你这样做很不容易，因为这可需要很大的勇气，你可以对自己说你做了一件了不起的事。"

3. 鼓励孩子多作自我肯定

对孩子来说，他心中的自我肯定往往是脆弱的、飘摇不定的，因而极需要得到外界的不断强化。强化孩子自我肯定的方法有很多。如可让孩子为自己记一本"功劳簿"，让孩子每周花几分钟时间写出（或画出）自己的"功劳"，并告诉孩子，所谓"功劳"，并不一定非得是了不起的成就，任何小小进步，以及为这种进步所付出的任何小小努力，都有资格记载入册。你还可以教孩子学会以"自言自语"的方法不断对自己作出赞扬，当孩子遇到困难正踌躇畏缩时，你不妨鼓励他自己为自己鼓劲儿："来吧，小朋友，你可是一个不怕失败的好孩子，再努力一次吧！"

你应该让孩子觉得：你对他的赞赏完全是诚恳的，而不是应付的、客套的，更不应该是虚伪的、做作的。

对孩子露出八颗牙齿的微笑

年仅15岁的女中学生小华前后离家出走多达45次。她的父亲采取说教、责骂、体罚、跪求等方式均未能阻止她离家出走的念头和行为，反而加剧了她对父亲的怨恨和反抗。

父亲最后不得已将女儿反锁在家中达一年之久，但最终还是被女儿设计骗过逃离家门。

面对自己教育孩子彻底失败的事实，父亲伤心之余还是把最后的希望寄托在教育专家身上。教育专家在通过与父亲、女儿对话了解孩子的成长过程之后，得出了一个令父亲吃惊的结论：

孩子始终缺乏家长的赞美是导致孩子畸形成长的诸多因素中的一个关键所在。

美国第16届总统林肯是贫寒家庭出身，以其高尚的人品、钢铁般的意志、质朴而又高超的处世艺术，由摆渡工、律师、议员而逐渐成为总统。他的处世名言是："人人都需要赞美，你我都不例外。"可是我们的孩子又有多少能经常得到家长的赞美呢？

究其原因大致有三种情况：

一是受中国传统家庭教育思想的影响，对孩子批评的次数要远远大于表扬，好像只有批评才能使人进步。不是有一个词语叫"鞭策"吗？就是鞭策着前进，这是中国教育思想的一个写照。纵然对孩子很满意，极具赞美之意，也是很含蓄地留在心底，不溢于言表。

二是望子成龙是家长们的夙愿，可有的父母缺乏对孩子的确切了解，对孩子的期望值过高，不管孩子如何努力总也达不到父母的要求，又怎能得到父母的赞美呢？

三是有的家长只注重孩子的吃穿，对孩子成长中的精神、行为、习惯等缺乏全面的关心和了解，不善于发现孩子的优点和长处，故对孩子的赞美少之又少，这也是上面例子中的父亲教育小华失败的真实原因。

我们许多父母习惯于用审视或挑剔的眼光注视孩子，在这种心态的支配下，我们看到的多是孩子的缺点和不足，而当我们换一种心态，改用信任、欣赏的目光关注孩子的行为时，就会发现，原来每个孩子都有那么多的优点和长处。要想真正做到用信任欣赏的目光关注孩子，必须改变那些根植在我们思想深处的陈旧观念。

我们都会笑，那能不能对孩子露出八颗牙齿真诚地微笑一下，让孩子感到实实在在的亲切感呢？要想让孩子生活在和谐、温暖、相互信任、相互赞美的氛围中，使孩子养成健康向上的心理，能积极主动地面对生活中的种种问题，从而使孩子的人生旅途充满笑声、掌声，充满着决心和信心，那就要学会做赞美孩子的家长，让你的赞美成为承接孩子昨天的成绩与明天的进步的加油站。赞美其实是一种艺术的体现，父母要想演绎好这门艺术，必须要有一双善于发现的眼睛。

亲子正面沟通秘诀

赞美的艺术性还需要通过一定的技巧来体现，过度的鼓励和赞美会让孩子感到你不真诚，因此，赞美孩子时掌握一定的技巧是十分重要的。

1. 赞美必须是由衷的

家长有时对孩子兴高采烈呈现过来的作品连正眼都不看一眼就随口说："好好，不错。"这种敷衍式的反应会让孩子很扫兴，只会挫伤孩子的自信心，孩子是不可能得到愉快的体验的。

2. 赞美要坚持原则

由于溺爱，有些父母无原则地对孩子的种种行为加以赞美，使得孩子是非不清、骄横跋扈。孩子按大人的要求去做了并做得很好，父母就应该及时赞美。做了不对的事情，即使孩子哭闹、耍赖皮也千万不要迁就他、说好话，否则，赞美就会失去了原有的积极意义。

3. 赞美应是及时的

及时的赞美会让孩子很快获得积极的情感体验，而这种体验能更好地促进孩子下一步的努力。孩子做完某件事或正在进行中，就给以适当的赞美和鼓励，孩子做事的完成效果会更好。如果一时忘记了，就应该设法补上去。

4. 不要直接赞美孩子整个人，而应该赞美孩子的具体行为

赞美孩子不要夸大其词，否则会使孩子沾沾自喜，自以为了不起。如孩子对天文十分感兴趣，常常画出天上的星座，那么“这孩子真聪明，一定会成为天文学家”这种赞美就显然不恰当。相比较而言，就事论事似乎更好些，可以这样说：“这个星座画得真不错。”否则，言过其实的赞美会给孩子播下虚荣的种子。

发现并真心赞扬孩子的闪光点

小龙是个聪明且调皮的男孩，经常会出现许多“小问题”，制造诸多“麻烦”。

这一天，妈妈刚刚回家，听到爸爸正在生气地指责小龙：“没收拾好自己的物品，就跑出去玩！说你多少次了，你怎么老是爱摆个烂摊子啊？”

说到气头上，爸爸又开始批评小龙的其他诸多错误，如粗心、脾气不好、贪吃等。

妈妈瞧瞧小龙，正满不在乎地嘟着嘴，满脸的不服气和不情愿。为了缓和僵局，妈妈若有所思地说道：“小龙身上是存在缺点，我想他自己知道那样做不对。每个人都是有缺点的，可每个人身上也是有优点的

啊！”

爸爸领会了妈妈的意思，定神后说：“是啊，有缺点不要紧，只要改正就好。其实小龙身上有许多优点，比如很爱劳动，喜欢主动帮助朋友。”

妈妈接着说：“还有呢，做事情很认真，学本领很聪明呢。”

小龙本来以为妈妈也会批评自己，谁知竟然夸奖自己。他被爸爸妈妈夸得都有些不好意思了。

最后妈妈说：“小龙有这么多优点，我们也很为你骄傲，如果能将自己的缺点改掉变成优点，那么小龙会是个了不起的人，大家会对你另眼相看的。”

听了妈妈的一席话，小龙轻轻点点头，仿佛若有所思。

从此之后，小龙的很多“毛病”果然都改掉了。

美国成功学励志专家拿破仑·希尔曾经说过：“每个孩子都有许多优点，而父母却反而总是盯着孩子的缺点，认为只有管好孩子的缺点，才能让孩子更好地成长。其实，这样做就像蹩脚的工匠，是不可能造出完美的瓷器的。”

父母应该善于发现孩子的优点，让孩子在自信中成长，充分发挥其正面、有效的教育作用。面对孩子，父母应竭力发现和放大他们的优点、闪光点，并进行真心的赞扬，引导其成为改掉不良行为的动力，使孩子建立自信，迈向成功。面对“坏”孩子，更需要竭力去寻找他们的闪光点，哪怕是沙里淘金，哪怕那些闪光点微不足道，父母都需要出自真心地去赞扬、鼓励和引导他们。

每一个渐渐长大的孩子，如果父母爱他，他也会认为自己是可爱的，会感觉到自己是天地间的宝贝，自己生命的存在就是一个大优点。假若父母打他，奚落他，那脆弱的生灵，就会被利剪截断双翅，从此萎靡不振。

父母们务必记住，对待任何一个孩子，往往是表扬越多优点越多，训斥越多毛病越多。

父母需要用“放大镜”去观察孩子，当父母为孩子的缺点烦恼时，不妨静下心来，从头到尾，认真回味一下孩子身上至少不会令你烦恼的地方，你总会发现孩子身上的可爱之处。或许，孩子的一个小动作、一个微笑，都可能打动你的心。

亲子正面沟通秘诀

很多父母也想表扬孩子，但往往觉得找不出其值得表扬的优点，这该怎么办呢？身为父母的你不妨按照下面的方法来做做看：

1. 用全面的眼光看待孩子

父母不可对孩子“只攻其一点，不及其余”，不能只盯着学习成绩一个方面。孩子的性格，孩子的文明礼貌，孩子的劳动表现，孩子的交往情况，孩子的文体才能，孩子的兴趣爱好，孩子的动手能力，孩子的卫生习惯等等，都是评价孩子的因素。父母考虑的面宽了，就不难找到值得表扬的内容。

2. 用发展的眼光看待孩子

父母不应该由于横着比或高标准要求而看着孩子的点滴进步不起眼儿，认为不值得一提就将其漠视、忽略了，应该想到优点是一步步发展的。关键的是要拿孩子的今天比昨天、比前天，而不是跟别的孩子比，哪怕发现一点微小的进步，也应及时肯定。

3. 夸孩子的优点要讲究科学方法

关于表扬，父母应该注意要中肯、适度，不过分夸大，也不无端缩小；要有分析地表扬，不能太笼统，让孩子清楚表扬的是哪一点，为什么表扬；要注意时间、场合，根据孩子的个性特点和年龄特点，宜及时讲的及时讲，宜阶段讲的阶段讲；宜当面表扬的当面表扬，宜采用暗示的就采用暗示，该向老师汇报的就告诉老师；对有骄傲情绪的孩子应适当减少表扬的频度，提高要求；对缺乏自信、有自卑感的孩子要通过肯定点滴进步培养其自信心；要讲究表扬的方式、方法，口头表扬，手势动作表扬，书信表扬，庆贺式表扬，物质鼓励，依孩子特点和该表扬内容而定。

对孩子的刻苦努力给予肯定

琳琳小的时候学东西比别的孩子慢半拍，她的父母曾为此非常担心：孩子以后会学习好吗？能跟上其他孩子的学习进度吗？琳琳上小学了，正当父母都认为琳琳不会有什么好成绩的时候，琳琳却带回了一张100分的试卷。这是一张数学测验的试卷，上面被老师画满了红色的对钩。

“这是你的卷子吗？”妈妈有些不相信，她吃惊地问琳琳。“当然是我的，不然还会是谁的啊！”琳琳自豪地对妈妈说。“琳琳真不错，告诉妈妈你是怎么考出这么好的成绩的？”妈妈问道。

“老师讲课的时候我经常听不太懂，所以下课之后同学们都出去玩，我就把不懂的地方拿去问老师，老师再给我讲一遍，我就全懂了。做作业的时候如果有不会做的题，我就把老师讲的课再复习一遍，不会做的题也就会做了。考试的那些题目我都会做，就考了100分。”琳琳高兴地对妈妈说。听了琳琳的话，妈妈更自豪了，虽然自己的孩子算不上聪明，却如此好学和努力。

赏识孩子的刻苦努力，告诉孩子成功与失败并不是对立的，它们不过是一种比较。有时，成功只是比失败多了一点点，只要刻苦努力，就是在不停地前进。

作为父母，应该赏识孩子的刻苦努力，对他们的努力给予最热情的支持和鼓励。不要因为自己孩子的不聪明而气馁，而应该为孩子的不努力而担心。很多情况下，父母应该故意淡忘孩子的聪明，而重视孩子的努力，并把这种理念传递给孩子，让他们感觉到只有努力才能获得父母的认可和夸奖，进而逐步明白一个道理：聪明往往只能决定一时的成败，而努力则决定了一生的命运。

有时候，也许孩子所取得的结果是错误的，但是其间所付出的努力和收获却是宝贵的。例如，一道比较难的数学题，孩子通过冥思苦想，终于想出了解答方法。但当他运算的时候，却因为马虎，算错了一个数字，最后导致整个题目的答案错了。这时，父母首先该怎么做？是训斥孩子算错了，还是表扬孩子找到了解题的方法？许多父母可能会首先想到前者，他们只看到孩子的结果做错了，而没有看到做事过程中孩子的努力与收获。所以，每当父母觉得孩子错了，想骂他、打他的时候，一定要学会从另一面去“发现”孩子，看到孩子刻苦努力的过程。

亲子正面沟通秘诀

作为父母，怎样才能在赏识孩子的努力和勤奋时做得更好呢？

1. 为孩子设定“小目标”

不要认为赏识就只是单纯地用语言夸奖孩子。针对孩子的实际情况，为孩子设定一个“够得着”的小目标，这本身就是一种有效的赏识，而且这种情况下的赏识不会产生“副作用”。

2. 强化孩子的目标意识

让设定好的目标在孩子的心中扎根。比如可以把目标写在墙上悬挂的黑板上，或者用彩色纸写了贴在墙上。如果目标有一定的时间限度，那么再给孩子一本“目标日历”，目标应该在完成的那一天被显著地标明。

3. 不妨用激将法激励孩子

有一种游戏是走吊桥，吊桥晃来晃去，又没有扶手，孩子害怕。这时，父母不妨先走过去，对孩子说：“你要是不过来，我们就走了。”让孩子处于一种必须靠自己力量才能克服困难的境地。

赏识孩子的努力和勤奋是一种重要的激励孩子的手段，它之所以有效，一个重要的心理前提是每个孩子都希望讨父母欢喜，每个孩子都信任父母的权威。赏识孩子的努力和勤奋，使孩子从父母那里得到肯定，跟父母的关系自然就会更融洽，也会减少孩子许多不听话的行为。

在众人面前多多赞扬孩子

一位年轻妈妈一次随随便便地对邻居说：“啊！你家小妹妹真可爱，真乖，不像我家乐乐吵吵闹闹，只会淘气，让人心烦。”在一旁的乐乐瞪大了眼睛怯生生地说：“妈妈我乖。”不料妈妈却大声说：“乖什么乖，就知道淘气烦人，一边去！”过了几天，大家发现乐乐变了，天真活泼的乐乐看到妈妈回来，躲在椅子后面不敢往前去。妈妈说：“乐乐过来亲亲妈妈！”乐乐小心翼翼地亲亲妈妈后竟然冒出一句：“妈妈我乖，你别心烦。”所有在场的人听了都大吃一惊。

每个孩子都有自尊心，作为父母，应该清楚地认识到这一点，这样才能避免一些不必要的麻烦。尤其在别人面前，孩子的自尊心更加强烈，当着别人的面批评和训斥孩子，将会大大地伤害孩子的自尊。孩子的大脑还处在混沌天真的状态，大人的一言一行将影响孩子的一切。当你漫不经心或火冒三丈地说孩子“笨”的时候，就会让孩子形成一种意识：我是天下最笨的孩子。孩子一次次地接受大人的苛责，也就等于一次次地接受对自己的否定：我什么也比不上别的孩子。

有些父母自己的自尊心往往比较强，而对孩子的自尊心却毫不在意，就算已经感觉到孩子受了委屈或伤害了孩子的自尊，也不以为然，认为小孩子有什么面子不面子的，甚至有时还有意给他们一点儿小伤害作为惩戒。其实，这种做法非常不明智，因为这不但不能激励孩子，反而会给孩子造成心灵上不可磨灭的伤害，甚至让孩子怨恨父母，造成亲子关系的紧张。

赏识教育的理论告诉我们，对孩子要多赞扬、多鼓励，少批评、少责骂。经常对孩子赞扬、鼓励，尤其是当着别人的面赞扬孩子，能使孩子产生成功感和荣誉感，从而增强他们学习和做事的信心。

因此，我们应该把对孩子的赏识扩展到别人的面前，要善于当着别人的面赏识和尊重自己的孩子，让孩子充分感觉到你对他的重视和欣赏，从而激励孩子产生无穷的力量和信心。

父母在赏识别人孩子的同时，其实也是在让别人来赏识自己的孩子。每个孩子都希望得到别人的夸奖，有时这比父母的赏识更能激发孩子的上进心。

亲子正面沟通秘诀

父母在别人面前赏识自己的孩子时，有以下几点需要注意：

1. 赏识孩子的态度必须是认真和真诚的

不能为了炫耀自己或者敷衍别人而故意吹嘘，夸大孩子的优点。

2. 必须有根有据

要根据孩子的平时表现来赏识孩子，不能因为赏识而赏识，凭空捏造事实，让孩子感觉你在作假。

3. 要适可而止

不要说起来没完，让孩子感觉不自在。要知道，赏识的话并不是越多越好，有时候说得多了反而无益。

孩子比成人更爱面子。他们对于赞扬是极其敏感的，在幼年时期就具有了这一敏感度。他们觉得，自己能被别人看得起，尤其是被父母看得起并当众夸奖，是一种莫大的快乐。所以，当跟别人说起自己的孩子时，不管孩子是否在场，都要怀着赏识和尊重的心态去谈论他："我的孩子很棒，我很喜欢他！"

珍惜和赏识孩子可贵的好奇心

志玲是个生活刻板严谨的人，作息极有规律，无论发生什么事，作息时间从不改变，但是她却有一个不安分的女儿莎莎。

莎莎是个好奇心强的女孩，成天都在不停地动，不知疲倦地做游戏、玩闹，发出种种声响。她与母亲是两个极端，因此母女之间的战争一天之中不知要发生多少次。

有一次，莎莎把祖母刚送给她的万花筒拆开了，想看看里面究竟藏了些什么，这自然招致母亲的愤怒。拆东西可算是莎莎最大的爱好了，凡是让她感到好奇的东西，都逃不过被拆的命运，当然她也逃不过挨罚的命运。可是无论母亲怎样罚她，她的这个毛病始终也改不了。

还有一次，莎莎竟然把啄木鸟挂钟给拆开了，要知道这座挂钟是莎莎故去的祖父留下来的遗物，母亲一直十分珍惜。现在这座钟被大卸八块，零件散落了一地。母亲被气得暴跳如雷，不由自主打了莎莎一下。

"从此以后，不许你乱拆东西，不许大声唱歌，不许胡闹……"志玲一口气给莎莎下了好多条死命令，并威胁莎莎如果违反命令就要受罚。

那天莎莎抽抽咽咽地哭了很久。从此她失去了往日的活泼劲儿，眼睛里充满了一个9岁的孩子不该有的忧郁神情。

成人在考虑问题时，常要受到许多潜在因素的限制，但孩子却不同，他们可以让思维插上翅膀自由地飞翔，他们常常会提出大胆新奇的问题，想出出乎人意料的答案，这是很可贵的。

而如果父母对于孩子的想法纠正过多，管教过严，孩子在考虑问题时就会怕犯错误，久而久之，就会感到自己什么也不行，只能从成人那里接受现成的安排和结论，使孩子丧失自信心、自尊心和创新精神，从而阻碍孩子创造能力的发展。

父母要转变自己的育子观念，在培养孩子的过程中，要特别珍惜孩子的好奇心并鼓励他们大胆思考。歌德、爱迪生、伽利略等人的成才事例告诉我们，孩子的创造潜能靠培养、靠挖掘，尤其是需要父母给他们创造宽松的、适宜他们成才的环境，并善于引导他们正确的思路，在创造中享受成功。

父母要以积极肯定的态度鼓励孩子大胆思考，勤于提问，勇敢探索。如果是新奇的问题，即使是错的，也要给予鼓励，因为关键是孩子在思考。而父母最重要的任务之一是培养他们灵活思考的思维能力。

一个真正关心孩子成才的家长，必然会考虑如何把孩子的头脑、双手、嘴巴、行动从传统的说教中解放出来，帮助孩子变“听话”为“主动出击，勇敢创新”，不断挖掘孩子的好奇心，培养孩子学会创造。

亲子正面沟通秘诀

家长如何才能做到赏识孩子可贵的好奇心呢？

1. 保护孩子可贵的问号

好奇、质疑是孩子的天性。孩子年龄小，知识有限，面对大千世界会产生强烈的好奇心和求知欲。因此，在生活和学习中，他们常常提出“这是为什么”“那是为什么”等问题，孩子的这种质疑正是他产生创造力的源泉。孩子的好奇、质疑是自发的，是星星之火，引导得好，就会燃烧起来，形成熊熊烈火。因此家长要做“助燃剂”，切莫当“水龙头”，要把握孩子的心理，保护孩子的好奇心和求知欲，妥善解决他们心中的问号。

2. 亲子共学，其乐融融

家长对孩子的问题是不能马虎的，要用他们能听懂的语言不厌其烦地讲给他们听。在丁丁的眼里，爸爸是无所不知的“大学问家”。丁丁上学以后，问号更多了，而且更“专业”了，爸爸真有点招架不住。因此爸爸给孩子买了一套《十万个为什么》，里面不仅有天文、地理知识，还有信息科学知识。这下可好了，丁丁再有什么问题，爸爸就说：“我们一起看看书中是怎么说的。”于是父子俩就一起看书，一起找答案，就这样做到了“孩子解疑难，爸爸长知识”。真是共学相长，其乐融融。

不要让孩子整天“泡”在赞美里

王女士的女儿上小学三年级，为了让她在各方面都有很好的表现，王女士就不断地对女儿进行表扬。在家里，无论女儿做了什么事情，哪怕她只做了一些微不足道的小事，或者是取得了芝麻大点儿的成绩，王女士也要及时地对女儿大加表扬一番。在和她下棋、玩扑克或者做游戏时，都要故意输给她，而且还不停地给予热情的表扬，“你真棒”“你真是个聪明的孩子”等等，反正什么最好听，什么最让女儿高兴就说什么。当然，在王女士的不断表扬下，女儿的表现也着实进步了不少。

但是时间长了，王女士发现，如果她和丈夫不及时表扬女儿，或者说表扬不能让女儿满意，女儿就会非常不高兴，甚至发脾气。令人担忧的是，习惯了表扬的女儿，根本无法接受他们一点点善意的批评。有时候，当她在学习上或者是在生活中有做得不好的地方，王女士耐心地提醒她，也会惹得她老大不乐意。后来听老师说，她在学校里也如此。明明是她粗心做错了题，老师点名提醒她，她的反应却异乎寻常地激烈，有时候甚至还会哭鼻子。

俗话说，“人无完人”“良药苦口利于病，忠言逆耳利于行”。事实上，父母对孩子表扬的目的在于激励孩子向更好的方向发展。适当的表扬有利于孩子树立自信心，但有些父母过分表扬孩子，孩子对表扬就形成了过分的依赖，而对批评，哪怕是善意的批评，也会产生无原则的抵触心理。这样的孩子往往缺少自我意识，他们做一点小事都希望得到表扬，否则就不做。

德国教育家卡尔·威特说过：“我们不能让孩子在受责备的环境中成长，但是也不能让他们整天泡在赞美里。”过多过分的表扬，会带给孩子不必要的困扰，会带给孩子压力，致使其形成焦虑心理。所以，父母对孩子的表扬要适可而止。

每个人都有被肯定和被表扬的需要，孩子更是这样。表扬对孩子的成长起着非常重要的作用，正确的表扬能够从正面引导孩子的心理朝着大人希望的良好方向发展，这就要求父母对孩子的举动留心观察，设身处地地考虑孩子的感情需要，学会表扬孩子。其实学会表扬孩子也并不难，关键是父母有没有这种意识，能不能认识到它的重要性。

亲子正面沟通秘诀

为了使表扬产生较好的教育效果，家长在规范孩子行为的过程中，应准确地把握表扬的尺度，也就是说表扬要适度。

1. 表扬孩子时家长的感情流露要“浓淡”适度

有些家长望子成龙心切，孩子稍微有点进步就欣喜若狂、赞不绝口，久而久之，必然会助长孩子的自满情绪。还有的家长对孩子总是恨铁不成钢，尽管已看到孩子有很大的进步，但为了防止孩子骄傲，他们按捺住内心的喜悦，在语言、行动上无任何表示。经常这样，必然会挫伤孩子的进取心。正确的方法是：在表扬孩子时，高度重视感情的作用，尽量做到“浓淡”适度。有时给孩子一个轻轻的微笑，也会起到许多赞美之词难以起到的作用。

2. 表扬的方式要“虚实”适度

对孩子的评价应该是公正、准确的，但是，表扬作为教育孩子的一种多功能的手段，在具体运用中可以有一定的灵活性，即在坚持实事求是的前提下，允许有一点“虚”内容。

这里的“虚”主要指的是两个方面：第一，是对事实的适度夸张。第二，是对孩子将来的期望。在含有虚的内容的表扬中，应该注意三点：一要有利于增进孩子的自信心；二要不过于脱离实际；三要给孩子指明前进的方向。

“实”的方面，要做到表扬与奖励相结合。孩子表现得好，可以适当地给一些精神奖励和物质奖励，如给孩子讲一个有趣的小故事，或给一个小玩具、小食品等，以鼓励孩子继续努力。

第 5 章

批评不伤害，孩子才会知错就改

父母越唠叨，孩子越不爱听

一个13岁的女孩讲述了发生在她身上的一件事情。

小时候，我很爱学习，成绩也不错，可不知从什么时候开始，我爱上了看课外书，学习成绩就慢慢下降了。放学回家，我迫不及待地拿出《少年文艺》或者《故事会》，还有各种各样的作文选。我当然觉得很内疚，作业还没做呢，所以决定看完一篇最放不下的文章就写作业。

妈妈过来了，一看见我手上的课外书，就有些生气地说："还看，还看，还不写作业！"我赶紧心虚地回答："看完这篇就写，也就十分钟。""10分钟，这可是你说的。"妈妈离开了不到三分钟，又过来了，说："快看完了吗？不快点写作业，又要写到晚上12点了。"我没有理她，继续看我的书，心里有点烦。

我听见妈妈继续在客厅里抱怨："人家的孩子都是一回家就写作业，你倒好，拿着这书那书瞎看，作业写到深夜，时间不够了就胡乱应付，成绩当然好不了。"我越来越烦，想想也是，成绩越来越差，作业很难，写起来很费劲，真泄气！妈妈还在旁边唠叨，书也看不下去了，我开始写作业，不到十分钟，就有写不下去的感觉，偷偷拿出那本书，提心吊胆地又看起来……当然，我又挨了一顿说，结果是那天的作业到12点也没有做完。

在上述案例中，女儿说好了10分钟后就开始写作业，妈妈应该相信她，等到10分钟过后如果她还没开始写，再提醒也不迟。回家了该写作业，这个道理女儿是懂的。妈妈的提醒让她有些内疚，这种内疚感会促使孩子很快改正错误。可是，妈妈太心急了，她不停地唠叨使女儿产生了深深的挫败感，终于超过了女儿所能忍受的限度，使女儿的内疚感消失，代之以厌烦和逆反心理。

从孩子方面来说，假若挨骂变成家常便饭，久而久之，他们便会对任何的责骂都感到无动于衷，同时也会因此而丧失了自信心，甚至连说话都表达不清楚，而父母的责骂与劝告也会变得毫无效果。没有耐心的母亲，常常会嫌孩子做事慢吞吞，又做不好，由于看不顺眼，便不停地唠叨。唠唠叨叨地骂孩子，会使孩子不愿意接近父母，父母也会觉得这孩子不可爱。对于精神散漫，无法专注于书本的孩子，再多的唠叨和督促都不能奏效，反而会令情况恶化。

在生活中，许多家长往往对自己的孩子期望很高，总希望孩子事事都顺自己的心愿办。若有不顺心就不停地说教，翻来覆去，便成了唠叨。唠叨一般总是指责多，批评多，报怨多，有时甚至讽刺挖苦，孩子当然不爱听，甚至会感到厌烦、反感。唠叨没有明确的目的或要求，见什么说什么，想到哪里说到哪里，不但会让孩子无所适从，还有损家长在孩子心中的形象。

亲子正面沟通秘诀

既然父母的唠叨会让孩子厌烦，易招致他们的怒气，那么父母对于孩子的一些行为究竟应该怎样去纠正呢?

1. 把握住孩子的心理状态因势利导

一般情况下，孩子的心理状态会不同程度地有所暴露。父母这时就要善于把平时对孩子的了解与孩子在谈话中的外部表现联系起来，细心地观察孩子的神情、言语、注意力和习惯动作的变化等，从而准确地把握住孩子的心理状态。搞清了孩子的心理状态，再通过有针对性的说教，因势利导，这样孩子才能真心接受你的劝告。

2. 批评孩子要有一个“度”

对孩子的批评说教不能超过限度，对待孩子要犯一次错，只批评一次。如果非要再次批评那也不要简单地重复，要换个角度，换种说法。这样，孩子才不会觉得是同样的错误被“揪住不放”，其厌烦心理、逆反心理也会随之减低。

3. 以行动代替说教

当孩子怠惰、不专心读书，父母说教无效时，不妨停止语言的劝诫，改为行动处罚，施以适当的处分，让他反省自己的过失。如果父母看到孩子有悔意，就不要再过多加以指责，受过处分之后，孩子会改进的。父母还是少唠叨为妙，因为唠叨大多时候不是在教育孩子，多半是家长在为自己的辛劳找平衡。

要避免对孩子的“语言伤害”

场景一：五岁的丹丹不小心把杯子碰倒在地，妈妈气急败坏地说：“你怎么这么蠢，真是个笨蛋、傻瓜，一点儿用都没有……”

场景二：六岁的小静贪玩，不好好练琴，气得妈妈经常说：“孩子，爸爸妈妈多不容易，挣钱给你买钢琴，还付学费，你一点儿不争气，一点儿都不像其他小孩那么乖、那么聪明。你不好好练琴怎么对得起我们？”

场景三：洋洋不愿学画，爸爸哄他说：“洋洋乖，你好好学画，爸爸给你买玩具，否则什么也别想得到。”

场景四：明明数学考试得了73分，比邻居家的东东少了25分，气得明明妈妈一直唠叨：“你看人家东东考了98分，你怎么就不能像人家东东一样，也考个98分让妈妈高兴高兴？父母辛苦挣钱就换来你这么个分数？我怎么生了你这么一个笨儿子！瞧你那没出息的样子！”

场景五：一个学习不太好的女孩跟爸爸说：“我今天考了100分。”爸爸问：“哪门课考了100分？”女儿高兴地回答：“自然课。”爸爸的表情一下子就变了：“自然算什么玩意儿，你有什么好得意的，真是没有出息。”

提起对孩子的伤害事件，人们首先想到的是被人抢劫、勒索、欺负、性侵害以及被家长或教师体罚等等。孩子们受到的“软”伤害常常被人忽视，如软性的“语言伤害”。“中国少年儿童平安行动”近年曾公布了一项内容为“你认为最急迫需要解决的校园伤害”的专项调查，结果显示：81.45%的被访小学生认为校园“语言伤害”是最亟须解决的问题。

尽管这个调查是针对校园伤害而开展的，但对于家长来说，同样要予以重视和反省。因为对孩子们来说，“语言伤害”不仅来自学校，而且也有来自家长的。美国一权威机构对1万名0～10岁的孩子进行跟踪调查，最后发现，对幼小心灵伤害最大的是来自父母的“语言伤害”。这种情况在我国也较为普遍。

经常遭受“语言伤害”，孩子的心灵就会扭曲，即使成年之后也会出现较多的行为障碍和个性弱点，难以适应社会。为了孩子的健康成长，家长们要对不良语言可能造成的严重后果予以高度关注，不要以为区区几句过头的话不会对孩子造成多大危害，气急之下就口不择言地说许多刺激孩子的话，对孩子造成了心理伤害，却浑然不知。要知道这种心灵的伤害甚至比肉体的伤害更为严重。家长作为孩子的“第一任老师”和“最亲近的朋友”，切不可成为这样的伤害者，尤其不要让孩子感觉“最亲近我的人伤我最深”，因而疏远、躲避家长。

亲子正面沟通秘诀

家长要避免对孩子的“语言伤害”，需要做到以下几点：

（1）要清醒地认识到“语言伤害”的严重程度，在思想上高度重视。

（2）多鼓励孩子，采用积极性的语言教育孩子，时时刻刻注意不对孩子说伤害他的话，尤其是在“恨铁不成钢”或气急的种种情况下，更要保持理智，控制好情绪，努力做到和风细雨、循循善诱。

（3）讲究批评的艺术，要以提醒、启发来代替指责、训斥。如用“我相信你可以做得更好”使孩子有更努力的动机，用“没关系，慢慢来，尽力而为”帮助孩子调整焦虑、紧张的情绪，等等。

（4）做好自我调整，以平常心看待自己的孩子，根据孩子的生理、心理特点，因材施教。

“良言一句三冬暖，恶语伤人六月寒”，同样是语言，带来的后果却截然不同。家长们若要科学地教育孩子、关爱孩子，就该多用“良言”，禁用“恶语”，以免对孩子造成“语言伤害”，酿成无法挽回的损失。家长朋友，为了孩子，从现在开始，改变自己的说话方式吧。

批评孩子要“偷偷”地进行

莹莹四岁半了。周末，莹莹妈和几个同事带孩子去公园玩。刚开始几个小家伙玩得特别开心，可后来为一个玩具发生了争吵，推搡之间，莹莹被撞倒在地，一气之下，莹莹抢过玩具扔到水池中间去了。

莹莹妈看到孩子的行为后，严厉地批评了她，并要求她向大家道歉。不料莹莹犯了犟脾气，脖子一扭，径自走了，谁也拉不住她。

莹莹妈怔怔地站在那里，气得好久说不出话来。

大部分家长都容易犯当众批评孩子的错误，因为他们认为，在公开场合批评孩子才能让孩子“长记性”，才能让孩子印象深刻，从而改掉毛病。他们觉得我这样说你是为你好，让你以后能够像别人学习，有个榜样。

另外，还有一种情况容易导致家长当众批评孩子，那就是家长在孩子犯了错之后，急于在外人面前和孩子“划清界限”。家长在孩子做了错事儿之后总是想着不要给自己丢脸，如果不能给自己赢得面子，但是一定不能让别人瞧出孩子行为出格是我平时没有教好的问题。

但是，无论出于哪一种心理，父母都不应当众批评孩子，尤其是女孩，皮薄面嫩，极容易因为遭到当众批评而受到严重伤害。再者说，孩子行为背后的原因不明朗的情况下家长就贸然批评，会导致孩子的逆反心理成倍增强。

我们是觉得自己的孩子不如别人的孩子表现出色，为了面子才会有这样的举动。其实，孩子的面子更重要。孩子的每个行为都是有一定的原因的，这与他们的生理、心理和年龄特点有关。在大人看来，孩子还小，批评一顿没什么，可是在孩子看来却是很严重的事情。我们不了解原因，反而为了自己的面子就当众批评孩子，不但不能解决问题，还会让孩子产生逆反心理，使他的行为更隐蔽，更具破坏性。

孩子在成长过程中难免会犯一些错误，批评孩子可以说是所有为人父母者的必修课。但如果不分时间、地点，采用不适宜的方式批评孩子，甚至把批评变成对孩子的情感虐待，就会极大地损伤孩子的自尊心，并有可能造成孩子自卑、孤僻的性格，激起孩子的逆反心理，引起孩子和父母唱对台戏，与教育初衷背道而驰，这样的结果就是得不偿失了。

所以，我们应该尽量避免当众批评孩子，要采用委婉或隐蔽的方式指出孩子的错误。我们保护了孩子的自尊心，孩子就会接受我们的批评和建议。

不当众批评孩子，是对孩子的人格的尊重，这种尊重极容易唤起孩子的自重、自爱和自尊，从而使孩子在生活中提高自信心，增强责任感，更具有进取精神。

亲子正面沟通秘诀

我国著名教育家陶行知先生曾说过一段话："在教育孩子时，批评比表扬还要高深，因为批评一定要讲究方法，这是一门艺术，你用得好，它比表扬的效果还有用。"在教育孩子上，处处留心皆学问。对于如何批评孩子，专家给出了如下建议：

1. 低声

父母应以低于平常说话的声音批评孩子，"低而有力"的声音，会引起孩子的注意，也容易使孩子注意倾听父母说的话。很明显，这种低声的"冷处理"，往往比大声训斥的效果要好。

2. 沉默

孩子一旦做错了事，总担心父母会责备他，如果正如他所想的，孩子反而会有一种"如释重负"的感觉，对批评和自己所犯过错也就不以为然了。相反，如果父母保持沉默，孩子反而会心理紧张，会感到"不自在"，进而反省自己的错误。

3. 暗示

孩子犯有过失，如果父母能心平气和地启发孩子，不直接批评他的过失，孩子会很快明白父母的用意，愿意接受父母的批评和教育，而且这样做也保护了孩子的自尊心。

4. 换个立场

当孩子惹了麻烦遭到父母的责骂时，往往会把责任推到他人身上，以逃避父母的责骂。此时最有效的方法，就是当孩子强辩是别人的过错、跟自己没关系时，就回敬他一句"如果你是那个人，你会怎么解释”，这就会使孩子思考：如果自己是别人，该说些什么？这会使大部分孩子发现自己也有过错，并会促使他反省自己把所有责任转嫁于人的错误。

批评要尊重和保护孩子的天性

在英国的亚皮丹博物馆中，有两幅藏画格外引人注目。其中一幅是人体骨骼图，另一幅是人体血液循环图。说起这两幅藏画，里面有着一个引人入胜的故事。

原来，这两幅画是当年一个名叫麦克劳德的小学生的作品。麦克劳德从小就充满好奇心，凡事总好寻根究底，不找到答案不肯罢休。有一天他突发奇想，想看看狗的内脏到底是什么样的，于是便和几个小伙伴偷偷地套住一只狗，将其宰杀后，把内脏一个一个割离，仔细观察。没想到这只狗不是别人家的，而是校长家的，且是校长十分宠爱的狗。对这事，校长甚为恼火，感到太不像话，如不对他严加惩罚，以后还不知他会干些什么出格的事来。

但是，到底如何进行处罚，经过反复考虑，权衡利弊得失，校长采取了一个十分巧妙的处罚办法：罚麦克劳德画一幅人体骨骼图和一幅人体血液循环图。麦克劳德很聪明，他知道自己错了，应该接受处罚，并决心改正错误。于是他认认真真、仔仔细细地画好两幅图，校长和教师看后很满意，认为图画得好，对错误的认识态度很诚恳，杀狗之事便这样了结了。这样的处理方法，既使麦克劳德认识到了自己的错误，又保护了他的好奇心，还给了他一次学习生理知识的机会，使他对狗的解剖派上了用场。后来，麦克劳德成了一位著名的医学家，与医学家班丁一起研究发现了以前人们认为不可医治的糖尿病的胰岛素治疗方法，两人于1923年荣获诺贝尔生理学及医学奖。

老校长对小麦克劳德杀狗事件的处理独具匠心，对我们颇有启发。如果当初这位校长对麦克劳德进行了简单粗暴的严厉训斥，通知家长要他赔狗，那就有可能把麦克劳德身上闪光的探索欲、好奇心一同砍伐殆尽，很有可能后来他就不会成为有名的解剖学家和医学家。相比之下，许多家长和老师，对孩子和学生错误的处理，往往简单生硬，不善于保护孩子的积极性，甚至做出了扼杀他们好奇心的蠢事。

被誉为“发明大王”的爱迪生，一生有2000多项发明，他儿时好奇心就很重，探索欲望非常强烈，也非常淘气。有一位老作家曾经说过：“淘气的男孩是好的，调皮的女孩是巧的。”淘气是孩子的天性，是好奇心驱使下的行为，是儿童认识世界、探索世界的起点和动力，大人们对他们创造性思维的萌芽，应加以保护和引导。即使出点儿小毛病、捅点小乱子，也应适当地表现出宽容和谅解，要循循善诱、充分说理，小心翼翼地保护孩子心灵上的“闪光点”，给他们以广阔的自由天地。

批评是教育孩子不可缺少的重要方法之一，如何批评孩子是一门艺术。恰当地批评孩子可以帮助他们改正错误，达到预期的教育目的，否则，就会造成孩子的逆反心理，收到相反的效果。

亲子正面沟通秘诀

家长在批评孩子时应注意掌握以下原则：

1. 就事论事

批评孩子要客观，就孩子所做的这件事本身讲道理、提出要求，不要加入过多的感情色彩，借此发泄。批评孩子时不可唠唠叨叨，将孩子以前的错事也说出来，或者进而给孩子的这次行为下某种不负责任的结论，这都会引起孩子的反感。

2. 避免说教

批评孩子时，用语要有针对性，要讲他错在哪里，这种错误有哪些害处，以后应怎样改正。批评用语要易于被孩子理解和接受，不要泛泛地讲大道理。总是讲大道理，时间久了，容易使孩子产生厌烦情绪。

3. 保护自尊

批评孩子不可用易于损伤孩子自尊心的恶语，如“蠢货”“没出息的东西”等。另外，应尽量避免在众人面前批评孩子，尤其不宜当众批评那些较敏感的孩子。

4. 适当鼓励

在孩子接受了批评并作出积极的反应后，家长要及时给予肯定和表扬，强化他的积极行动，不可置之不理。

解决同孩子的矛盾不妨“巧败”

以前王艳的儿子每次吃饭总是吃不了两口，就这屋看看电视、那屋摸摸玩具，一顿饭得吃1个多小时。为改掉儿子的坏毛病，王艳没少训斥孩子，天长日久形成了这样的习惯，只有在王艳的训斥下，孩子才会好好把饭吃完。后来，朋友出了个主意，让王艳和孩子比赛，看谁吃饭快，但是每次都故意败给孩子。就这样，在王艳的“巧败”之下，孩子吃饭不再像以前那么磨蹭了。“巧败”的效果这么明显，王艳准备再在别的地方也好好使用一下，儿子穿衣服慢、画画不专心，她都和他比赛，并故意“败”给他。这个方法帮儿子改掉了不少毛病，而且，儿子的自信心和求胜欲也越来越强。

在与孩子产生矛盾时，家长是利用自己的身份压服子女呢，还是暂时退让，待双方冷静下来再解决矛盾呢？正确的答案理应是后者。前者虽胜实败，可称为“惨胜”；后者虽败犹胜，可称为“巧败”。

何谓“巧败”呢？《三十六计》中，最后一计是“走”，即撤退，是“上计”。在形势于己不利，或即使仍有利，但相持下去的结果将会违背自己的初衷时，及时撤出是为上策。这就叫“巧败”。

“惨胜”不如“巧败”，许多家长大概也是在多少次“惨胜”之后才悟出这一道理吧？但无论如何，早一天悟出这个道理，对家长和子女双方都是好事。

亲子正面沟通秘诀

具体来说，如何取得“巧败”呢？

1. 要保持冷静

当孩子与家长高声争论时，家长如果突然沉默，孩子常常也会安静下来。相反，若孩子高声家长也高声，很容易导致无谓的争吵，而且孩子在气头上也难以听进任何劝告。

2. 巧用反面激将

当家长与孩子相持不下时，有时可以故意使用反面语，使孩子改变初衷。比如，想让孩子做完功课再玩，孩子却坚持玩完再做功课，这时家长可以赌气地说一句：“你去玩吧，我不管你了。”家长的“让步”会使孩子感到不安，使其放弃原来的计划。

3. 和孩子协商解决

任何事物都可能有多种解决办法，如果认为孩子的做法不妥，而孩子又不愿接受家长的方法时，可要求孩子一起来寻找双方都能接受的方法。矛盾的双方都可以提出几个可供选择的解决办法，然后一起评价这些办法，选择其中最佳的一种。

巧用暗示法引导不听话的孩子

李森的妈妈在生李森的时候不太顺利，医生不仅给孩子吸了氧，还说李森以后可能会出现智力问题。

李森今年9岁了，和一般的孩子不太一样。李森身上出现了许多令妈妈头痛的行为，例如：旷课、贪玩、一意孤行、自私、偷窃、撒谎等等。既不老实，又不听话，邻居们都说李森是个难办的孩子。

妈妈担心李森有智力低下的问题，带他看了七八家医院，也做了很多检查。结果测定，李森智力水平完全正常，根本不存在智力低下的问题。他之所以会出现诸多不听话的行为，很大程度上是李森妈妈长期对李森采用了不良的教育方式。

在医生的建议下，李森妈妈深刻地反省了自己的教育方式，并在医生的指导下，开始有意识地使用良性暗示法，对李森悄悄开始实施教育。

对一句话、一个动作、一个眼神，李森妈妈都会深思熟虑，都力争给予李森正面积极的暗示。经过半年多的暗示教育，李森就像变了个孩子一样，身上诸多坏习惯完全不见了。

现在走在大街上，很多邻居都对他翘起大拇指呢。

世界著名教育家苏霍姆林斯基说："任何一种教育现象，孩子在其中越少感觉到教育者的意图，它的教育效果越大。"父母在对待孩子的教育方式上，应去掉那些让人不快的"要求""命令""必须"等责令式词汇，而通过"启发""暗示""商量"等形式来进行。

暗示教育，就是用动作、表情等间接、含蓄的方式，使孩子不自觉地接受某种意见或做某事的教育方法。暗示对孩子起着重大的潜移默化的作用，在不知不觉中从侧面去影响孩子，从而避免了让单纯的批评使孩子产生出对自己不真实的判断而导致的一系列负面效果。面对不听话的孩子，父母巧妙使用暗示教育法，必定能收到良好的教育效果。

西方教育心理学家做过一个著名的实验。他们把一群孩子随机地分成了两组，然后告诉老师：A组是优等级组，在智力、意志品质和特长上明显较好；B组则相反。老师收到这种信号后各自开始了相同课程的教学。一个学期后，A组的成绩和各项考评真的优于B组。当他最后把这一实验的意图和真相告诉学生和老师时，他们简直不敢相信这会是真的。后来又经过几组实验，这一原理同样被证明。

另一项调查也表明：几乎90%在品质、意识和智力方面有杰出表现的人，在自己的童年或少年时期都受到过来自亲人的积极暗示，最多的是来自母亲，有的则是来自父亲、祖母、祖父等等。

积极的暗示带来神奇的力量，对孩子在心理和心智方面产生良好的启迪作用。暗示的作用对于孩子来说，越早期，越有较深远的作用。暗示者与孩子的关系越亲密，作用越明显。

英国哲学家斯宾塞说过：“包含着爱的积极的暗示，它总是显得真实可信，并且也没有明显的功利目的。这样的暗示的作用，就像血液和心灵印记一样，深入而持久。”暗示教育对孩子是一种十分有效的教育方式，而且孩子更乐于接受、更喜欢这种形式的教育。暗示，是无声的教育，是“润物细无声”的教育。父母在教育孩子过程中，要多注重运用暗示的方法，尽量避免批评和指责孩子。

亲子正面沟通秘诀

作为父母，面对不听话的孩子，应该如何巧妙地使用暗示呢？美国教育专家爱德华教授指出，对孩子进行暗示教育可采用如下几种形式：

1. 眼神暗示

吃过晚饭，爸爸给刚子讲故事。讲着讲着，刚子的双手搞起了小动作。爸爸没有停下来，不过他用眼睛紧盯着儿子的小手。不一会儿，刚子“醒”了过来，双手安静了。

眼神是一种无声的语言，比有声的语言能更细腻、更清晰地表达感情。眼神暗示就是用眼睛把要说的话、要表达的态度暗示出来。

2. 表情暗示

家里来了客人，林林有了小伙伴，高兴得忘乎所以，发起了“人来疯”。他一会儿狂笑，一会儿尖叫，连爸爸的眼神也视而不见，于是爸爸猛地皱起了眉头。这下，林林总算看到了，声音也降低了不少。

表情比眼神表现得更明确，人的表情能够传达多种信息，比如肯定、同意、可以、不能、不该等等，形成刺激，使暗示对象作出反应。孩子做了好事，你对他赞许地点一点头；孩子经过努力，解开了一道题，你对他会心地笑笑，都是极好的激励。

3. 言语暗示

小贵早上起床后从不叠被，妈妈提醒过几次，但效果不理想。一次，妈妈告诉小贵，今天遇到楼下的妈妈说小刚真乖，每天总是自己把被褥打理得整整齐齐。小贵听后表面上不以为然，但渐渐地学会了自己动手叠被。

既然是“暗示”，就是不用言语直接表态。当要表扬或批评时，采取一种迂回的方法，如讲故事、打比喻、作比较等把自己的观点巧妙地“点”出来，让孩子心领神会，在一种柔和的气氛中接受教育。

4. 动作暗示

周末，晚上9点多了，罗强还坐在电视机前。妈妈一言不发，却站起来把孩子床上的被子铺开，自己也停下手中的工作，回房休息了。无声的语言提醒了孩子，罗强马上走进了自己的房间。

动作暗示就是用体态语言把自己的想法表露出来，从而达到教育孩子的目的。父母辅导孩子做作业时，发现孩子坐姿不正，可以面对孩子做几个挺胸的动作，并书写一两个字，让孩子接受这些暗号，他就会学着做出反应。小孩子需要大人的爱和注意，特别是父母从口头上赞许他的行为，或亲亲他、拍拍他、搂搂他。这些点点滴滴表达了父母对他的爱和鼓励，从而助其建立起自信。

5. 榜样暗示

点点跟妈妈逛商场，看到玩具熊就想要，但家里已经有好几个了，妈妈不想买，点点就抱着妈妈的腿，蹲在地上哭。妈妈指着旁边一个跟点点差不多大的小女孩说："你看那个小妹妹，多乖啊！多听话啊！"点点一看旁边的小姑娘真的很乖，也就不再哭闹了。

一个小朋友哭，许多小朋友会随同一起哭起来，这时用暗示的方法可以让孩子停止啜泣。老师只需对不哭的孩子表示出赞赏，哭的孩子就会向不哭的孩子学习而停止哭闹。

6. 情境暗示

当爸爸在写作时，金金跑到爸爸桌前又叫又跳，妈妈怎么厉声制止效果也不好。后来有人教了金金妈妈一个方法，就是每当金金再闹的时候，妈妈就蹑手蹑脚进屋，小声对金金说咱们到外面玩，这样，金金每次都马上跟着妈妈出来了。

情景暗示主要建立在一种氛围的基础上，父母关键要把握好适当的情景氛围。这种暗示，一般来说，对孩子都是相当有效的。

给孩子讲一堆大道理，不如说一个故事

王强是个属鼠的孩子。最近他连续两次在考试中得了满分，不免有点飘飘然起来，今天说陈明是笨蛋，明天说成刚是弱智，只有自己才是天才。于是，爸爸便给他讲了下面的故事：

"有只小老鼠外出旅游，恰好遇见两个孩子在下兽棋，小老鼠就悄悄走近去看，结果发现了一个大秘密：尽管兽棋中的老鼠可以被猫吃

掉，被狼吃掉，被虎吃掉，却可以战胜大象。于是，它由此认定，只有老鼠才是真正的百兽之王！这么一想，小老鼠就得意起来。从此以后，它既瞧不起猫，又看不起狗，甚至还拿狼开心。有一天，它居然还大摇大摆地爬到老虎的背上去了，恰好老虎正在打瞌睡，懒得动。小老鼠于是更加得意忘形，它趁着黑夜钻进了大象的鼻子，大象觉得鼻子痒痒的，就打了个喷嚏，小老鼠立刻像出膛炮弹似的飞了出去，飞呀飞呀飞，飞了好半天，扑通一声掉到臭水坑里！

"孩子，'自''大'加一点就是'臭'。今年是鼠年，你这只小老鼠会不会也掉到臭水坑里呢？要想不会，就必须遵守一个前提，那就是永不骄傲！"

听了爸爸的故事，王强很快便改正了自己的缺点。

这位睿智的爸爸对孩子的缺点并未直接斥责，也未生硬地给孩子讲述大道理，而是以讲故事的方式巧妙比喻，让孩子自己去领会言外之意，可谓举一反三，收到了极好的说服效果。

很多家长爱抱怨：给孩子讲了一堆又一堆道理，为什么孩子就听不进去？其实，好的教育从来不是靠说教。孩子的思想认识和人生经历是有限的，还不能完全理解家长的苦心，孩子不理解就不愿听，听得多了甚至会反感。

很多时候，比起说教，讲故事更能让孩子明白做人的道理、做事的准则，认识到自己的不足，更容易培养孩子的心性和品格。因为好故事对孩子的情感、精神有积极的影响，能帮助培养孩子正确的世界观。

在说服孩子的过程中，最令孩子反感的就是家长滔滔不绝地灌输一堆大道理，而故事对于孩子来说则是心中的最爱。因此，家长不妨借助寓言故事、成语故事、历史故事、生活故事来妙喻说理，使孩子冷静深思、豁然顿悟，达到说服他们的目的。

家长不妨多给孩子讲讲小故事。许多文学家、科学家都是在爸妈讲的故事里成长起来的。许多时候，一个小故事甚至一句形象的话，就比你讲一千遍大道理还管用。就像《阿甘正传》里妈妈对阿甘说的那句话："人生就像一盒各式各样的巧克力，你永远不知道下一块将会是哪种。"这句话影响了阿甘一辈子。

在教育孩子的过程中，当你向孩子讲道理行不通时，那么不如换种方式，多给孩子讲讲几则小故事吧！

亲子正面沟通秘诀

一般来讲，用故事来说服孩子分以下几种：

1. 借故事人物来激励孩子

以故事中正面人物的形象，为听者树立一个榜样，是人们常用的劝告他人的一种方法。在将故事中人与听者的类比过程中，明白无误地将自己的情感和主旨传达出来，因此十分富于感染力和鼓动性。

2. 借故事人物来表达情感

任何人讲故事都带有自己一定的人生感悟或情感体验。如果能自比故事中人，便容易将这种个人的情感体验巧妙地融入人物或情节之中了，同时还有可能最大限度地拓展故事本身的内涵，并借故事中人的口吻传达出这种意蕴来。这样的感情表白也显得更为强烈、流畅和感人。

3. 借故事评述来阐明道理

有时候，面对孩子身上发生的事，如果恰好有同类型的、相似的例子或故事可以利用，也不妨拉它来同孩子的故事作一番对比，从而引申出某个道理。这样，由于对比鲜明、生动，往往能使孩子在不经意中得到自我反省的机会，从而接受父母的意见。

4. 借故事意蕴来启迪心智

人常说，当局者迷，旁观者清。对于孩子的懵懂和迷惑之处，如果能有针对性地利用富于哲理性的故事，来暗示自己的某种用意，就可能在孩子心灵中撒播下一片阳光。借用寓言本身所蕴含的哲理，委婉地传达出自己的看法，暗示一种告诫之意，这比直接的劝告更容易为孩子所接受。

5. 借故事情趣来开导孩子

有些寓言故事颇为幽默风趣，看似笑话，但却一语双关，蕴含了深刻的哲理，且富于讽喻或谐趣感，显得既中听又耐听。如果我们能将这类故事巧妙地引入谈笑风生的讲述之中，就能不露声色地将自己的意思传递给孩子，从而收到含蓄隽永、回味不尽、潜移默化的效果。

用幽默代替批评，亲子关系更亲密

一位母亲问她5岁的儿子：“假如妈妈和你一起出去玩时渴了，一时又找不到水，而你的小书包里恰巧有两个苹果，你会怎么做呢？”

儿子小嘴一张，奶声奶气地说：“我会把每个苹果都咬一口。”

虽然儿子年纪尚小，不谙世事，但母亲对这样的回答，心里多少有点失落。她本想像别的父母一样，对孩子训斥一番，然后再教孩子该怎样做，可就在话即将出口的那一刻，她突然改变了主意。

母亲握住孩子的手，满脸笑容地问：“宝贝，能告诉妈妈你为什么要这样做吗？”

儿子眨眨眼睛，满脸童真地说：“因为……因为我想把最甜的一个留给妈妈！”

那一刻，母亲的眼里隐隐闪烁着泪花，她在为孩子的懂事而自豪，也在为自己和孩子做到快乐沟通而欣慰。

父母在教育孩子的时候，往往喜欢板起面孔说教，孩子不听话，犯了错，就向孩子举起批评的“大棒”。然而这样做的结果是往往使孩子更不听话了，时常与父母对着来。

其实，教育孩子可以来点幽默，效果将会更好。幽默是润滑剂，能使大家融洽地相处；幽默是快乐之源，能使我们的家庭生活充满和谐与快乐。在我们的家教中，恰当的幽默不仅能使孩子免去在大人面前的拘谨，还能使其在轻松一笑中接受良好的正确的教育。

幽默是一种行之有效的、不可忽视的家庭教育手段。幽默感可以感染孩子。在一个充满幽默欢笑的家庭里，孩子就会变得活泼、热情、开朗。目前，西方国家的教育机构相当重视对孩子幽默感的培养。作为启蒙教育者的父母，与子女开些善意的玩笑，鼓励孩子说些健康的俏皮话，用幽默的方法教育孩子，是十分有益的。

对待孩子的错误，严肃认真的批评是一种教育方法，有时采取幽默的手段同样也可以达到教育的目的。我们不应总是用斥责、惩罚的方式对待犯错误的孩子，不要让孩子总是担心受到惩罚，而要使他们在看出自己的错误的同时破涕一笑，其效果往往比板起面孔训斥孩子好得多。

在家庭教育中，亲子沟通是十分重要的，但能做到愉快地沟通，则会让亲子关系更加亲密。幽默可以说为亲子沟通锦上添花。

父母多一分幽默，子女就多一分笑声、多一分欢乐、多一分力量。幽默不仅能消除父母与子女之间人为的紧张情绪，而且可让子女在笑声中健康身心，达到寓教于乐的目的。

亲子正面沟通秘诀

如何让沟通变得快乐和谐？幽默的话言、多些互动和良好的谈话气氛是三大关键。

1. 根据孩子的年龄和认识水平，选择合适的幽默作品让他听读

在欣赏与自己年龄相符的作品时，孩子不仅会对作品本身感兴趣，

也会对作品的幽默之处有所期待，在一次次的重复中，他仍兴致盎然，开心地等待最精彩的情节的出现，然后开怀大笑。

2. 在生活中发现幽默

在我们平淡无奇的日常生活中，也有不少妙语和好笑的片段。比如有的小朋友说："我喜欢下雨天，下雨了，可以用雨水洗盘子，把盘子放在外面就行了。"还有一个小朋友说："有一个外国老师吃火锅，她把蘸的调料当饮料全喝光了。"父母要做个有心人，捕捉生活中有趣的情节和对话，经常与孩子一起分享快乐。

3. 根据孩子的兴趣把握"重点"

有的孩子在欣赏幽默画或幽默故事时，并不喜欢父母完整地讲述整个故事，父母不如就把讲解的重点放在"惊喜"之处，让孩子过把瘾。

4. 在家中设立"开心一刻""开心一角"

收集各种笑话和幽默画，与孩子一起欣赏，引导孩子主动地感受，发现有趣或奇妙之处，让孩子在"有趣之处"获得愉悦的情绪体验。

第 6 章

如何说孩子才肯学习爱学习会学习

排解障碍，让孩子远离开学焦虑症

“马上开学了，还老是往外跑，给我乖乖待在家里。”开学前，初三学生小陈趁着还未开学疯狂地和同学在外玩耍，为此与妈妈发生了多次争吵，每次提到开学，原本还高兴的他，一下子就好像没有了热情，对家人亲朋爱理不理的。原来，要开学的事实让他有些莫名其妙地恐惧，特别是晚上，就会想很多。会想还有一年多，要是中考不理想或是没考上该怎么办？开学了，又有做不完的功课、上不完的课，还不能看电视、玩游戏，考试又得名列前茅……

感到不被理解的小陈带着情绪拖着疲惫的身躯进入了新学期的课堂。可是开学已经十余天，小陈依然情绪低落、不想上学，上课犯困、疲倦，甚至与父母发生争吵。

像小陈这类情况在中小学校开学之初普遍存在，是典型的“假期后遗症”，他们轻则迟到，上课犯困；重则厌学、逃课；更有严重者情绪低落，甚至异常焦虑。这种现象会持续将近一个月时间，成了学校、家长、学生共同的难题。

“开学恐惧症”是一种情绪障碍，主要特点是对学校产生恐惧。它的主要症状是情绪低落、心慌意乱、无缘无故发脾气、浑身疲劳、注意力不集中、记忆力减退、失眠等，有的还有头痛、胃痛等躯体不适症状。

开学焦虑症的主要诱因是“开学”，它会导致学生对学校生活产生焦虑和恐惧，或“唤醒”分离性焦虑、学习适应不良、人际交往困难等不良情绪和行为。前者是由于自己的人格缺陷或对学校和学习过于紧张所致；后者往往是在学校学习或在其他活动上有过挫折和遭受委屈、羞辱的经历。升学压力、人际交往不适应等方面是导致开学焦虑症的重要原因。

学生的开学焦虑症原因不尽相同，表现也各异，主要诱因有分离性焦虑、改换学校重新适应新环境、人际交往困难等。在这其中，相当一部分是因为放假期间作息生活极不规律，每天看电视、上网、晚睡，开学后又要恢复早睡早起，担心自己能否重新调整生物钟；有的在假期里过惯了被照顾的生活，对开学后的独立生活有些不适；还有的学生担心新学期功课太重，担忧学校人际关系等。不仅是中小学生，现在连一些大学生也同样会产生这样的情绪，有的大学生在假期里“疯狂享受”，不喜欢开学，希望能再多放几天假。

据专家介绍，开学焦虑症是一种心理障碍，有关调查显示，有这种情况的孩子大部分曾在学习或其他活动中有过挫折经历。

开学焦虑症有五种易发学生群，即心理素质和适应能力较差的学生、在学校经常受到老师批评的学生、学习成绩不好的学生、对新环境不能很快适应的学生以及一些过于追求完美学业的优秀生。

亲子正面沟通秘诀

家长如何帮孩子远离开学焦虑症呢？

1. 帮助孩子进行积极的心理暗示

意识到并接受假期已经结束的现实，想到可以与同学一同分享假期中的有趣事情；觉得自己已经长大了一些，又能学到更多更好的东西；认为自己将有更成功的一年等等，都有助于其树立信心、放松心情，以接受的心态去迎接新的学期。

2. 开学一周前开始恢复规律的作息时间

让孩子自觉按时间表睡觉、起床，不睡懒觉，一周左右这生物钟自然就准了。还可以让孩子对假期做个小结，与同学分享假期的趣事，预习新的课程。

3. 可用参加社会实践活动、去图书馆等方式来充实孩子的生活

平时让孩子注意克制自己，学会容忍和接纳别人，加强相互沟通和交流，增强适应环境的能力。

4. 加强孩子的身体保养

首先，调整孩子的饮食，让其多吃一些蔬菜、水果和杂粮，适当摄取蛋白质类的食物，避免营养不良或营养过剩。其次，督促孩子适当锻炼身体，让孩子的生理、心理尽快回归到正常的轨道上来。

家长不要对孩子表现出过度的关注、给予过大的压力，应注意营造温馨轻松的氛围，应该帮助孩子及时收心，及时排解孩子的心理焦虑，使孩子在理解、鼓励和支持下积极地迎接新学期的到来。

循循善诱，让孩子远离学习焦虑症

场景一：林无眠，初三学生，性格内向，大缺点没有，就是有时性子急躁，爱发脾气，学习成绩还过得去，但老师反映他比较孤僻，不合群，做事缺乏耐心。眼看到了升高中的节骨眼上，他却向家长提出了一个令人不能接受的要求——在家自学。

场景二：泰叶琳，高三学生，一直是班上的好学生，从小学到初中，从初中到高中，一直是老师心目中的“骄子”，让父母很是欣慰。然而，麻烦来自高二的暑假，作为奖励，他拥有了一台属于自己的电脑，迷上了电脑游戏，开始是玩一会儿再学习，后来是有空就玩，接着是挤时间玩，最后是不玩难过。对于学习，他却越来越厌烦，看见书本就头疼，一玩游戏就精神，学习成绩不断下降。

现在许多孩子只要一提学习，马上变成苦瓜脸，非常痛苦。而很多家长就是弄不懂学习这么重要，为什么孩子却会痛苦？不学习能有前途吗？不学习能有以后的发展吗？于是，在家长眼中，孩子厌学就成了个性上的胸无大志、没出息，成了品质上的懦弱、无能和愚蠢的表现，所以他们更多的是用榜样来鼓励、用物质来刺激，实在不行就指责和棒打。但是目前很多事实说明，这种“黄油加大棒”的做法收效甚微。

心理学认为，厌学的孩子对待学习有一个痛苦的神经链，他们一想到学习就会感到痛苦。这是一个心理学现象，而孩子的心理为什么会有这条神经链呢？

比如一个孩子刚刚开始学习写字，写错了，或者是算算术题出错了，成年人就会轻则指责，重则呵斥、棒打，恨铁不成钢。孩子在学习方面能犯多大的错呢？不过是做错一道题，写错一个字，一次考试没考好。但是，家长因此而生的愤怒和指责却是多么严重，由于孩子一次写错字、一次做错题、一次考了70分，就指责孩子没出息、丢人现眼，直接导致其自信心扫地。有的家长不仅仅指责，还有一个鲜明的态度就是：“你不许哭，憋着！”……

慢慢地孩子一想到学习，就想起父母的狰狞面目，就想到自己毫无价值、丢人现眼，所以就出现了痛苦的感觉。家长在很多地方为孩子“建立”了一条又一条痛苦的神经链，孩子越来越无法忍受，小的时候隐忍，大了之后就会逃避。人的一个主要的心理特点是，追求快乐、逃离痛苦，成年人和孩子都是如此。不是所有孩子都厌学，爱学习的孩子肯定是从学习中感觉到快乐，厌学的孩子肯定是感到学习痛苦。如何让孩子快乐学习、享受学习，做阳光男孩、阳光女孩，这才是值得每位家长探索的问题。

厌学问题一直是一个令人头疼的问题，最多见的原因是学习压力太大，孩子承受不了，选择逃避。有些孩子在小学或初中学习成绩一直很好，但升入初中或高中后，学习内容、方法、环境等都变了，自己在班上不是名列前茅了，心理上不能承受挫折。这些孩子往往是从小一帆风顺，在家里、学校一直受到家人和老师的喜爱和呵护，没有经历过任何挫折，所以一遇到困难就受不了了。

另一部分压力则来自父母。父母的期望值过高，孩子的心理、身体上的压力大大增加。父母陪读，造成孩子缺乏学习的自觉性，难以领悟学习的方法，难以独立地解决遇到的新问题，他们体验不到独立解决问题后的成功的快乐。

孩子学习目的不明确也会厌学，青春期的孩子开始关心的人生命题是："我为什么学习？我将来成为什么样的人？"由于许多家庭给孩子提供了过于富足的物质条件，孩子在家里从不做家务，从不担心经济上的困难，孩子当然没有要通过学习而改变现状的愿望，现在家里的钱好像都花不完，为什么要学习？而那些家庭生活条件艰苦的孩子，反而学习目的很明确。同时，由于现在家长的功利性过于强烈，从而使得孩子体验不到获取知识本身的快乐，而只注重别人对自己学习成绩的评价。孩子对知识本身不感兴趣，自然将学习看作是件苦差事。

有些孩子则是由于生病或某种原因在家休息了一段时间，受到了家长周到的照顾，再去学校的时候学业有些跟不上，又不愿意付出艰苦的努力，更愿意在家什么事也不做。家长一方面给孩子提供安乐窝，一方面在精神上一味地要求孩子学习，而学习生活又是那么单调乏味，孩子当然不会选择学习了。如果家长让孩子选择的是学习还是体力劳动，像农村孩子一样，那孩子就会选择学习了。

此外，另一种原因是自己不会学习。不会学习的孩子，学得苦，学得累，学得烦，效果还差。这些孩子往往在学习时不集中注意力，不能把新旧知识联系起来进行学习，不能选择重要的内容而抛开不重要的内容，无法将学到的知识正确、合理地表达出来。由于孩子不会学习，面对日益繁重的课业内容，自然产生厌学情绪。

亲子正面沟通秘诀

既然弄清了孩子厌学的原因，那么，父母怎样做才能让孩子摆脱厌学症呢？

1. 让孩子健康成长

父母和老师要正确对待孩子，注意循循善诱。对孩子提出学习方面的要求，应注意到孩子的年龄、智能水平，不能马虎，也不能苛求，不能溺爱，也不能放纵，使正在长知识长身体的儿童，从小得到健康的成长。

2. 别使孩子的学习负担太重

要讲究教育方法，想方设法使孩子提高课堂学习效率。课外作业不宜布置得过多，要保证孩子有足够的睡眠时间和一定的娱乐时间。

3. 要帮孩子树立学习信心

要帮助孩子树立克服困难、搞好学习的信心，培养其具有坚强的意志和开朗的性格，这对于防止焦虑症的出现具有十分重要的意义。

4. 有病及时求医

对于已经出现焦虑症状的孩子，若是严重的病例，要进行心理治疗，如支持性心理治疗、行为治疗等。有的孩子还要配合药物治疗，如服用抗焦虑药物、佳静安定等，但这类药物要在医生的指导下使用，不可随便服用。

期望适度，让孩子远离考试焦虑症

每次考试，爸爸都会拿着试卷，指点着周周犯错误的地方，训斥他：“这里根本不应该错，只要你认真检查，就可以改过来！”批评之后，爸爸就会以各种理由，要求他增加学习量。周周把自己关到房间里，看着书桌上堆着的各种趣味数学啊，概念语文啊，有种要呕吐出来的感觉。

考试的问题，虽然严重，但周周还算能忍受得住，毕竟考试不是每天都进行的，最重要的考试一年只有两次。

周周最受不了的，是爸爸竟然会到学校、到班级的窗口下，看他是否在认真听讲。

有一天，他正在上课，忽然一扭头，看到爸爸的身影在教室窗外一闪而过。而这个时候，周周手里正握着一个他最喜欢的玩具公仔。周周手足无措地把玩具公仔放回到书包里，脑门上冒出了细细的汗珠。

周周觉得自己病了。一坐进教室，就心慌气短，老师说什么也听不清，总是想往窗外看——他想把学习成绩提高上去，可是却几经努力，都显得力不从心……

考试焦虑是当前中学生中存在的较为普遍的心理问题之一。据调查，大约有10%~15%的学生对考试存在着不同程度的焦虑，特别是学习基础比较差、性格比较内向、学习方法不够灵活的学生最容易产生考试焦虑症状，甚至会失眠或神经衰弱。

考试焦虑是指学生在应试情境下，通过不同程度的情绪性反应，表现出来的一种心理状态。如果焦虑情绪达到比较严重的程度，就可能发展为考试焦虑症。考试焦虑情绪是一种常见的、基本的心理体验。有考试焦虑情绪的学生大部分会感到不同程度的学习困难，记忆力下降，精神难以集中，注意力易于分散，思维似乎停滞。记得很熟的单词怎么也想不起来，面对题目看了多遍，却不知是什么意思。生理上则容易疲倦、失眠、多汗、厌食、心跳加速、头脑混乱，甚至引起神经衰弱。

产生考试焦虑的原因一般有以下四个方面：

第一，不能正确对待考试，担心考试不及格。这类学生主要是基础比较差，学习比较吃力，学习方法不当，把考试看得过于严重，如果考不好，如何向父母、老师交代，如何面对同学，以及这次考试是否会从此决定命运……由此，思想上产生压力，又因压力超过心理负荷而造成过度紧张。

第二，疑虑考试失败。学习好的同学在心理上总想保持住自己原有的优势，担心保不住原来的名次，在心理上出现了自责、自卑和难以服气的精神压力。于是背着思想包袱，每当考试时就会自然产生种种想法，诸如担心再次失败的焦虑情绪等。

第三，外部压力大。在考试成绩上，老师父母对学生的过高要求，也是造成心理压力的主要原因。有的学生怕考试出错，把考场纪律也视为一种精神上的“压力”。考试时，明明自己在思考着问题，却不知不觉地担心自己是否违纪了，造成心理障碍。

第四，大脑休息不足。有些学生为了考试拼命复习功课，以致睡眠不足。如果再不注意营养和睡眠，心身需要的能量得不到及时补充，也同样会陷入焦虑之中。

一些患有考试焦虑症的学生，即使到了成年，也时常被考试的噩梦惊醒。造成考试焦虑症的普遍原因是考前准备不足，“心里没底”造成考前紧张，甚至连自己会的题目也会张冠李戴。其次，敏感、缺乏自信的学生容易产生考试焦虑症。另外，一些学习成绩较好，但过分看重考试成绩的学生，也会产生紧张情绪。

亲子正面沟通秘诀

家长如何帮助孩子远离考试焦虑症呢？

1. 帮助孩子提高自信

告诉孩子：无端的忧虑与苦恼，对当前的复习有百害而无一利。当前最重要的是按照复习计划有条不紊地进行，扎扎实实做好各种准备，这才是自己应取的态度。这样让孩子针对每一种担忧，自己与自己辩论，以提高其自信心。

2. 启迪孩子大胆想象

人的想象具有暗示、补充、预见功能。考试前通过对一些广阔的、宁静的、舒缓的画面或场景的想象，可达到放松身心的目的。这些画面和场景可以是田园风光、海上日出、轻舟漂荡……

3. 消除给予孩子的错误暗示

一是坚决杜绝用“完了，孩子糟糕透顶了……”这类消极语言暗示自己或者孩子。二是消除孩子大脑中的错误信息，如“没有考好，老师会另眼相看”“爸爸、妈妈会受不了”等。告诉孩子：不应过于顾虑失败的后果，应该用“我努力了，我问心无愧”“我能成功”等话语宽慰放松自己的身心。

4. 引导孩子放松心情，劳逸结合

让孩子正确看待考试，学会放松自己的心情，劳逸结合，不要忘了进行跳绳、踢球等一些有益的体育运动。

陪伴孩子读书，教会孩子高效阅读

莉莎在女儿埃比出生之后，就开始给她读书。

最初的时候，还是个婴儿的埃比用嘴咬着书皮，口水都流到书里面去了。然而，莉莎对此并不介意，她甚至让埃比晚上和她的书睡在一块。

埃比到了1岁的时候，就爱上书了。她依偎在妈妈的怀里，眼睛睁得大大的，认真地听着妈妈给她读《白雪公主和七个小矮人》的故事。

在埃比学会走路之后，就时常手里拿本书，坐在家中养的那条小狗旁边，给狗读书。当埃比上学的时候，阅读已成为他生命中不可或缺的内容。

作家赵丽宏在其散文《永远不要做野蛮人》中不无忧虑地写道："我曾经担心，现在的孩子课外阅读的范围越来越窄，能用于课外阅读的时间也越来越少，很多人已经丧失了阅读文学名著的兴趣和欲望，而与课程和考试无关的书，他们更是难有机会涉猎。这是一个令人担忧，也多少使人感到悲哀的现象。"

事实上，伴随着电子产品（尤其是网络）长大的孩子，他们不但阅读时间和阅读范围日益减少，而且他们的阅读兴趣也随着"读图时代"的来临而减弱，许多孩子甚至养成了排斥文字的坏习惯。他们的课余时间被影（音）像、电子游戏和卡通占据着，阅读在他们的课余生活中只是一种点缀。

许多教育专家呼吁："孩子对文字的冷漠态度就像一种隐形液体，正慢慢渗透到社会之中。当逃避阅读成为习惯，孩子的阅读能力便迅速退化，从而直接影响到他们的成长。"

亲子正面沟通秘诀

父母怎样才能培养孩子喜欢阅读文字的好习惯呢？我们给家长的建议如下：

1. 和孩子一起阅读，让孩子养成阅读文字的好习惯

英国文学史上颇具传奇色彩的勃朗特三姐妹，她们之所以能写出蜚声世界的经典文学巨著，这与她们小时候的阅读习惯密不可分。她们的父母经常陪她们阅读，消遣漫长的冬夜。她们围坐在熊熊的炉火前，共同阅读优美、抒情的文字。春暖花开的时候，她们常常聚集在野外，朗诵自己或别人的诗作。文学的种子自此就深埋在了她们的心底。这正是

她们能写出《简·爱》和《呼啸山庄》的源泉。

事实上，书本中只是一些枯燥的文字，家长在给孩子读书时，应该把书读得绘声绘色、娓娓动听，只有这样，才能够保证孩子们聚精会神地听。

2. 在孩子学会阅读之后，仍然坚持给孩子读书

许多专家建议，家长应当在孩子初中毕业之前，一直坚持给孩子读书，尽管这时候孩子早已能够自己阅读。大多数孩子在13岁之前，听力要比阅读能力高，因此他们能够从听家长给他们读书的过程中汲取许多知识。给再大一些的孩子们读书，也利于你向他们介绍一些他们自己不可能去攻读的书籍。

3. 和孩子一起制订阅读计划，指导孩子阅读经典

孩子的阅读习惯应从识字开始，随着孩子识字能力的提高，家长就需要有意识地指导孩子阅读，在全面了解孩子的阅读兴趣的基础上，和孩子一起制订阅读计划。古今中外的文学经典，自然是孩子阅读的首选。让孩子们的心灵与大师们交流、碰撞，让他们深切地感受到文字里所蕴藏着的瑰宝。

4. 让孩子掌握高效的阅读方法，有选择地阅读

教育家称，孩子们喜欢那些符合他们的口味，适合他们的年龄段，并且难度适宜的书籍。孩子的读物需要多样化，专家建议，在给孩子读书的时候，可以选择各种类型的读物，如报纸、杂志、广告手册、诗集等等。这样做，可以开拓孩子的视野，培养他们广泛的兴趣与爱好。

另外，家长为孩子选购图书时一定要和孩子一块儿商量着买，多激发孩子阅读的兴趣。同时要注意：为孩子选购图书应以不增加孩子课外的学习负担为前提。要教会孩子科学的读书方法，教育孩子注意用眼卫生，形成良好的读书习惯。

兴趣是火苗，帮助其燃烧

小刚的家里管他很严，从小就强迫他学钢琴、背唐诗。最开始，他还有兴趣，可是父亲的要求太严厉了，弹错一个音符、背错一个字，都要受惩罚，这让他越来越怕，只要是学习，无论学什么，他的心里都怕得要命。家里一来客人，爸爸就让他表演弹琴或背诗，他觉得自己就像是马戏团里的动物，每天受苦受累，只是为了表演给客人看，让客人取乐，让爸爸有面子。从很小的时候，他就恨死了来家里的那些客人，因为他们只喜欢看自己装出来的听话样，他们和爸爸妈妈一样，从来就不在乎自己的真实想法。

上中学后，他在报纸上看到一个故事，说有一个小孩，因为妈妈逼她学钢琴，就用锥子扎自己的手。他觉得，那把锥子扎进了自己的心里，自己和那个小女孩一样，都是太苦命了，还不如街头那些要饭的小孩。他对学校的课程一点儿兴趣都没有，只是习惯了接受训练，脑子里已经习惯性地认为，人活着就必须要受苦，每一门课都是一个折磨人的魔鬼。

他的父母丝毫也没有注意到他的情绪变化。实际上，他们什么时候都没有在乎过小刚的情绪，只知道每天早上6点钟叫他起床，晚上监督他写作业，就像警察看管犯人一样。只要作业或考试时做错了题，家里就一定会有惩罚，或者是免除一个月的零花钱，或者是没收三天的零食。

有一次压力太大了，小刚实在受不了，便对父母大喊——再逼我，会逼出人命来的！那以后，小刚成绩就越来越差，他是彻底不想学了，还经常离家出走，一走就是好几天。爸爸再怎么打他也不在乎，反正已经打皮实了。老师再怎么劝，他也不好好学了，还经常扰乱课堂秩序。最后，他被学校劝退，连中学也没有念完。

案例中小刚的经历告诉我们，长期强制性的要求，枯燥单调的学习生活，无计划、无目标的努力，以及频繁的不满与批评，所有这些使孩子的好奇感与学习热情一点点被侵蚀。

兴趣是学习的强大动力，有意识地培养孩子的兴趣，让孩子在自发状态下，自觉地完成学习任务，这种积极的表现，是老师和家长都希望看到的。在这种情况下，孩子会对学习压力有相当强的承受能力，甚至一点都不觉得学习是件"苦差事"，而且学习效果好，记忆力也相对加强。从长远来看，这对孩子的身心健康也十分有利。

事实上，几乎所有的人都知道，学习要有兴趣，兴趣是学生最好的老师。要注意培养孩子的学习兴趣，老师在讲，家长在讲，许多书本也在讲，但真正领会这一点、运用这一点的家长并不是很多。

当您指责孩子、埋怨孩子、督促孩子学习的时候，您只是想要一个结果。这时的您是一位粗暴的家长，因为您根本不知道孩子的兴趣是什么样的。

中国的家长要认识到，兴趣可以帮助孩子节省大量学习时间，大幅提高学习效率，让孩子用更少的时间，换来更好的名次和更多的成功机会。

实际上，一切保持兴趣的办法，都有两个必要的前提——更多自由支配的时间和更大的学习自主性。有的家长会说，我管得这么严，孩子还老是偷懒，如果放手，他就该更不知道学了。这种问题确实存在，所以家长要给孩子以适当地引导，让孩子对学习的兴趣越来越浓。

亲子正面沟通秘诀

家长如何培养孩子的兴趣呢？

1. 要充满热情地鼓励孩子的学习兴趣

曾有一位家长让自己两岁半的孩子学绘画，原意是培养孩子的兴趣，可当家长看到孩子把小鸟画成了个大黑疙瘩时，就忍不住说孩子

“太笨了！画的是什么呀”。家长这样的态度对孩子学习的积极性是很大的打击，因为家长是孩子心目中第一个权威的评价者，他们特别渴望得到家长的肯定，可是家长们往往没有意识到这一点，经常毫不负责任地、轻而易举地摧毁了孩子的求知欲。当孩子做得好时，应适时表扬；可当孩子做得不好或者失败时，要先发现孩子有创造性的一面，然后再鼓励他们。

2. 与孩子分享学习的乐趣

要想让孩子对学习有兴趣，父母要先有兴趣，带领孩子一起去寻找学习的快乐。父母开心的笑容是孩子最大的安慰，是支持孩子完成艰苦学业的无穷动力。

3. 设立学习成就奖

只要孩子能从学习中找到成就感，就给予适当奖励。要让孩子讲清楚，成就感是怎么来的，付出了多少努力，克服了多少挫折。这样可以帮孩子看清楚自己取得的成绩，引导孩子获得更多的成就感，产生更大兴趣。

4. 让孩子学会“找快乐”

给孩子布置任务，要求孩子每周都要从各个科目中找到快乐。这可以让孩子留心去寻找学习中值得快乐的事，从而使其保持乐观的情绪，产生学习兴趣。

和孩子一起学习，和孩子一起进步

敏敏一家三口吃过晚饭后，在客厅里举行了一次智力竞赛，竞赛主持人是敏敏，爸爸是一号选手，妈妈是二号选手。他们脸上的表情都很严肃，好像临上战场的将军似的。

8点钟，智力竞赛正式开始了。敏敏把题分别放到了10分、20分、30分的盘子里。首先由爸爸来选题。只见爸爸看了三组题，犹豫了一下，抽出一道20分的递给敏敏。敏敏清了清嗓子，大声念了起来：“一只蜗牛用了一天时间就从北京到了杭州，为什么？”爸爸听了毫不犹豫地说：“它是从世界地图上爬的。”“完全正确！”敏敏对爸爸说。爸爸这回可得意了，哼着小曲坐到沙发上，还翘起了二郎腿。

妈妈可急了，她先把手伸向30分题，但又缩了回来。敏敏赶紧说：“您快点儿。”妈妈为了超过过爸爸的分数，还是鼓起勇气选了一道30分的题目递给敏敏。于是敏敏开始念题了：“一头大象向前走了30米，向右走了10米，向左拐又向右拐。请问这头大象的尾巴尖是指向哪一个方向的？”这道题可难了，妈妈托着下巴，想了好一会儿。忽然，她眼睛一亮，高兴地说：“大象的尾巴是向下的。”“妈妈答对了，妈妈好棒！”敏敏高兴地欢呼起来。而爸爸呢，刚才骄傲的神情不知跑哪儿去了，由胜利在望的“将军”变成一个打了败仗的“小兵。”

敏敏一家经常开展这种智力竞赛，它让敏敏的家庭充满了欢乐，同时也活跃了敏敏的思维。

和孩子一起学习是快乐的，现在的孩子大部分是独生子女，希望有一个伙伴。如果家长和孩子做伙伴，不但孩子开心，家长也会找回童年的记忆。家长是孩子的第一任教师，孩子的言行和爱好是在家长的熏陶下形成自己的特点的。和孩子一起学习，让其置身于一个书的环境里，在知识海洋中，孩子会感到世界真的很美好。

现在的一些家长，往往抱怨孩子不理解自己养家糊口的辛苦，指责孩子泡网吧不学习，一股脑儿地把责任推给社会。而家长自己沉醉在无聊的应酬和消遣里，把学习丢了，缺失了再学习的能力。

学习不光是学生的事，也不局限于你的专业领域。为父母者，更应该善于和孩子一起学习。

那么，家长应该和孩子一起学习什么呢？可一起学的东西很多，如了解国内外大事，跟得上时代步伐，家长和他们一起进步。

实际上，这不是一个很高的要求，很多家长却不能够持之以恒。十年树木，百年树人。我国自古就崇尚教育，中国人以重视下一代的教育而闻名世界，但我们却不得不承认，现实中许多家长走偏了路。一些人以为给孩子找个名校，或是一掷千金，让孩子少小离家远赴海外当小留学生，就是对他们教育的大投入，就可以一劳永逸了。殊不知，这种把教育的责任推出去的做法却铸成了很多的错误和悲剧。

怎么学习？孩子也给出了答案：和他们一起学习。我们发现，这个调查结果令人惊异。其实，很多孩子并不是很在意家长的收入，而是更看重知识的力量，这无疑是我们这个社会和这个民族的希望。面对这些充满希望的下一代，家长们应该警醒了，在浮躁和迷失中静下心来，关上电视、撤掉麻将，在温暖的灯光下，和孩子们一起阅读和讨论，把你们的爱镶上知识的金边，融入孩子纯洁的心灵，呵护他们健康地成长。

许多父母经常教育孩子“多动脑子”“好好用功”，而忽略了“以智能育智能”这一重要规律。调查发现：思维活跃、分析问题条理清楚的孩子跟他们的父母有直接关系，这些父母在谈话间明显地表现出思维的准确性和逻辑性，善于动脑筋。因此，促进孩子智力的发展，父母首先应加强自我学习，并与孩子一同积极投入到智力活动中去。

亲子正面沟通秘诀

具体说来，家长可以通过哪些途径和孩子一起学习呢？

1. 读书、看报

读书、看报能使人获得更多更新的信息。在家庭中传递信息时，父母还要谈谈自己的认识。读书过程中养成划出重点、剪贴感兴趣的文章和记读书笔记等阅读习惯，在潜移默化的教育中，孩子自然也会喜欢上读书、看报。

2. 小型家庭智力竞赛

进行竞赛的方法多种多样：必答、选答、抢答；口述、手写、动作；记分、淘汰、小奖品。这类活动还可以针对孩子在学习中的弱点进行，以激发其学习兴趣，扩大其知识面。

3. 家庭辩论活动

生活中有许多现象、问题是父母和孩子都感兴趣的，但看法未必一样，就此开展辩论活动，各抒己见，也是项不错的活动，对于开发孩子的智力很帮助。

4. 向孩子请教

父母应有向孩子学习的意识，有些知识父母可以直接向孩子请教。比如，孩子的英语学得更好了，父母可以多请教请教孩子，这样更会提高孩子的兴趣，如果孩子发现自己不能回答你的问题，孩子就会很自觉地去学习，这样的学习方式难道不比听写、默写更能促进孩子的学习兴趣吗？

家庭中遇到的问题，只要不是必须回避孩子的难题，可让孩子一起参与解决，让孩子知道有关情况，听听孩子的意见。孩子在参与处理这些事情的过程中，不但能发展智力，还能提高责任意识。

学习中家长应该怎样向孩子提问

在一个有雾的早晨，妈妈指着外面问四岁大的儿子：“咦，今天我们家门前的房子上怎么披上了一层美丽的白纱呀？”孩子赶紧也往外面看，他想探索“雾”是个什么东西。妈妈又问：“你知道‘雾’是怎么来的吗？”孩子迷惑地摇摇头。

妈妈摸摸孩子的脑袋，慢悠悠地说：“‘雾’是空气中凝结的水汽。不过它与天上和地面的温度、湿度都有着密切的关系哦。”

过了一会儿，太阳出来了，雾气不见了，妈妈问孩子：“太阳出来后，雾怎么不见了？”她进一步引导孩子追寻雾形成的原因，逐步激活孩子的想象思维，激出孩子智慧的火花。

现在，一些学校经常办学术讲座，邀请最有名的教授和学生面对面交流，提问时间到了，没有学生敢问，甚至还有一些学生离开会场。其实，不提问是因为学生没有思考，学生不会提问。

当专家教授在演讲时，中国的学生习惯“听”，全部接纳专家教授的发言内容，很少有学生掌握“边听边思考”“边听边质疑”的学习方法。

著名物理学家李政道教授曾经说：“什么是学问？就是要学怎么问，就是学会思考问题。”这就告诉我们学问来自于发问，要获得多一些知识，就是要善于学习，善于发问。可是，目前许多孩子都不愿意提问题，究其原因，不外乎以下几点。

一是学习不动脑筋，糊里糊涂，学了点什么也没搞清楚，当然提不出问题。

二是学习并不是没有问题可问，而是有问题而不敢问或不愿问：或者觉得一点儿小问题，不愿意麻烦别人；或者是因为害怕提出问题后老师会责怪自己上课没认真听讲；或者是害怕同学笑话自己这么简单的问题也要问；或者是自己当时懒得去问别人，过后自己也忘记该问些什么了。

三是去问了老师、同学或家长后，问题还没搞清楚就半途而废，没有追根究底把所有问题都搞清楚的习惯。

父母是孩子的第一任老师，父母的每一次教育活动都必须小心谨慎。父母在和孩子的相处中，很多时候需要进行交流，而提问是交流的一个重要方式。

亲子正面沟通秘诀

家长应该怎样向孩子提问，才能保护好孩子的自尊心并激发孩子对知识产生兴趣呢？

1. 探索性提问

要问，就问到点子上。要做到这一点，家长可把要求孩子掌握的重点和难点作为发问点。

2. 启发性提问

家长的提问是为了引起孩子的思考，因此，家长的提问必须具有启发性。只有具有启发性的问题，才能唤起孩子对学习的兴趣和积极性，以激发孩子的求知欲望。

3. 趣味性提问

七八岁孩子的注意力易转移、易激发，家长在提问的时候，要注意问题的趣味性，以激发孩子想知道更多知识的欲望。例如：“鱼在睡觉的时候闭眼睛吗？”“人用鼻子呼吸，小鱼是用什么呼吸？”“小鸡有耳朵吗？”“为什么骆驼能在沙漠里行走和生活呢？”“企鹅为什么能在冰天雪地的南极生活？”一个个关于动物的问题深深地吸引着孩子，既能满足孩子的好奇心、求知欲，又能激起孩子对探索动物秘密的好奇心。

4. 概括性提问

在亲子活动中，家长要让孩子积极参与、乐于探索，就要逐渐提高提问题的质量。也就是说，提问题要有概括性，从而让孩子从小养成一个学会概括的好习惯。例如在“影子是怎样形成的”这个提问中，孩子通过思考与回答以后，就能逐步概括出人、树、房子、动物等不透明的物体在太阳、电灯、手电、蜡烛等发光物的照射下，都会留下阴影，这就是影子。这样，孩子既可以认识光和影子的关系，又能使其具体直观思维逐步向抽象概括思维发展。

5. 针对性提问

孩子的头脑没有框框，上至天文下至地理他都会发问，让人很难回答。这时家长一定不能不懂装懂，而是应该实事求是，针对孩子的提问给出切实中肯的回答。如果你对他说“嘿，这个问题很有挑战性，咱们一起查查大百科怎么样”或“这个问题你将来学了化学课也许能弄明白”，孩子一定会向往着在知识的海洋中冲浪。

孩子学习偏科，矫枉不过正

李雯从小就对数学的加加减减很头痛，上了初中，面对复杂的公式、概念，更是感觉到没有头绪。在小学时就曾在报纸、杂志上发表文章的她，却从小就因为偏科而被归入差生的行列。面临中考，李雯的父母对她的希望很大。尽管她每天都花费大量的时间在并不感兴趣的理科上，但一次次不理想的考试成绩，却好像在嘲弄她的决心。母亲沉甸甸的期望和常常不经意间的责备，都使李雯的压力越来越大。为了让李雯的理科成绩有所提高，妈妈请过家教，辅导书更是买了无数，可就是效果不大。

偏科是个老生常谈的问题，似乎没有什么智能和德行上的大问题，但是却有很大的杀伤力，使人无可奈何地输在水平线下。个人的能力结构有其特点，这是常见的现象，但是现行的考试却要求我们是各科都优秀的全才，这样才相对出现了“偏科”这种说法。

随着年龄的增长，中学生的自主性和自我意识逐渐凸现出来，他们渴望能按照自己的想法去学习、了解这个世界。所以，对于喜欢的课程，他们会表现出较强的求知欲；而对不喜欢的课程，则会表现出较大的反感。他们对部分课程从没兴趣到不喜欢，再到反感……最终成为知识上的“跛脚者”。

偏科有能力结构的问题，但更主要的是被心理因素所强化。一开始，学生出于本能对熟悉的知识是感兴趣的，而疏远那些不怎么喜欢的知识，但是到了考试时这种疏远便会还你颜色，成绩显然会比较差。于是父母就会来检查、指责甚至辱骂，而孩子就讨厌、生气或者自责。这样的事情发生多了，孩子就对不喜欢、没有感觉的课程产生了心理阻抗。

这种阻抗有些是出于能力上的，自己确实不喜欢、不投入、回避它，但是更多却是心理上的。自己会觉得这是麻烦，父母和老师因此而批评自己，自己也找不到好感觉，心理上也因为焦虑产生负面的暗示：自己是学不好这门课了。或者，自己对父母和某任课老师不满，以此作为对抗的手段；或者，自己希望以此作为引起师长关注的事件，因为自己很寂寞。

一般说来，有缺必有满，有特别的弱点就会有超人的强项。人的能力也呈现舍小处集大成的特点。要告诉孩子，面对弱点在心理上应不回避、不害怕，要正视它们并自我鼓励，从而战胜它们。要让孩子明白，短处和弱点正是自我挑战的机会。

鼓励孩子对不平衡的能力结构“扬长不避短”，保持优势并集中精力攻克短处。假如孩子难以把短处变成长处，能够做到把特点和优势强化，把弱点上升到一般，也是成长的好谋略。

亲子正面沟通秘诀

孩子学习偏科不利于孩子的发展。那么，家长应该怎样帮助孩子纠正学习偏科的问题呢？

1. 要向孩子阐明学习偏科的危害，培养正确的学习动机

一项工作、一个问题的解决，往往要用到许多领域的知识。培养复合型人才已成为国内外教育界一个公认的目标。要让孩子认识到，要学好数理化，没有坚实的语文功底是不行的，没有结实的身体是不行的，没有艺术细胞和丰富的想象力也是不行的。各学科之间是相互联系、相互渗透的。由于中小学生偏科现象的存在，导致了眼下许多大学生“会说ABC”（英语好），“会解XYZ”（理科强），但却写不出一篇像样的文章来，甚至给导师写假条都有错别字，用错标点符号，不懂规范格式，这些人不得不回头再学中学语文。事实证明，许多优秀的科学家，除了具有广博的专业知识以外，还有相当高的文学修养、艺术修养。

2. 激发孩子对“非优势学科”的兴趣

如孩子在理科学习方面取得了成绩，而文科不足，此时可鼓励孩子：“你数学学得这么好，语文能不能也学得这么好呢？试试看。”家长平时也可和孩子分析某一篇课文的写作特点，甚至也可“请教”孩子一些语文方面的问题。许多孩子语文不好主要表现为写作不好，此时家长可鼓励孩子写日记，模仿一些名家文章的布局、结构，或购买一些文学名著，订阅一定数量的文学报刊，鼓励孩子向报社、杂志社投稿，参加一些写作比赛，逐渐提高孩子学习语文的兴趣。

3. 家长要有耐心，纠正学习偏科不会一蹴而就

家长要热情地辅导孩子的“非优势学科”，善于发现孩子的点滴进步，及时予以肯定和鼓励，激发孩子对该学科的兴趣，增强其信心。长期坚持下去，孩子学习偏科的问题就会逐渐得到解决。

4. 克服孩子学习上的偏科倾向，但千万不能矫枉过正

在抓孩子其他基础课的学习时，不仅不应限制他们对所擅长科目的学习，还应帮助他们充分发挥自己的优势。俗话说，不怕千门会，就怕一门灵。孩子学有所长相比平而不尖会更有出息。

眼睛不要只盯着孩子的考试分数

今天学校公布初三年级第一次模拟统考的成绩。阳阳一进门，爸爸就迫不及待地跟在后面问："怎么样？考了多少分？"阳阳一边放书包，一边回过头来说："爸，还可以，就是……"爸爸脸上的笑容一下子不见了，转身坐到沙发上，打断了儿子的话："我不要'就是'，我的要求是不能低于90分，你只要告诉我结果！"

阳阳显得有些不安了，躲闪着爸爸的目光："除了数学，都高于90分。就是数学题太难了，我考了81分……那也是我们班的前15名，我们班还有人不及格呢……"

爸爸火了："就知道比下面的，没点儿上进心！你们班有没有考90分以上的？"看到儿子轻轻地点了点头，他的声音更是提高了几分："别人能考90分，你怎么就不能？题太难，别人怎么不觉得难？看来，还是你不努力！告诉你多少回了，要想考上重点高中，就必须得用功，知道吗？每门功课都不能低于90分，平均95分以上，是你最后的目标，你给我记住了！"

阳阳小声嘟囔着："不是我说数学难，老师也这么说。我怎么不努力了，连老师都说我进步了……"

爸爸根本不听他的解释："你还狡辩！"爸爸"噌"地一下站起来，一巴掌抡在儿子的肩膀上："我告诉你，我不管题目难不难，也不管老师说没说你进步了，我要看到成绩！就你这也叫进步？差远了！要是考不上重点高中，以后就考不上好大学，那你也就没有什么前途了，知道吗？这个星期六、星期日哪儿都不许去，在家把模拟统考的题目重新做一遍。"

自从被打以后，阳阳越来越不喜欢学习了。他心想：反正在爸爸的心目中我已经是一个不爱学习的孩子了，不如干脆就不学了。于是他的成绩越来越糟糕了。

父母过分看重孩子分数的事例不胜枚举。孩子放学回家，有些父母常这样问孩子："最近考试了没有，得了多少分？"他们以为这样问，就表示自己很关心孩子的学习，其实不然。父母张口问孩子考试，闭口问孩子分数，孩子会认为你关心的只是分数和考试，而对其他事情漠不关心。

美国教育家斯宾塞曾经说过："身为父母，千万不能太看重孩子的考试分数，而应该注重孩子思维能力、学习方法的培养，尽量留住孩子最宝贵的兴趣与好奇心。绝对不能用考试分数去判断一个孩子的优劣，更不能让孩子有以此为荣辱的意识。"

其实，考试只是检验孩子学习情况的一种手段，是一项比较单一的检测，这基本上是对孩子学到的书本知识的抽查。分数永远只是个形式和手段，它不能证明孩子真正学到了多少知识，也不能证明一个孩子的品格与才能如何。分数不是衡量孩子聪明与否的唯一标准。

一般来说，分数能反映孩子的一些情况，父母关心孩子的分数也是应该的。但是，有的父母望子成才用心良苦，把学习成绩看得太重，逼着孩子去争高分，殊不知这样会带来许多不良的后果。

亲子正面沟通秘诀

父母应该如何看待孩子的考试分数呢？

1．不盯分数，看学习效果

作为父母，在督促孩子学习的时候，不要只盯着孩子的考试分数，更应该看孩子实际的学习效果。不能仅以分数作为评价孩子学业水平的唯一标准，要以一种平和的心态对待孩子的考试分数。孩子考好了，不妨对其进行精神鼓励。如果孩子考试成绩不理想，要帮助孩子认真分析，找出失误的原因，并鼓励孩子继续努力。这样孩子才会情绪稳定，自信心增强，身心各方面才会健康发展。孩子不仅需要掌握基础知识，还要掌握技能和基本方法，这些都需要父母配合老师对孩子加以积极的引导。

2. 承认孩子存在差异

上了中学的孩子，早已经能够明白学习的重要性和竞争的压力，但每个孩子由于智力的因素、所在学校的教学水平不同，以及自身的学习习惯、学习方法和理解能力等的不同，学习成绩总会有差异。父母要做的是认真了解情况，听听孩子的解释，不能武断地得出孩子学习不努力、不用功的结论。要以尊重平等的态度和孩子一起分析、解决学习中遇到的问题，帮助孩子掌握适合的、有效的学习方法，制订适当的目标。

3. 孩子成绩不好时给予宽容和鼓励

每个孩子都有不足之处，不可能每个孩子都考第一名，总有孩子会落在后面。当孩子在考试中没有得到预期的好成绩时，他已经非常难过了，这时候，父母更不要刺激孩子，而要拿出自己的宽容和安慰，一定不要在孩子的伤口上再撒上一把盐，同时也要不忘对孩子说“下次努力”，使孩子把目光转向下一次机会。

即使孩子有厌学情绪，成绩非常糟糕，父母也要忍住一时的气愤，调整好心态，给孩子最大的宽容和鼓励，想办法使孩子的目光转向他的长处，增强孩子的自信心。只要有了自信，那么孩子自然而然就会对学习感兴趣，并在父母的宽容中得到安慰和继续努力的力量。

第 7 章

沟通有方法，孩子自然情商高

孩子很是自卑，少贬低多褒扬

美国心理学家罗森塔尔来到一所乡村小学，给各年级的学生做语言能力和推理能力的测验。测完之后，他没有看测验结果，而是随机地选出20％的学生，告诉他们的老师说这些孩子很有潜力，将来可能比其他学生更有出息。8个月后，罗森塔尔再次来到这所学校。奇迹出现了，他随机指定的那20％的学生成绩有了显著提高。

为什么会这样呢？是老师的期望起了关键作用。老师们相信专家的结论，相信那些被指定的孩子确有前途，于是对他们寄予了更高的期望，投入了更大的热情，更加信任、鼓励他们，反过来这些孩子的自信心也得到了增强，因而比其他80％的孩子进步得更快。罗森塔尔把这种期望产生的效应称之为“皮格马利翁效应”。皮格马利翁是希腊神话中的一位雕刻师，他耗尽心血雕刻了一位美丽的姑娘，并倾注了全部的爱给她。爱神阿佛洛狄忒被雕刻师的真诚打动了，使姑娘的雕像获得了生命。

也许你的孩子总觉得自己是个“丑小鸭”，登不上大雅之堂，或者因为家庭拮据变得郁郁寡欢，其实这些都是青春期的自卑感在作怪。

一个人若被自卑感所笼罩和统治，他的精神活动就会遭到严重的束缚，从而使聪明才智和创造能力受到严重的压抑，无法发挥自己的潜能。这种情况长期发展下去，就会导致一个人颓废、落伍、心灵扭曲，甚至产生错误的人生态度。

进入青春期后，青少年开始越来越关心自我，越来越密切地注视自己，很自然地就常常拿自己与周围人比较，很想肯定自己，处处能赶超别人，使别人能对自己刮目相看。正是在这样的人与人的比较中，个人很容易判断出自己与别人的上下高低，这虽然有着促人奋进的积极一面，但由于青少年常常情绪化，看事物很容易以偏概全，一旦在比较中感到自己与别人距离过大，或是比较之后通过自己努力还是达不到愿望的时候就会产生挫折感，会“一荣俱荣，一损俱损”，变得心灰意冷，产生自卑心理。

有自卑心理的青少年又会显得更为敏感，因自己一件事做不成就怀疑自己，自尊心、自信心很容易受到伤害。特别是学习上，成绩和智力比不过同伴时就常常无法坦然接受现实去踏实学习，而是显得急躁、压力重重。对体貌上的自觉不够理想也常常让他们滋生烦恼，有时身体的急速成长常常使他们不知所措，如觉得自己太胖、太高、太矮，眼睛太小等等。所以说，自卑感更确切地说其实是一种信心不足。

成人的贬抑性评价，是使孩子产生自卑感的一个重要的外部刺激因素。因此，父母亲要注意不要轻率地评价孩子，尤其不要随意贬低他们的能力或品质，以免损害他们的自尊心和自信心，而要多给以褒扬性的评价，即表扬和鼓励。

目前看来，在青少年中由于主观随意虚构而造成的自卑感占有很重要的成分。主观虚构的自卑是指对他人根本不曾留意或不曾觉察的事情，自己胡思乱想、疑神疑鬼，怀疑别人对自己态度冷淡，鄙视自己的缺陷，看不起自己等。因此，父母要帮助孩子正确地认识与评价自己，不要让孩子被主观臆造的自卑感所困扰。

亲子正面沟通秘诀

家长如果想要帮助自己的孩子从“丑小鸭”变成“白天鹅”，那么就请认真看下面的提示：

1. 努力增强孩子的自信心，对孩子进行积极的自我暗示

自卑是失败的俘虏，不战自败。所以，要经常让孩子保持一种信

念:“我也能!”“我行!”“不信,做给你看!”恰到好处地自我暗示,就是在自己的心田上播种自信,消除自卑的莠草。为了增强自信心,可以有意识地、实事求是地把孩子的优点和长处列成一张表,以便时时提醒孩子。

2. 确立合乎实际的目标,注意自我激励

自卑往往是由于失望而产生的,而人的失望情绪又与人对某件事的期望程度相关。事先的期望值越高,事后因结果不理想、目标未达到而产生的失望程度也就越深。因此,不管做什么事情,不可操之过急,目标不可定得太大太高,不然就易于受挫。如果目标本身较大较高,可将它分解为一个个子目标,这样就易于打胜仗,而每次成功都对自己是一种激励,这有利于提高自信心。

3. 剔除孩子的消极用语

留意一下你的孩子是不是经常使用一些消极性的自我描述用语,如“我就是这样”“我天生如此”“我不行”“我没希望”“我会失败”等。如果他们总是把这些消极用语挂在嘴边,就只能使他们更加自卑。帮助孩子把这些句子改成“我以前曾经是这样”“我一定要作出改变”“我能行”“我可以试试”“这次会成功的”等,并且要经常让孩子对自己说,或写下来贴在孩子房间的床头和书桌上。

4. 引导孩子学会“扬长避短”

对那些让孩子自卑的而其经过努力后仍难以有大的长进的方面,就让孩子放弃它。有意识地积极寻觅并发展自己的优势,用精力与时间去培植它,让这方面的成绩辉煌起来。而与人交谈和交往的活动中,要让孩子尽可能选择自己擅长的话题与活动项目。这样不仅有话可说,甚至滔滔不绝,充分显露自己的一技之长,从而体验到“我能胜任”的愉悦感。这样也会让孩子因此而自信起来,以达到“失之东隅,收之桑榆”之效。

孩子遭遇挫折，给孩子多“打气”

小刚读五年级，一天放学回家，一直闷闷不乐，临睡前才将一张考了78分的卷子让妈妈签名，两天前类似的卷子他得了98分。妈妈边签名边问原因，小刚不吭声。一连两天，小刚情绪低落。第三天晚上，妈妈问小刚，是不是考了78分不高兴？小刚仍不作声。妈妈继续追问：“你有什么不愉快的事能讲给妈妈听吗？”小刚答道：“讲给你听有什么用，反正我现在不想上数学课，我也学不好数学。”妈妈听了此话很是吃惊，忙说：“有些事妈妈不一定能帮得上忙，可有了不高兴的事，放在心里会越来越不开心的。讲出来可能心情会好些。”小刚突然提高了嗓门儿说：“妈妈你知道吗，我考了78分，老师让我站在黑板前，说让我头脑清醒清醒，全班同学从此会认为我是差生，是笨蛋。”

听了小刚的话，这位妈妈感到老师的方法似乎有点不妥，这件事对儿子来说是个挫折，一旦战胜这个挫折，孩子会更成熟一点，于是她向儿子提了几个问题并帮助他分析。

那晚，母子俩谈到深夜，最后儿子说：“妈妈，现在我心情好多了，明天上课我会好好听，把这两天的损失补回来。”在向儿子道晚安时，这位妈妈加上一句：“今天我比见你拿了100分还高兴。”听了妈妈的话，小刚又充满自信了。

当今社会，在青少年中普遍存在受挫心理，产生挫折的原因是多种多样的，对于任何具体的心理挫折，应具体地分析其产生的原因，但就一般而言，可以归纳为客观和主观两大方面。

一、客观原因。一般来说，来自自然因素的心理挫折不是主要的，由社会因素而造成的心理挫折往往对人的影响更大。社会因素主要指人在社会生活中所受到的人为因素的限制和阻力，例如同学之间的矛盾、家长和老师的不理解、对某些课程缺乏兴趣等等都是心理挫折产生的社会因素。

青少年处于思想尚未成熟的阶段，对于挫折缺乏心理准备，也不具备足够的经验和能力去应对，因此社会因素所致的各种挫折，对学生个体行为所发生的影响很大。

例如有位学生，初中阶段一直是优等生，但上了高中后，尽管自己仍很努力，成绩总是不理想。父母望子成龙，整天没完没了地唠叨，给他增加了很大压力。临近高考时他又因报志愿与父母发生了冲突，一气之下没有参加高考，放弃了升学的机会。

以上事例足以分说明，来自社会因素所致的各种挫折对于尚未成熟的青少年的心理和行为会产生很大的影响。

二、主观原因。从主观方面看，由于个人的容貌、身材、体质、能力、知识等条件的限制，使自己所要追求的目标不能达到而产生挫折。

例如，有的女学生梦想当空姐，飞向蓝天，但由于自身条件不够而不能实现自己的愿望。这种心理挫折就主要是由主观原因引起的。

另外，每个人心中都有自己的奋斗目标和动机要求，当个人欲望与国家或集体利益、与社会道德标准发生矛盾时，内心也有可能产生挫折，这种挫折主要也是由于主观原因引起的。

如果将幸福、欢乐比做太阳，那不幸、失败、挫折就可以比做月亮。挫折在人的一生中是不可避免的，父母要让孩子明白，不要抱怨自己为什么那么倒霉，总要遇到不如意或是失败，其实每个人都会遇到挫折，只是有大有小而已；要告诉孩子，遇到失败或是挫折并不可怕，关键的是如何对待挫折，不能一遇到挫折就心灰意冷、一蹶不振，而应当将挫折当成磨砺自我的机会，从挫折中接受教训，总结经验，让自己更快地成长起来。

亲子正面沟通秘诀

如果孩子遭遇挫折，父母该怎么办呢？

1. 帮孩子理出受挫的原因

既然挫折在所难免，那么当孩子遇到挫折的时候，重要的就是帮助其学会清理思路，也就是要分析失败的原因。找到了失败的原因之后，好好考虑下一步怎么办，然后重整旗鼓，为下一次挑战做准备。

2. 不要否定孩子，也不要让孩子自我否定

孩子受挫折的时候，自身很痛苦，父母这时候更不要只是一味地否定孩子，特别是不要用“你真笨”这几个字来否定孩子，因为这三个字对孩子的自信心无疑是一个致命的打击。任何人都有不懂的问题，即使再有学问的人，也会有不知道的东西。要记住：凡事尽力皆无悔！只要孩子尽力了，就可以了。

3. 增强孩子的心理耐受力

心理耐受力是指当个体遇到挫折时，能积极主动地摆脱困境并使其心理和行为免于失常的能力。积极的心理耐受力来源于个体的心理韧性，而所谓的心理韧性是指个体认准一个目标并长期坚持向这一目标努力。父母要努力提高孩子的心理耐受力，增强孩子的抗挫能力。

4. 增强孩子的能力，以增强自信

父母要有意识地在平时加强孩子的能力，尽可能挖掘孩子的潜能，为孩子的成功打下良好的基础。而每一次成功的体验，都会增强孩子的信心，这样孩子就会愿意去尝试更具挑战性的事情，在更为激烈的竞争中和更为困难的情况下，锻炼和提高自己的能力，于是就形成了一个良性循环。而成功的体验和较强的能力使孩子在面对挫折时就不至于不知所措、灰心丧气，失去希望和进行努力与尝试的信心。

孩子比较害羞，启发孩子落落大方做人

敏珠是一个非常害羞的孩子，她总是在教室里静静地坐着，老师和同学们有时竟然会感觉不到她的存在。她没什么特别要好的朋友，在课间或午餐时间里，她习惯于自娱自乐。陌生人和她搭话，她就会满脸通红，好像快要哭出来的样子，躲到妈妈的身后。

有一次，妈妈领着敏珠去快餐店，敏珠想要一杯可口可乐。妈妈就让敏珠到柜台买，但是敏珠不愿意自己去，和妈妈争执了十多分钟。最后经过一番练习之后，她才走到柜台前说出她想要一杯可乐，但是由于敏珠的声音太小，服务员没有听清楚，敏珠一下子哭了出来。

羞怯的本质就是一种不自信。其实，几乎每个人都有害羞的时候，对青少年来说更为普遍。美国俄亥俄州立大学的一项统计结果表明，97%的学生认为进行公开演说和核武器是世界上两件最可怕的事情。那么，羞怯产生的原因有哪些呢？

一是先天原因。有些人生来性格内向，气质属于黏液质、抑郁质类型，他们说话低声细语，见到生人就脸红，甚至常怀有一种胆怯的心理，连举手投足、寻路问津也思前想后。

二是家庭教育不当。过分保护型与粗暴型的家庭教育方式都可能造成子女怯懦的性格。前者，家长代替了子女的思想和行为，子女缺乏经验，生活办事能力差，单纯幼稚，遇事便紧张、恐惧、焦虑。后者，家长剥夺了子女思维和行动的机会，子女时常担心遭到批评和斥责，遇事便紧张、焦虑、消极、被动。

三是缺乏自信和实践锻炼。有些人总认为自己没有迷人的外表，没有过人的本领，属能力平平之辈，因此他们在交往中没有信心，患得患失。长期的谨小慎微不仅使他们体验不到成功的喜悦，而且使他们更加

不相信自己的能力。加之多数学生生活环境较好，凡事都比较顺利，缺乏锻炼的机会。这些也都是导致害羞的重要原因。

四是挫折的经历。据统计，约有1/4害羞的成人在儿时并不害羞，但是在长大后却变得害羞了。这可能与其遭受过挫折有关。这种人以前开朗大方、交往积极主动，但由于复杂的主客观原因，屡屡受挫而变得胆怯畏缩、消极被动。

你的孩子是否也会这样，或者出现过下面的一些征兆？

——站在陌生人面前，总感到有一种无形的压力，似乎自己正在被人审视，不敢迎视对方的目光，感到极难为情。

——与人交谈时，面红耳赤，虚汗直冒，心里发慌。即使硬着头皮与人说上几句，也是前言不搭后语，结结巴巴的。

——不善于结交朋友，于是常感到孤独，常因不能与人融洽相处或充分发挥自己的才干而烦恼；不善于在各种不同场合对事物坦率地发表个人意见或评论，因此不能有效地与他人交换意见，给人拘谨、呆板的感觉。

——常感到自卑，在学习和生活中往往不是考虑取得成功，而更多的是考虑不要失败。

如果你的孩子出现上面一种或几种情形，你就需要引起注意了，要采取各种有效的方式帮助孩子建立自信，尽早摆脱害羞，做个成熟大方、积极阳光的人。

亲子正面沟通秘诀

父母必须引导孩子在实践中看到自己的优点，无论是外在还是内在，并适时加以鼓励。要让孩子自信起来，父母除了让孩子自身自信之外，不妨还运用以下几种方式引导孩子克服害羞：

1. 鼓励孩子勇于和别人交往

日常学习和生活中，应让孩子多考虑“我要怎么做”；在各种社交场合中，应让孩子顺其自然地表现自己，不要担忧人家是否注意。告诉孩子，当与对方交谈时，眼睛要看着对方，并将注意力集中在对方的眼睛。这样可以增加孩子对对方的注意，减少对方对孩子的注意。

2. 教给孩子一些谈话的技巧

比如：在连续讲话中不要担忧中间会有停顿，因为停顿一会儿是谈话中的正常现象；在谈话中，当感觉脸红时，不要试图用某种动作掩饰它，这样反而会使脸更红，进一步增加了羞怯心理；想到羞怯并不等于失败，这只是由于精神紧张，并非不能应付社交活动。

3. 让孩子不要过于敏感

平时注意培养孩子的良好情绪和情感，让孩子相信大多数人是以信任和诚恳的态度来对待自己的，不要把自己置于不信任和不真诚的假定环境中。那样，对别人就总怀有某种戒备心理，自己偶有闪失，或者并无闪失，也生怕别人看破似的，就会使自己惶惶然，更加重了羞怯心理。

孩子依赖心强，提高孩子独立能力

小蜗牛问妈妈：为什么我们要背负这个又硬又重的壳？

妈妈：因为我们的身体没有骨骼的支撑，所以要有壳的保护！

小蜗牛：为什么毛毛虫和蚯蚓不需要壳呢？

妈妈：因为毛毛虫能变成蝴蝶，天空会保护她；蚯蚓会钻土，大地会保护他。

小蜗牛哭了起来：我们好可怜，没人保护。

蜗牛妈妈安慰他：“所以我们有壳啊！我们不靠天，也不靠地，我们靠自己。这个世界上从来就没有什么救世主，一切只能靠自己。因为父母会老，朋友会散，而‘自己’却始终不会远离。谁要是游戏人生，他就一事无成；谁不能主宰自己，永远是一个奴隶。”

自己的困境只有依靠自己才能走出，自己的良机和快乐，只能依靠自己去发现和把握。

人应该是独立的。独立行走，使人从动物界脱颖而出成为万物之灵。当孩子跨进青春之门的时候，他就开始具备一定的独立意识，但他对别人尤其是父母的依恋常常困扰着自己。依赖，是心理“断乳期”的最大障碍。随着身心的发展，孩子一方面比以前拥有了更多的自由度，另一方面却担负起比以前更多的责任，面对这些责任，有些孩子感到胆怯，觉得自己无法跨越依赖别人的心理障碍。他们容易失去自我，遇到问题的时候，自己不动脑筋，易产生从众心理。依赖别人，意味着放弃对自我的主宰，这样往往不能形成独立的人格。

依赖心理主要表现为缺乏信心，放弃了对自己大脑的支配权。往往表现出没有主见，缺乏自信，总觉得自己能力不足，甘愿置身于从属地位。总认为个人难以独立，时常祈求他人的帮助，处事优柔寡断，遇事希望父母或师长帮自己作决定。

依赖性强的孩子喜欢和独立性强的孩子交朋友，希望在他们那里找到依靠，找到寄托。学习上，喜欢让老师给予细心指导、时时提出要求，否则，他们就像断线的风筝，没有着落，茫然不知所措。在家里，一切都听父母摆布，甚至连穿什么衣服都没有自己的主张和看法。一旦失去了可以依赖的人，他们会常常不知所措。

具有依赖性格的孩子，如果得不到及时纠正，发展下去有可能形成依赖型人格障碍。依赖性过强的人需要独立时，可能对正常的生活、工作都感到很吃力，内心缺乏安全感，时常感到恐惧、焦虑、担心，很容易产生焦虑和抑郁等情绪反应，影响身心健康。

那么，孩子为什么会在对别人的依赖中迷失自己呢？这是因为：依赖的产生同父母的过分照顾或过分专制有关。现在的青少年多为独生子女，家长常常对子女过度保护，一切为子女代劳，他们给予子女的都是现成的东西，孩子头脑中没有问题、没有矛盾、没有解决问题的方法，自然时时处处依靠父母。对子女过度专制的家长还会一味否定孩子的思想，时间一长，孩子容易形成“父母对，自己错”的思维模式，走上社会也觉得“别人对，自己错”。这两种教育方式都剥夺了子女独立思考、独立行动、增长能力、增长经验的机会，妨碍了子女独立性的发展。

亲子正面沟通秘诀

要克服孩子的依赖心理，父母可从以下几个方面着手帮助他们：

1. 要纠正孩子平时养成的依赖习惯，提高孩子的动手能力

教导孩子多向独立性强的同学或朋友学习，不要什么事情都指望别人，遇到问题要作出属于自己的选择和判断，加强自主性和创造性。

2. 要帮助孩子在生活中树立行动的勇气，恢复自信心

自己能做的事一定要自己做，自己没做过的事要锻炼着做。

3. 丰富孩子的生活内容，培养其独立生活能力

让孩子在学校中主动要求担任一些班级工作，以增强主人翁的意识。使孩子有机会去面对问题，能够独立地拿主意、想办法，增强自己独立的信心。在家里，孩子该干的事要让他自己去干，如穿衣、洗碗、打扫卫生等，不要什么都推给爸爸妈妈，自己做个“小地主”。

孩子有些自负，启发孩子正确评价自己

柳眉是一个初露才华的中学生，由于她骄傲自大，不能正确估价自己，不能正确对待别人，从而不努力学习基础知识，差点儿落得一事无成。

柳眉在初中二年级时就立志要当作家，并发誓要当著名作家。她若能为此努力学习，脚踏实地读书、认真地写作，有这样的雄心壮志本来没有什么不好。可是柳眉并没有这样做，而是成天想入非非，要当“在文学史上永远闪耀着光芒的大作家”，认为自己天生具有大作家的气质，说什么“我最大的资本就是年轻，有成年人无法比的青春激情，有激情就足够了”。柳眉说：“老师都是些庸人，在课堂上只会照本宣科，讲些重复的死理论。一万句里找不到一句精彩的格言和奇特的妙语。”柳眉讨厌书本和枯燥的知识，讨厌读书，柳眉说书都是别人、成年人、老年人写的，而她要创造、要突破!

对学习的不屑与对老师的不以为然，使柳眉的成绩一路下滑，然而她把爸爸妈妈的劝告轻蔑地视为“絮絮叨叨老一套”。一次摸底考试中，柳眉的数学考了17分，外语考了24分，连语文也只得了60分。到了如此地步，不得不退学“专攻文学”。后来的状况如何，可想而知。

在频频投稿，屡遭退稿后，她便骂编辑“不识货”“势利眼”。

翻看《辞海》，“自负”的条目后跟着简单明了的四个字：“自恃；自许。”那么，究其原因，是什么导致了青少年自负心理的产生呢?

一是过分娇宠的家庭教育。家庭教育是一个人自负心理产生的第一根源。父母宠爱、夸赞、表扬，会使孩子觉得自己“相当了不起”。

二是生活中的一帆风顺。人的认识来源于经验，生活中遭受过许多挫折和打击的人，很少有自负的心理；而生活一帆风顺的人，则很容易养成自负的性格。现在的孩子大多是独生子女，是父母的掌上明珠，如果他们在学校出类拔萃，老师又宠爱他们，很容易就会养成自信、自傲和自负的个性。

三是片面的自我认识。自负者往往会缩小自己的短处，夸大自己的长处。有的孩子缺乏自知之明，把自己的长处看得十分突出，对自己的能力评价过高，对别人的能力评价过低，自然产生自负的心理。

四是情感上的原因。一些孩子的自尊心特别强烈，为了保护自尊心，在交往挫折面前，常常会产生两种既相反又相通的自我保护心理。一种是自卑心理，通过自我隔绝，避免自尊心的进一步受损；另一种就是自负心理，通过自我放大，获得对自卑、不足的补偿。

人不能自负。尤其对青少年来说，自信可以激发青少年的斗志，使其树立必胜的决心，坚定战胜困难的信念，使自己能勇往直前。但是，自信又必须建立在客观现实的基础上，脱离实际的自信就会变成自负。自负的青少年常常趾高气扬，以致昏昏然不辨东西，不是迷途就是跌跤。自负不但不能帮助青少年成长，反而影响自己的生活、学习、工作和人际交往，严重时还会影响心理健康。

父母要让孩子了解到：认识自我不能孤独地去评价，应该放在社会中去考察，每个人生活在世上都有自己的独到之处，都有他人所不及的地方，同时又有不如他人的地方，因而不能总拿自己的长处去比别人的不足，把别人看得一无是处。

亲子正面沟通秘诀

如何让孩子改掉自负的不良心理呢？专家给出如下的建议：

1. 让孩子接受批评

让孩子愿意接受家长、老师、同学的批评，是根治自负的最佳办法。因为自负者致命的弱点是不愿意改变自己的态度或接受别人的观点。应引导他们尝试着虚心接受别人的批评、教育，改变过去固执己见、唯我独尊的形象。同时，让孩子本着谦逊的态度去了解、学习他人身上的优点，对孩子也是一种促进。

2. 帮助孩子提升自我认识

让孩子全面认识自我，既要看到本身的优点和长处，又要看到自己的缺点和不足，不可一叶障目，不见泰山。

3. 适当地提高孩子的目标和追求

如果你帮孩子将目标定得太低，孩子很容易就实现了，那他自然就会觉得自己做什么都行，不会遇到困难和挫折，也不能够从困难和挫折中吸取经验和教训。

4. 培养孩子与人平等相处的能力

自负者视自己为上帝，不论观念上、行动上都无理地去要求别人服从自己，否则便被激怒，甚至大打出手。平等相处是要求自负者以一个普通社会成员的身份与别人平等交往。

孩子爱慕虚荣，教导孩子重内在轻物质

家境贫寒的小倩刚刚大学毕业步入社会，为了追求时髦，不惜借钱购买高档衣服，还借钱买了相当昂贵的项链、戒指来炫耀自己。周围人羡慕地夸奖她有钱，她只说是爸爸妈妈给她买的。直到有一天要债的人找上门，周围的人才明白过来是怎么回事儿。从此，大家都躲着她走，她也为此陷入了苦恼之中。

随着生理上的发育和社会接触面的扩大，青少年自尊心亦与日俱增，然而，这种自尊心容易被追求虚荣所扭曲。例如，他们穿华丽的服装，在同学中做出哗众取宠的举动，目的就是要显示自己，用片面的虚荣去满足自己某种好奇、好胜及自我表现的心理欲望。

我们平常所说的自尊心，就是尊重自己的人格、荣誉，不向别人卑躬屈膝，不容别人歧视侮辱，以维护自我尊严这样一种自我情感体验。自尊心是自我意识中最敏感的一个部分，一个人有了自尊心，就总

是能争上游，不达目的誓不罢休。在平常生活中可以看到，有自尊心的人不甘落后，自觉主动地遵守纪律、努力学习，创造性地完成任务。自尊是一种可贵的情感，很好地利用它，能够丰富自己、提高自己、发展自己。

但是，有的孩子自尊得过分，特别好面子，贪图并追求表面的光彩，这就走向了虚荣。比如不能正确地估价自己，将父母或他人的荣耀也当成自己的；因为害怕别人看不起，而不顾经济条件是否允许，在穿着打扮上互相攀比；在知识学问上，不懂装懂；总想表现出一贯正确，听不得别人对自己的批评等等。这些都是虚荣心的表现。

自尊心是建立在自信的基础上的。有自尊心的人也承认自己有比不上别人的地方，但是他们相信通过努力能够改变这种状况，使自己变得更好；而虚荣心却建立在自卑的基础上，有虚荣心的人非常在意自己在别人眼里的形象，总是不由自主地掩盖自己的弱点，以便显得自己和别人一样或比别人更优越。虚荣心使他们不是去努力提高自己的实力，而是急功近利地做表面文章，结果到头来并不能真正改变不利地位，反而进一步丧失了自尊。因此，虚荣并不能让人真正感受到内心的充实，永不满足的虚荣心带给人的只能是无休止的烦恼。

虚荣是人的缺点，有虚荣心的孩子喜欢夸夸其谈，爱面子，爱攀比，在社交上好出风头，在人格上很自负、嫉妒心重，在学习上不刻苦、不深入。孩子小时候就有虚荣心是非常不好的，会给孩子的未来人生埋下失败的种子，因此父母需要及早帮助孩子纠正虚荣心。

亲子正面沟通秘诀

父母如何帮助孩子克服爱慕虚荣的缺点呢？专家有如下建议：

1. 让孩子重内在，轻物质

要让孩子明白，穿着和经济条件的优越都是外在的，可能随时会从身边消失，而只有内在的气质和实才，才能长久地保持。

2. 教育孩子将精力放在学习上

要通过教育，使孩子明白自己是一名学生，而学生的主要任务是学习，应把主要精力放在学习上。引导孩子在学习、劳动、品德等多方面与同学展开竞赛，而不是在穿着上盲目攀比。

3. 培养孩子树立正确的金钱观念和节约意识

可以教育孩子不是不可以攀比，而是要通过自己的努力去实现，才能获得别人的尊重。比如：父母就可以鼓励孩子积攒零花钱购买自己想要的东西，一方面孩子懂得了攒钱的不易从而形成节约意识，另一方面孩子通过自己努力得来的东西会倍感珍惜。

4. 让孩子多做一些有意义的事情

如果让孩子多做一些有意义的事情，比如让孩子做些家务，参加社会实践，多阅读一些名人贫而好学的故事，那么他就会渐渐体会到人生的意义，端正人生的态度，改变虚荣的心理。

5. 培养孩子的诚信品质

父母要想让孩子远离虚荣，就要注意对孩子诚信品质的培养。一个诚实的孩子，如果因为虚荣心想撒谎时，就会努力地进行克制。因为诚信要求在孩子的心目中，地位也是很高的，两者一对决，就能够更好地预防孩子出于虚荣而撒谎。

6. 为孩子树立良好的榜样

父母是孩子的第一任教师，父母的言行对孩子有潜移默化的影响。当家长抱怨孩子非名牌不穿、不断更换新手机时，反思自己：平时自己买衣服时，是不是经常买名牌，还经常把“名牌”之类的话语挂在嘴边在孩子面前说。家长要停止过去自己不当的言行，在孩子面前有良好的行为。

孩子太过孤独，鼓励孩子积极与人交往

1954年，美国的一所学校做了一项实验。该实验以每天20美元的报酬（在当时是很高的金额）雇用了一批学生作为被测者。

实验内容是这样的：为了制造出极端的孤独状态，实验者将学生关在有防音装置的小房间里，让他们戴上半透明的保护镜以尽量减少视觉刺激。接着，又让他们戴上手套，并在其袖口处套了一个长长的圆筒。为了限制各种触觉刺激，又在其头部垫上了一个气泡胶枕。除了进餐和排泄的时间以外，实验者要求学生一天24小时都躺在床上。可以说，这样就营造出了一个所有感觉都被剥夺了的状态。

结果，尽管报酬很高，却几乎没有人能在这项孤独实验中忍耐三天以上。最初的8小时他们好歹撑住了，之后学生就吹起了口哨或者自言自语，有点烦躁不安了。在这种状态下，即使实验结束后让他们做一些简单的事情，他们也会频频出错，精神也集中不起来了。

据说，实验后得需要三天以上的时间才能回到原来的正常状态。实验持续数日后，人会产生一些幻觉。例如，看见大群花栗鼠行进的情景，或者听到有音乐传来，等等。到第四天时，学生便出现了双手发抖、不能笔直走路、应答速度迟缓以及对疼痛敏感等征候。

通过这个实验我们明白了一点：人的身心要想正常工作就需要不断地从外界获得新的刺激。

有位哲人曾说过：“没有任何人会像青年人那样深陷于孤独之中，渴望着被人接近与理解，没有任何人会像青年那样站在遥远的地方呼唤。”青春期是儿童向成人转变的过渡阶段。青少年总想一夜之间成熟，在同学中成为被接纳和喜爱的人，在成人面前希望得到尊重和信任。他们渴望和别人探讨交流又不愿敞开心扉。独立意识和自我意识的

发展导致青少年产生许多独特的想法和美好的向往，而这些想法往往被人否定，认为是“幼稚无知”，青少年便将内心封存起来并变得孤独。

儿童时期，人慢慢认识到别人与自己的区别，虽然也有害怕、担心、寂寞等，但因为自我认识相对不是很强，所以只要有人做伴就能消除以上感觉。但进入青春期，伴随着生理上的发育、成熟，青少年在心理上也发生着急剧的变化。他们的注意力从外部世界逐渐转向自己的内心世界，发现了一个新奇、纷繁复杂的“世界”。他们为自己生理上的变化而感到惶惑和恐惧，为心理上的“成熟”而兴奋和焦急。他们渴望了解这个世界，陷入空幻的冥想和自我反省之中。一方面，他们害怕别人发现、侵扰自己这块神圣的“领地”，于是本能地将自己闭锁起来，闭锁性是这一时期最主要的特征；另一方面，他们又极其渴望得到别人的理解、关怀。自我意识的觉醒，使他们开始摆脱父母的监护，追求自我独立，他们自认为已经成为“大人”，然而他们毕竟还是孩子，在强大、复杂的社会现实面前，他们显得是那样的软弱无力，那样的不堪一击。更由于他们的闭锁性，使他们内心深处的真实思想难以被人了解，从而失去别人的帮助和理解。这就使他们陷入迷茫、痛苦和孤独之中，觉得没有人能够理解他们。事实上，主体的独立性形成的时期，也正是主体产生孤独感的时期。

如果你的孩子太过孤独了，请尽力改变孩子原来的环境。当孩子一个人的时候，给他安排一些感兴趣的事情，读读书、听听音乐、从事自己的业余爱好等等。每个人都会有孤单的时候，在属于自己的时间里满足自己的兴趣爱好，乃是人生的一种乐趣。

亲子正面沟通秘诀

另外，作为父母，你还应该做做下面的事来帮助孩子战胜孤独：

1. 告诉孩子在个体上他是独一无二的，但在世界上他同别人一样告诉孩子，他的喜、怒、哀、乐，别人包括做家长的你也都曾有过，不必过于留心自己的体验，要学会“不以物喜，不以己悲”。凡事都要保持一颗平常心，要努力向外部世界伸展，外面的世界很精彩。

2. 与孩子分享他正在思考的问题

分享是人生的宝贵财富，是一种难得的心理满足。当我们的喜、怒、哀、乐被人分享时，就会感到喜上加喜，悲伤也会大大减轻。同理，当父母分享孩子的各种情感时，孩子同样会产生莫大的心灵安慰，而父母也会从中得到精神的满足，进而使孩子摆脱孤独的情绪。

3. 指导孩子积极主动地接近别人

积极主动地接近别人的最好方法，便是关心、帮助别人。提醒孩子，当他看到周围的人有为难之处的时候，如果能主动伸出手去帮一把，很可能就为自己赢得了一位朋友，从而也帮助自己摆脱了孤独。

4. 帮助孩子通过改变自我而获取朋友

没有人会喜欢整天愁眉苦脸的人，也没有人会喜欢一脸清高孤傲的人。如果你想要孩子拥有友谊和朋友，那么你就需要帮助孩子在某种程度上改变自己。指导孩子学会倾听别人的讲话，学会将心比心，学会礼让平和，学会说话的时候多强调他人而不是“我”，那么你的孩子很快就会拥有大量的好朋友。

5. 将分享作为财富赠予孩子

作为家长，你不但要学会分享孩子的心情，还要帮助孩子学会分享别人的心情，进而在孤独与分享间快乐着他的快乐。

孩子嫉妒别人，心理疏导辅以思想教育

小瑞翻阅日记时发现，近来丝丝这个名字频繁地出现在她的日记本

中。这个名字出现的次数竟然高达13次之多，远远多于小瑞在日记中提及的其他人。丝丝这个名字从丝丝本人第一次到小瑞班级时就开始出现在小瑞的日记中。“她脚上居然穿着一双及膝的靴子。我第一个感觉就是强烈地渴望那双靴子是穿在自己脚上的。那一整天，我的眼睛始终没有离开过那双靴子。”小瑞在日记中如此描述。

更为糟糕的是，那双靴子只不过是一个开始。丝丝买的衣服全都是从市里最好的商场里买的；而小瑞，从来只是在那里打折的时候才能去淘衣服。丝丝居然还有耳洞，戴着耳环。更让人受不了的是，在丝丝生日的时候，她父母居然送给她一只装在古董鸟笼里的金丝雀。虽然以前小瑞从来没有过养金丝雀的念头，但那天以后，小瑞觉得世上最值得期待的莫过于拥有一只属于自己的金丝雀了。

在表面上，小瑞和丝丝是好朋友，但事实上她却是带给小瑞伤害最多的人。在小瑞的日记里，小瑞明明白白地流露出了这一点，尽管这些文字让小瑞觉得有些脸红，但小瑞的确认为丝丝不过是一个非常自傲的人，是一个让自己受不了的人。

嫉妒，是很多人在青春期都有过的一种情结。这种强烈的想得到别人所拥有的东西的欲望折磨过大多数人，虽然这承认起来需要一点勇气，但事实上，没有人能够否认，我们的确有过想得到别人所拥有的东西的念头。别人的头发，别人的成绩，甚至别人的父母，我们无数次地在心里默念，希望一觉醒来，这些梦寐以求的东西就属于自己。

青少年常常喜欢与他人作比较，但当发现自己在才能、体貌或家庭条件等方面不如别人时，就会产生一种羡慕、崇拜和奋力追赶的心情，这是上进心的表现。但有时也会产生羞愧、消沉、怨恨等不愉快的情绪，这后者就是人的嫉妒心理。这样，当一些青少年开始顾虑到自己的专长，注意起同学的成绩以及别人对自己的评价时，嫉妒就会特别敏感地表现出来。这主要是因为青少年心理发展尚未成熟，对自己各方面能力还认识不足，遇上比自己能力强的人时就会感到不安。另外，青少年若是过于以自我为中心，常常更多关心着的是自己，待人中缺少纯朴的善意，处处想表现自己的优越，特别是当自己关注的人超过自己时就会强烈希望他在某一方面不如自己。

青少年嫉妒心理的内容主要有以下几个方面：

一是学习、工作。学业优秀、人际交往能力强、工作出色的人往往成为他人嫉妒的对象。

二是爱情。爱情是青少年开始接触的一个问题。爱情本是一种美好的情愫，然而却容易把双方烧得头脑发昏，走向嫉妒的极端。可以这样说，爱情与嫉妒是一对双胞胎。轻微的嫉妒可以促进爱情，一旦妒火过盛，则容易把爱情之花烧得枯萎，甚至导致杀人或自杀的严重后果。

三是才貌。才貌是指一个人的智慧及外貌。优秀的才能和俊美的容貌容易使人得到幸福和成功，而才貌较差者则无此殊遇，其嫉妒心理便由此而生了。

孩子的嫉妒是一种常见的心理活动，虽没有必要将它看得像洪水猛兽般严重，但也需要恰当地引导。普通来说，对孩子的妒忌只需很好地教育引导，便可以让孩子将嫉妒变为动力，激起孩子奋发上进，养安健康的性情和良好的品德。

亲子正面沟通秘诀

关于好妒忌的孩子，家长应采取心理疏浚并辅之以思想教育来消弭。

1. 杜绝孩子造谣生事、恶意攻击的言行

孩子有了嫉妒心理，往往就会说别人的坏话，攻击别人，以达到心理平衡。要让孩子明白，这类谣言、恶语最终都会真相大白，随之而来的是自己人格形象的“蹦极跳”。当孩子知道这种行为的严重后果时，恐怕他就不会继续其行动了。

2. 培养孩子惺惺相惜的情操

孩子有了欣赏别人优点的习惯，在和别的孩子相互交流中体验高峰的感觉，在美好的感觉中实现了自身的目标，因此惺惺相惜者之间多半不会心存嫉妒。

3. 帮助孩子找到自身的优势

每个人都有自己的优势，要帮助孩子找到自己的闪光点，比如：在剪纸方面有天赋，身体的协调性很好等等。让孩子知道自己也有能让别的孩子羡慕的地方。

4. 引导孩子正确利用嫉妒

嫉妒其实是一把双刃剑，利用得当，完全可以变成激励孩子的动力。因为有嫉妒心的孩子，说明他也有很强的自尊心。家长应该鼓励孩子积极进取，与小朋友们良性竞争，要时刻对孩子说“你能行”，这样孩子的嫉妒情绪就能够转化为积极的动力。

第 8 章

孩子若有坏习惯，不惯不骂巧引导

孩子总是贪玩，教孩子协调玩与学的关系

纪芸是学校里的活宝。学校不让带玩具，他就会变着法子玩出各种花样，上着课他就会拿枝铅笔在地上踢起“铅笔球”来，引得同学注目。老师瞪他一眼，他马上坐好，像没有发生事情一样。老师回头板书，他又会扮鬼脸，惹得大家哄堂大笑。最近学校附近新开了一家游戏厅，纪芸这下有“用武之地”了，经常不到学校上课，用父母给的零用钱或以欺骗方式从父母那里要钱到这家游戏厅玩游戏，把游戏厅作为逃避学习痛苦的“世外桃源”。纪芸的学习成绩一天天下降，由原来的优秀生逐渐成为差等生，考试经常不及格。父母是打也打了，骂也骂了，可没起到什么作用，实在发愁死了。

玩，是孩子的天性，每个孩子都喜欢玩。但是如果孩子玩得过分、玩得沉迷，这就有害而无益了。

孩子贪玩是绝大多数父母最头疼的事情。贪玩，不仅影响孩子学习，同时还会使孩子染上撒谎、旷课等坏毛病，甚至走上犯罪的道路。

但是，父母也需要正确认识贪玩这种不听话行为，有时候，孩子贪玩并不是不听话，而恰恰是孩子与众不同的个性或者创造力的表现。

就孩子而言，对于玩错误地理解、错误地安排，把玩当成是工具，粗暴地阻断玩和学习的关系，甚至荒弃了学习，这是最大的弊端。玩就是玩，学习就是学习，玩不是学习的诱饵，而是学习的手段。家长应该帮助孩子协调好玩与学习的关系，尽早树立玩的正确观念。

亲子正面沟通秘诀

相信许多父母都为自己贪玩的孩子伤过神：他们整天贪玩，对学习毫无兴趣，不能自觉学习，即使是在有监督的情况下，也总是心不在焉、左顾右盼。那么，如何对待这种贪玩的孩子呢？

1. 不要再想尽办法禁止孩子玩

家长们为了杜绝孩子看电视、玩电脑，想了各种各样的办法和对策，不是藏键盘，就是拔电源板，但办法想尽了，似乎也不能把问题解决好。说到底，问题不在于让不让孩子“玩”上，而在如何调整孩子“玩”的取向和方式，解决玩和学习的矛盾。

达尔文喜欢动植物，最后玩出了《物种起源》；爱迪生喜欢玩孵小鸡，结果玩出了一个又一个发明。当然不是所有的玩都能玩出名堂，即便如此，玩也可让人放松，调整情绪。不幸的是，很多孩子玩得过分、玩得沉迷，很多家长朋友更是“闻玩色变”。但谁都知道，玩是根本不可能被限制和禁止的。玩是人类生活的组成部分，玩对于孩子来说不仅是生活的需要，也应该是被允许享有的权利。

2. 玩和学习对立统一，要引导孩子学会聪明地玩

玩和学习是对立又统一的，光会学习是不能成长的，玩使孩子眼界开阔，使孩子学会交流、协作，使孩子的思维能力得到训练发展。

玩是正常学习生活的积极补充，玩不好，学习也不会好。但是有些孩子不能控制自己，玩得过度就是不合适的玩，对学习就会有不良的影响。其实对玩的认识和感觉本应该是严肃的，为什么不能科学地去玩呢？为什么不能带着正直的心去玩呢？为什么不带着学习目的去玩呢？所以，父母要引导孩子如何聪明地玩法，而不是瞎玩、乱玩，任性地玩。

孩子赖床不起，设法让孩子早睡早起

每天早晨，孙勤勤的爸爸都得千请万托、威胁利诱让女儿离开床铺。奇怪的是，他的声音越大，10岁的孙勤勤赖在床上的时间就越长。

一天早晨，经过一场大战后，孙勤勤的爸爸说："够了，我受不了了！我不想每天早上和你这样吵来吵去。晚上下班回来，我们要好好谈谈，增加一条有关起床的规定。"因为爸爸以前也这么试过，不过并没有任何进展，所以孙勤勤一点也不担心，根本不害怕。

放学后吃过点心，她和爸爸一起讨论爸爸想出来的新计划。

爸爸说："我打算给你一个闹钟，让你自己叫自己起床。你可以决定闹铃要定在几点，只要上学不迟到。从今天开始，起床是你自己的事情了。如果你尽到责任，准时起床，放学后就可以去和朋友玩、看电视或做其他想做的事；如果没尽到责任，起不来，不管你准备好了没有，我上班时都会先送你去学校。"

孙勤勤不敢相信地看着爸爸："你是说你会把我拖下床，直接带我去学校，不管我穿什么？"孙勤勤无法想象她被爸爸赶下车，穿着睡衣站在校门口的惨状，"我才不信你会这样做！"

爸爸马上回答："放心，我会带着你的衣物，你可以在车上换或到学校再换。你自己决定要怎么做吧。"

从那天起，孙勤勤自己拨闹钟、起床、准备上学、吃早餐。她其实很想赖床，可是一想到爸爸不会再来催她，只好赶紧跳下床梳洗穿衣。有时她会错过早餐时间，可是至少上学很准时。孙勤勤和爸爸都觉得，争吵的梦魇过去后，早晨的阳光更亮丽了。

上述案例中孙勤勤身上出现的就是典型的赖床行为，她的爸爸不打不骂就纠正了她的这种毛病，实在是值得父母们来学习。

太阳已经晒到屁股了，孩子却仍赖在床上，任由父母火冒三丈，这是每天早晨常可见到的情景。每位父母都希望自己的孩子有一个正常规律的作息时间，但是，有的孩子偏偏就喜欢晚睡晚起，生活秩序大乱，这着实令父母伤脑筋。

孩子正处于生长发育期，运动量大，体力消耗也大，因而需要比成人更多的睡眠时间，以恢复精神和体力。但这不能成为赖床的原因，孩子应该早睡早起，养成良好的作息规律。

帮助孩子改正赖床的毛病，不是一蹴而就的事。孩子的生活规律完全受父母的影响，父母如果希望孩子养成良好的作息习惯，就要先从自己本身做起，从日常生活的点滴做起。

亲子正面沟通秘诀

要改正孩子赖床的坏习惯，运用以下的技巧，将能收到良好的效果：

1. 安抚孩子的睡前情绪

孩子有时会因为情绪上的不稳定而影响睡眠品质。父母要多留意，找出问题的症结，安抚孩子的情绪，让其安稳入睡。孩子做噩梦最常见的原因是“怕黑”。如果孩子怕黑，不妨带他（她）去挑个他喜欢的卡通造型台灯，睡觉时有可爱的台灯散发着微弱光芒陪伴他（她），会让孩子安心不少。

2. 温柔地叫孩子起床

叫孩子起床的时候，随手播放一些轻松的音乐，或者放一些孩子喜欢听的故事，让孩子在轻松的气氛中醒来，缓解被吵醒的不快。

用爱心鼓励孩子起床，孩子会比较愿意起床，有好心情面对新的一天。叫他的声音放轻柔些，摇他的动作不要太猛烈，也可以亲亲、抱抱他，以免他情绪不佳，采取不合作的态度。

3. 和孩子约定起床的时间

父母最好和孩子讨论睡觉、起床的时间，询问孩子喜欢父母用什么方式叫他起床，然后和他来个小约定，可以让孩子知道该对自己的承诺负责，同时也让孩子感觉到父母是尊重他的。用孩子能接受的方式叫他起床，可以避免彼此的不愉快。

改善孩子赖床的问题，不是一朝一夕就可以解决的，先给孩子一点缓冲时间，态度不要过于急躁而引起孩子的反感，要温柔坚定地执行下去。

孩子不讲卫生，一手指导一手监督

佳佳有一个属于她自己的房间，但乱得简直没有办法进去：床上到处堆着衣服，桌子上和地板上到处都堆满了书。妈妈刚刚帮她整理好了，很快她又给弄得一塌糊涂。妈妈要她自己做清洁，她却说：“我自己的房间，乱点是我的自由，您要是看不惯，可以帮我打扫。不愿意打扫，可以不进我的房间，这也是您的自由。”妈妈觉得爱整洁，讲究个人卫生，是一个人良好的习惯，对一生都会有好处的，可妈妈不想用打骂的极端方式对待佳佳，她实在不知道该怎么办。

在日常生活中，有些孩子的个人卫生意识非常差。我们经常会看到一些小伙子，人长得高大挺拔，但穿戴却乱七八糟，衣服裤子皱皱巴巴，油污斑斑，胡子拉碴。一些住集体宿舍的孩子，个人卫生状况更是惨不忍睹。桌子上杯盘狼藉，有的剩饭剩菜已经长出“霉草”，床上更是成了“杂货铺”，被子已经看不出是什么颜色，床下的世界更“精彩”，空瓶子、臭袜子、脏球鞋等横七竖八地堆在一起。

良好的生活卫生习惯是保证孩子身体健康的必要条件。俗话说“病从口入”，讲究卫生直接关系到人的健康。有人认为“不干不净，吃了没病”，这是缺乏科学根据的。在现实生活中，一些人由于不讲究卫生，染上急性或慢性疾病，影响了身体健康。尤其是孩子，他们的抵抗力比较差，容易感染疾病，更应注意讲究卫生。

从小养成良好的生活卫生习惯，不仅对预防疾病、保障健康有重要意义，而且对改变我们国家和民族的卫生面貌和道德风尚也有极其深远的意义。一个国家的人民有没有良好的生活卫生习惯，往往标志着这个国家和民族的科学文化发展水平以及道德面貌。孩童期是习惯养成的重要时期，抓紧这个时期进行培养，将收到事半功倍的效果，而且习惯养成后会比较牢固，影响终生。

亲子正面沟通秘诀

怎样才能纠正孩子不讲个人卫生的坏习惯呢？我们给家长的建议是：

1. 允许孩子把屋子弄乱，但得要求孩子自己把屋子整理好

多数孩子都十分顽皮和淘气，常常令家长头疼的是，这类孩子能在转瞬之间将房里弄得乱七八糟，这样就要费许多的时间和工夫去收拾。其实，年龄较小的孩子根本没有意识到自己把房间弄得乱成一团，因为他们没有这个概念，他们所关注的只是身边有尽量多的玩具就好。这时，许多家长都会呵斥孩子不要将房间弄得太乱，然后开始收拾东西。

其实，这样做是不可取的：孩子不会认识到这是他们做得不对，应该自己去收拾。家长应从小培养孩子对自己做的事情负责的习惯，让他们自己动手收拾，不要让他们觉得无论如何总会有人帮他们。

2. 要求孩子把东西放在指定的地方

让孩子知道各种东西都有各自存放的地点，最好能分门别类地放好，然后再做上标记。大小东西要分开，这样不易互相挤压后造成小件

物品的损坏。比较零散的玩具装在带格的小箱中，也可单独装起来。总之，要让孩子学会分门别类地收拾东西。孩子的东西要方便拿取，不论是什么，都应让其凭自己的力量就能取放。

3. 重要的是指导和监督

家长是孩子的榜样，一定要起好带头作用，家长必须从自己做起，做事要有规律和秩序，要爱整洁。不要要求孩子一下子就变个模样儿，做什么事情都是有一个过程的。首先要让孩子知道需要做到什么样子，怎样才算干净整洁。慢慢地，他就会理解你的意思，做到你所希望的样子，当然，你的要求一定要符合他的实际情况。

孩子挑食偏食，不惯不骂耐心说服

王佳上小学五年级了，一直长得很瘦弱，每次体检都不达标，这让父母十分焦虑和担心。王佳吃东西偏食、挑食，吃饭仅吃点心，不吃主食，以致营养不良，使身体一直瘦弱无力。每次吃饭的时候父母都要多次督促她吃些主食，一直想治好她这毛病，可是王佳挑食偏食的毛病一直改不掉，父母真是不知该怎么办才好了。

人体所需营养素可分为六大类：蛋白质、脂肪、糖类、维生素、矿物质和水。这些营养素分布于各类食物中，一种或一类食物不可能包含全部营养素。我们的祖先很早就懂了“五谷为养，五畜为益，五果为助，五菜为充”的科学道理。如果孩子偏食，就无法摄取各种各样的营养成分，时间长了，就会造成营养失调，给生长发育带来不良的影响。

纠正孩子挑食、偏食的坏习惯，是家长必须认真对待的问题。了解造成孩子偏食的原因十分重要。

有的家长自己对某种食物十分偏好，久而久之，小孩随大人一起偏爱吃这种食物。也有的家庭对孩子十分宠爱，事事顺着孩子，孩子想吃糖就多给甜食，不引导孩子吃肉类和蔬菜，时间长了孩子难免会偏食。还有的父母想让孩子长得快，采取强迫进食的办法，引起孩子的逆反心理，以至于出现呕吐、拒食、厌食、不爱吃某类食物。凡此种种都对孩子的成长不利。

在现代家庭当中，有不少家长会因为孩子挑食而感到焦虑，有的家长甚至采取强制手段迫使孩子进食，却常常毫无效果。要帮助孩子矫治这些坏习惯并不难，关键是做父母的要多一点爱心和耐心。

亲子正面沟通秘诀

帮助孩子纠正偏食的坏习惯，父母可从以下几方面着手：

1. 耐心地给孩子讲清道理

父母要向孩子说明偏食的危害性，告诉孩子各种食物中含有人体最需要的营养成分，如果缺少就会影响身体的正常发育，并容易患上各种疾病。在对孩子进行教育时，要实事求是，要有科学性，举例要生动，逐步使孩子认识到偏食不利于身体健康，这样才能取得让人以较满意的矫正效果。

2. 对孩子的进步予以奖励

孩子不爱吃某种食物，但经过劝导能少量进食时，家长应予以奖励。同时，对孩子的需求要有充分的了解，弄清孩子最想获得什么东西，以便采取有针对性的奖励。

千万不要责骂孩子，逼着他们吃。可以定下一条规矩：“必须把每个菜都尝一遍，假如不喜欢的，就不必再吃了。”一些家庭对十分挑食的孩子成功地使用了“吃三口”的办法。当然要注意，千万不要强逼孩子到使他作呕的地步。

3. 不要过分溺爱、娇惯孩子

有的家长溺爱孩子，孩子要什么给什么，喜欢吃什么就给什么吃，一味迁就孩子，这是十分错误的。有的孩子对零食的厚爱超过了对正餐的兴趣，零食吃个不停，到吃饭时反而没有胃口了。于是觉得这也不好吃，那也不好吃，吃菜十分挑剔。时间长了，就会偏食。因此，不能由着孩子随便吃零食，这对防止孩子偏食是十分重要的。

总之，只要父母们认真阅读以上几点，并在现实生活中加以巧妙运用，就一定能使孩子自觉养成合理饮食的好习惯。

孩子迷恋电视，约定看电视时间和次数

有个读初二的男孩子一回到家里就看电视，吃饭时看，做作业时看，一分钟都不能离开电视。爸爸妈妈很不满，什么办法都用尽了，好说歹说不听，打骂也不听，他爸爸气得把电视机都砸烂了，但即使这样，也没能解决问题。儿子对爸爸说："爸爸，你不买个电视机回来我就不读书了。"他的爸爸只好又乖乖地买了台电视机回家……

孩子迷恋电视是让现代父母普遍感到烦恼的一件事。许多孩子都习惯一回家就打开电视机，一看就是几个小时，作业也不认真完成，就连吃饭都手捧着碗边吃边看……这样长期下去，孩子的身体健康和学习都会受影响，对于这一问题家长应有一个正确的认识。

一个方面，电视节目可以启迪孩子的心灵，陶冶孩子的情操，让孩子感知美、认识美。另一方面，孩子如果过分迷恋电视，不但会影响其视力、睡眠和学习，而且一些不健康的、消极的电视内容，也会给孩子幼小的心灵带来伤害。相对于看电视少的儿童来说，看电视太多的孩

子大都比较肥胖，健康状况也比较差，甚至还可能会有暴力和攻击的倾向。因此，家长要掌握好“度”，正确处理孩子看电视的问题，给孩子一个轻松健康的成长环境。

为了避免看电视时间过长给孩子造成伤害，父母首先要做的就是记录孩子观看电视的时间。美国教育界的尼霍拉斯·罗斯曾在《帮助孩子看电视》一书中诚恳地建议家长：“记录孩子实际看电视的时间。”记录的结果或许会让父母发现，孩子每周看电视的时间已经到了很严重的程度。父母只有充分了解这一切，才有可能正确地指导孩子如何看电视。

父母要正确地处理孩子看电视的问题，给孩子创造一个相对宽松的空间。一旦孩子明白了家长的苦心，懂得了电视的危害和好处，自然会合理有度地选择自己爱看的、对自己身心成长有益的电视节目来看。

亲子正面沟通秘诀

发现孩子过分迷恋电视，父母可采取下面一些方法对孩子进行有效的矫正：

1. 先跟孩子约定看电视的规则，包括时间和次数

先说好规则，可以减少争执的发生。比如说，周末就和孩子讨论下周可以看哪些节目。其他基本规则，像吃饭时不能看电视，功课没做好不能看，或是看到几点就要去做功课等等，都要事先跟孩子说好。时间到了，或者预定的节目看完了，一定要关掉电视，而不要让孩子“挂”在电视机前继续随意浏览。

2. 陪孩子一起看电视，解释、讨论相关内容

家长如果能介入电视节目的诠释过程，将会影响甚至扭转儿童看电视的角度。和孩子有充分的讨论，不仅融洽了亲子关系，也会减弱电视的负面影响力。

3. 自己要以身作则

其实，不仅孩子会迷恋电视，大人也常常对看电视是乐此不疲。做父母的必须知道，自己的行为习惯对孩子有着重大的影响。如果自己被“黏”在了电视机前，孩子很容易就会效仿，自己也自然就很难说服孩子少看电视。因此，全家人都要检讨自己的收视习惯，规划出每日固定的收视时段和节目，让孩子明确何时是他的收视时间。有些家庭就有这样的规定，从周一到周五，全家大人只看晚上7点的《新闻联播》，如有特别节目就先录下来，等孩子休息时再看，这不失为一种好的解决方法。

孩子粗心马虎，教导孩子做事精益求精

李小娥上小学四年级了，平时学习还不错，可一到考试就不行了，有时还考不及格。妈妈每次看她的考卷，都发现很多错误都是粗心所致，并非不懂不会。妈妈总是教导她不要马虎，要细心答卷，可是下次考试时小娥还是粗心。妈妈很生气，真不知怎样才能纠正孩子这个考试粗心的毛病。

考试粗心是不少孩子常犯的毛病。考试粗心的危害很大，甚至有的学生高考落榜都是由粗心所致。

无论在生活还是在学习中，人人都有过粗心的体验，并因此而受到损失。在一些重要的时刻，比如中考、高考，“粗心”带来的就不仅只是小麻烦了，那损失往往不可计算，也无法弥补。

大多的人在潜意识里认为，“粗心”只能算是大家都会犯的小毛病，不会把“粗心”看作“无知”。因为他们认为，粗心不是不会，既然不是不会，就不能算是大毛病，也不算是大问题，当然也就不太值得

让人担忧。况且谁都会粗心，谁都免不了出错，在这样自我原谅的意识中，孩子对“粗心”的放纵和宽容也就不难理解了。

亲子正面沟通秘诀

父母怎么帮助孩子改掉粗心大意的毛病呢？主要可采取以下几种方法：

1. 要培养孩子仔细、认真的习惯

有些孩子聪明又能干，学习也不错，但却有粗心的毛病，自认为会了，没问题，结果考试时没审好题，最后答错了。对于这样的孩子，父母一方面要肯定他们聪明好学的优点，同时也要引导他们做事、做作业、考试都精益求精，一丝不苟。要通过孩子过去粗心的实例和教训来分析粗心所造成的危害，讲明精益求精的重要意义。通过一些生动的实例，可以让孩子充分认识粗心的危害性，从而收到较好的教育效果。

2. 进行准和快的训练

父母要根据孩子考试常犯的错误、常出的毛病、常粗心的地方，和孩子商量拟定一些题目让其来做，要求又准又快，以准为基础快速解出来。要做的题都是孩子会的，很简单，只要认真就会做出来，孩子经过这样多次的训练，就会提高做简单题的成功率，逐步可以达到百分之百的成功。这样的训练比口头教育的效果好得多。只要孩子经过训练后改正粗心的毛病，有所进步，就要给予充分的肯定，以强化他的信心，并收到更好的效果。

3. 让孩子学会自我监督

帮助孩子分析错误出现在哪里，让孩子抄录自我提醒的“语录”。例如，“坚决消灭错别字”“不要忘记复数”等，放在自己桌子的玻璃板下，贴在作业本第一页上或者其他醒目的地方，提醒自己注意改正粗心的毛病，这样有助于孩子克服粗心的毛病。在考试前经常根据孩子各门课易出现的错误、易粗心的地方，和孩子一起讨论，针对各门课的不同情况写出一些自我提醒的语句，对克服孩子考试粗心的毛病很有帮助。

孩子上网成瘾，引导孩子理智地使用网络

一位父亲这样痛苦地诉说道：我儿子今年17岁，正在读寄宿高中。他现在整天不上课，不是上网吧就是在宿舍里睡觉，父母、老师的话都听不进去，上个学期好几门考试不及格。他除了上网玩游戏外什么爱好也没有，我曾试着带他一起锻炼、郊游、摄影、逛书店，但他哪儿也不去，周末回家后就是睡觉。

原来他不是这样的孩子，在初二上学期之前，性格很活泼，但初二下学期突然不爱说话了，迷上了网游。一放学就自己待在屋里，不管什么时候都要关上门，作业也不做。原来我们以为是青春期的表现，但已经三四年了，仍不见好转。我很困惑，不知道怎样才能改变他。我也曾试着和他在网上聊天，但效果不甚理想。我该怎么办呢？

看到网瘾对青少年的种种毒害，不能不引起我们的忧虑：孩子沉迷于网络的原因是什么？我们应该怎么帮助他们？

网瘾是一种心理疾病。一般来说，网瘾患者与酒瘾、毒瘾患者一样，程度不同地存在着抑郁症、焦虑症、强迫症和社交恐惧症等心理障碍。

如果孩子具有以下的两三种表现，就可以初步判定他对上网已经成瘾：

——吃过饭就直奔电脑，严重的甚至在吃饭时还在网络上“厮杀”“通关”。

——干什么都没有兴趣，但一提到上网就立刻兴奋起来。

——经常把自己独自关在房间玩电脑，并且时间越来越长。

——没有正当理由地经常晚回家，甚至夜不归宿。

——一段时间（从几小时到几天不等）不上网，就会明显变得焦躁不安，不可抑制地想上网。

——企图缩短自己上网的时间，但总以失败告终。

——花大量时间搜寻、购买、下载、安装新软件。

——上网已经严重影响其学习，影响其与父母的关系和与同学、朋友的交往。

孩子为什么容易上网成瘾？主要是因为中国的孩子普遍孤独而且生活单调所造成的。中国的父母和学校把成绩看得重如泰山，绝大多数孩子有程度不同的压抑和挫败感。无论成绩如何，父母的永不知足让孩子疲惫不堪，丝毫感觉不到学习的快乐和成就感，而上网能让孩子感到放松与快乐，久而久之，也就越容易出现上网成瘾的情况。

与现实中的失败和挫折相反，孩子在网络上体会到的是前所未有的成功：在网络游戏中，他们可以统率千军万马指挥若定，可以以少胜多除暴安良，可以随心所欲主宰别人的生死。另外，对于内心孤独的孩子，网络可以成为他们寻求发泄和获得认同的原动力。

亲子正面沟通秘诀

网络是把双刃剑，父母应用其利而避其弊，积极引导孩子科学理智地使用网络，成为网络真正的主人。父母可以尝试一下以下方法：

1. 和孩子一起上网

父母不要视网络为洪水猛兽，而是要引导孩子合理使用网络，并和孩子一起享受网络给生活带来的方便。亲自上网体验一下，有利于父母以一颗宽容的心去引导与帮助孩子。

2. 上网之初先立下规矩

小学生每天上网一般不应超过一小时，中学生不应超过两小时。孩子要学会选择并欣赏健康网站，要保护自己和家庭，不能在网上留下家里的电话，不能泄露家庭隐私，不能轻易把自己家的住址告诉网友。

3. 指导孩子上网聊天

网络聊天的自由随意和网络语言特有的魅力，是吸引孩子的主要原因。面对网络聊天，有的成人都无法自持，何况孩子。所以父母首先要在自我节制的前提下，对孩子进行一定的引导。可以让孩子和网友制定一个明确的谈话主题，选择情趣相投的聊天对象，还可以指导孩子用外语聊天，在轻松的氛围中提高外语水平。

4. 戒除网瘾有过程

帮助孩子戒除网瘾，父母可以巧妙运用递减法。比如，从原来每天上网6小时改为5小时，再改为4小时，逐步减到每天一两小时，慢慢恢复到正常状态。不能急于求成，试图一刀下去斩草除根，要在循序渐进中收到成效。

第 9 章

孩子喜欢对着干，如何说孩子才心悦诚服

正确理解、谅解孩子的逆反心理

小燕的妈妈很为孩子的教育问题头疼。她找到老师诉说："我和她爸爸都是20世纪60年代出生的人。我们根本不明白现在的小孩在想什么，我和她爸爸虽然都是知识分子，但是在和孩子的沟通、对她的教育上，实在太失败了。"小燕妈妈的话语里有着太多的无奈。

"我们都是从那个困苦的年代过来的，如今生活好了，把大部分时间都倾注在孩子身上，但是这些不但得不到女儿的认可，而且她还经常和我对着干，我觉得这孩子真让人伤心。"小燕的妈妈提起自己的女儿眼圈红红的。

但是，和小燕交谈的时候，老师发现这个小姑娘很有自己的一套想法。"我妈就会跟别人讲，她多辛苦，我多不理解她，可她理解我吗？偷看我写的日记，不让我接男同学的电话，同学过生日，她又死活不让我去，整天唠叨着我的不是，什么都得听她的，凭什么呀？我长大了，才不想被她牵着鼻子走呢。和家长有什么好交流的，结果还不是一样？他们要的只是一个听话的木偶。"小燕把这些话一连串地说了出来。

其实，在我们的周围，小燕和她妈妈的困扰很常见。一些正值青春期的孩子，反抗性极强，他们常常爱激动、乱发脾气、与大人唱反调，这是因其自我意识刚开始树立，做事希望按自己的意愿办，一旦大人稍加约束，他们就会产生反抗心理。

逆反心理就是指人们彼此之间为了维护自尊，而对对方的要求采取相反的态度和言行的一种心理状态。孩子到十二三岁的时候，往往容易产生一种与家长相抵触的情绪。他们心里有话宁愿与同伴说，也不愿与家长说。对于家长的好心批评、劝导，他们动不动就反驳、对立，让一心爱他们的家长惊诧不已、心痛不已。这种逆反心理绝不只是个别孩子的偶然冲动，而是一种值得现代家长普遍关注的现实。

其实，所谓的逆反心理不是一种异常现象，它是由于父辈和子辈之间价值观的不一致而产生的正常的心理过程。一般来说孩子在发育的过程中会有两个逆反期。第一反抗期是在三四岁的时候，这个时候由于儿童自我意识的发展，说话、运动、认识事物能力的发展，他会感到有些事情自己可以做了，所以跟父母亲的教育观点就会产生冲突。第二反抗期是在青春期前后。从心理发育的角度来说，这都是孩子的正常心理发展，但对父母亲来说，会觉得孩子在对抗自己。

许多父母亲都觉得孩子有逆反心理对其身心健康不利，但逆反心理并非一无是处，它虽有妨碍孩子身心发展的一面，但也有很多正效应，甚至包含许多积极的心理品质。逆反心理包含诸如自我意识强、勇敢、好胜心强、有闯劲、能求异、能创新等积极的心理品质。现代社会充满竞争，迫切需要具有创造性思维、眼界开拓、能进取的人才。因此，父母亲要善于发现逆反心理中的创造性品质和开拓意识，并加以合理引导。只要引导得当，逆反心理定然能够在对孩子的教育中发挥积极的作用。

亲子正面沟通秘诀

面对孩子的逆反心理，父母应该怎么说、怎么做？

1. 用“平行交谈”的方式与他们沟通

“平行交谈”其意思是家长与子女一面一起做些普通活动，一面交谈，重点放在活动上，而不是谈话的内容上，双方也不必互相看着对方。这种非面对面的谈话方式会让家长和孩子都感到轻松自在。家长与孩子的谈话内容，最好是多谈一些如何学会求知识，学会做事，学会共处，学会做人等。在交谈中，还要注意坚持从事情到关系、从事情到感情、从一般到特殊等原则，从而使孩子与家长之间无话不谈。

2. 不给孩子过分的爱

青少年时期是渴望独立的时期，过多的保护会使孩子内心烦躁不安，产生抵触情绪，其报复和逆反心理也会日趋严重。应该允许孩子有自己的秘密，因为拥有秘密是他们感悟自我、体验成长的重要方式。

3. 让孩子有自己的空间

过多地干涉实际上是家长对孩子不信任、不尊重的表现，会使孩子受到伤害，理解和尊重才是构成良好亲子关系的基础，因此对孩子不要无所不问。“新新人类”孩子通常不会把很多有关自己的事告诉家长。如果你的孩子也是这样，你应该把孩子告诉你的任何事情都视为礼物，加以珍视。

孩子任性妄为，先“礼”后“兵”

牛小强是个11岁的小孩，这个小家伙漂亮可爱。牛小强小时候经常不声不语，非常听话，家里人都宠爱他。慢慢地牛小强的话成了“圣旨”，吃、喝、玩、乐全都由着牛小强的性子，稍不顺心，他就哭闹、打滚。在学校学习得了零分，回家后却自豪地高喊：“一二一，大零分。”家里人不但没有予以制止，反而被牛小强的幼稚逗乐了。牛小强不但没有认识到自己的不对，而且认为得零分是件好事。经过一段时间后，谁也管不住牛小强了。

有一天，牛小强在楼下跟别的小朋友玩，过了一会儿回家对妈妈说：“他们用玩具枪打我。”妈妈说：“打着你了吗？”牛小强说：“没有，如果打着我怎么办，我要拿着我的枪打他们。”妈妈说：“不行，你的枪威力太大，如果伤着人怎么办？”牛小强说：“我不打他们了。”妈妈说：“你把子弹拿出来后可以拿枪出去玩。”牛小强说：“我不打他们，只是拿出去跟他们玩，我打别的东西。”妈妈怕牛小强伤着人，然后说：“妈妈跟你一起下去玩。”

但牛小强说什么也不听，就是不让妈妈跟自己一起下去，妈妈坚持，牛小强非常生气，又是哭又是闹。妈妈下楼跟那些小朋友说，别用枪打人。等妈妈上楼后牛小强还在哭闹，并且还不断摔东西。

一些父母对孩子过于溺爱、娇惯，凡事都顺着孩子的心意。一旦某件事不能按照孩子的想法去做，孩子就会任性地大哭、大闹。如果父母为此而心疼做了第一次让步，这就让孩子意识到了他的这种做法十分有效，以后就会不断地使用这种手段来达到自己的目的，这就滋长了孩子任性妄为的坏毛病。

孩子的任性妄为不外乎两种原因：

一种是父母对孩子过分的溺爱、娇惯、放任、迁就而造成的任性。

一种是孩子年龄大些后，独立意识增强，不希望父母再把自己拴在身边，而是希望做一些显示自己能力的事。

父母首先应该认清孩子“任性”与“韧性”的界限。“韧性”是坚信自己的做法正确，无论有多大困难也要坚持下去的一种顽强精神的表现。意志坚强，是良好的品质，父母应给予大力支持。而“任性”则不同，它是不分是非、固执己见，不愿受到任何约束，是缺乏控制自己的能力，又不听劝告的一种表现。

当今社会，父母大多过于宠爱孩子。孩子要什么，父母就满足什么，可谓百依百顺。其实，这样很容易使孩子变得任性妄为。

面对孩子的任性妄为，父母一定要认真对待，否则孩子一旦走上犯罪道路，就追悔晚矣。但是，父母也应正确看待孩子的任性妄为，因为很多时候，孩子所谓的“任性妄为”恰恰是孩子特立独行的思想和言行的表现。

亲子正面沟通秘诀

父母如何防止和纠正孩子任性妄为呢？教育专家建议采取下列几种方法。

1. 冷漠处理，不要理睬他

当孩子由于要求没有得到满足而发脾气或打滚撒泼时，父母不要去理睬他，不要在孩子面前表露出心疼、怜悯或迁就，更不能和他讨价还价，最好采取躲避的方法，暂时离开他。当无人理睬时，孩子自己会感到无趣而作出让步。

2. 用其他东西转移注意力

父母可以利用孩子注意力易分散、易被新鲜的东西吸引的心理特点，把孩子的注意力从他坚持的事情转移到其他新奇、有趣的物品或事情上。

3. 给以正确诱导

正确诱导的方式有：一是用近来涌现的先进人物的事迹，追根溯源地讲述先进人物的成长过程，全面灌输，在孩子幼小的心灵中培育自强奋进的种子。二是每当孩子犯拧时，父母要用积极因素克服消极因素的办法诱导，用谈心的办法真诚地表扬孩子平时的优点，转变孩子的情绪。

4. 强化教育

孩子任性时，父母在说服教育的同时，给予一定的批评或惩罚是必要的。孩子的判断能力、抽象思维能力及控制自己的能力都比较弱，父母应当注重引导与惩罚结合的尺度，迫使孩子真正认识到任性是一种坏毛病，是一种错误行为。此时，父母要做到坚决不妥协，不能满足孩子不合理的要求，这样才能遏止孩子的任性行为。

“冰冻三尺，非一日之寒”，要想改变孩子任性妄为的毛病，就要求父母在长期的教育中，必须细心观察孩子的一言一行，像种植一棵树一样，从小扶正树干，精心修理树枝。

对孩子的过分要求要说“不”

“刘凯江，吃饭了。”“今天吃什么？”“牛排、蔬菜沙拉。”“妈妈，我要出去吃比萨饼。”刘凯江大叫。“为什么？”“我不喜欢吃你做的牛排。我现在就要去，走啊，快点。”“不行，凯江，我太累了。明天再去吧。”“现在就去！”孩子跺起脚来。“凯江，我今天干的事太多了。我刚打扫了房间，又做了饭，实在太累了。以后有机会妈妈再带你去吃比萨饼不行吗？”“我现在就要去，现在！”妈妈继续请求刘凯江，刘凯江根本不听，接着又哭又叫又喊。

最后妈妈屈服了，带他去吃比萨饼。

刘凯江生活在一个单亲家庭，他从小就没有爸爸。孩子由母亲一个人带，没有爸爸的刘凯江在母亲眼里是很可怜的，为了补偿这个没有爸爸疼爱的孩子，妈妈总是儿子要什么就给什么。刘凯江感觉到了这点，就总是不停地向妈妈要这要那，甚至有些无理的要求妈妈也总是一味满足，这使刘凯江感到有求必应、随要随到的乐趣。如果妈妈对刘凯江的一些无理要求给予拒绝，刘凯江就会大发脾气。

孩子的不合理要求绝对不能满足，迁就和顺从孩子的不合理要求，实际上是助长他们“自我为中心”的不良意识。这种自我意识的无限膨胀，容易使孩子变得自私自利，完全不懂得对父母的感激，认为一切是理所当然的。因此，父母要拒绝孩子的不合理要求，让孩子明白，这个世界并非可以为所欲为的，应该学会控制自己的欲望。一个不曾被拒绝过的孩子长大后是经不住挫折考验的，为了孩子的幸福，父母应施以理智的爱，学会对孩子说“不”。

孩子成长变化得很快，假如只是一味顺从孩子，孩子以为父母会满足他的所有要求，认为父母可能有些怕他，所以想怎样就怎样，有时甚至会根本无视父母的存在。孩子会以自我为中心，变得自私、无理，想干什么就干什么，不懂得与他人合作。

苏联教育家马卡连柯早就指出：“人们时常说，我是母亲，我是父亲，一切都让给孩子，为他牺牲一切，甚至牺牲自己的幸福，这恐怕是父母送给孩子的最可怕的礼物了。这种可怕的礼物可以这样来比方：如果你想毒死你的孩子，你就给他吃一剂足量的你个人的幸福，这样他就可以被毒死。”这句话或许会伤害到那些父母的爱，但它的确一针见血地道出了“惯子如杀子”的深刻内涵。

亲子正面沟通秘诀

生活中，有很多孩子都会经常提出一些要求，这些要求中有很多都是不合理的，而如果父母生硬粗暴地拒绝，则会引得他大哭大闹。如何应对孩子的不合理要求呢？教育专家建议父母这样做：

1. 言出必践，树立威信

父母对孩子的承诺一定要兑现，对孩子禁止的一定要坚持，不能因为自己情绪好或者事情小而迁就孩子，这样才能建立父母的威信以及和孩子相处的规则。

2. 真挚关爱，以理服人

在拒绝孩子的不合理要求的时候，一定要兼顾两点：其一，让孩子明白为什么不能这么做；其二，让孩子感到父母对孩子的爱意。

3. 告诉孩子拒绝的理由

对于孩子的不合理要求，父母应该明确地拒绝。所谓“明确”是指把拒绝的理由告诉他，让孩子知道你的拒绝是对的。

孩子哭闹不休，不能一味让步

有一位正上幼儿园的小朋友，母亲对他非常疼爱。每天去幼儿园时，孩子都要在车上先做交代，同时要妈妈依其顺序一一告诉老师。下车时，妈妈还须抱着他，再背着书包走到教室里，然后妈妈需依照孩子在车上所交代的内容，按顺序一一地复述给老师，只要妈妈说的顺序有错，这孩子马上就哭闹说妈妈说得不对，要求妈妈重新再说一遍，因此他的母亲只好将内容重新更正再说一遍。

直到妈妈全部说对，孩子才会停止哭闹，以至于每天早上都会见到孩子的母亲不断地在重复做此交代："老师，我们今天有四件事情要交代：第一件事情是，我们今天在幼儿园要吃干饭；第二件事情是我们还没睡足；第三是我们有点肚子痛；第四是我们还想睡觉……"

"我家宝宝简直是小霸王，不如他意就大哭大闹，最后我们只能妥协，满足他的要求。""我家孩子就像一头蛮牛，年纪小小却很有自己的主意，拗起来，十头牛都拉不动。"这种霸道的孩子不少，总是让父母伤透脑筋。是父母的教育方法不对吗？该如何让"小霸王"变成"小乖乖"呢？

现在独生子女越来越多，父母的关爱往往集中在一个孩子的身上，以致孩子容易变得以自我为中心，不知惜福，不愿意负责任，不愿与人分享。一旦自己的要求得不到满足，就任性发脾气，甚至大哭大闹，不达目的不达罢休。过去教育所强调的"同情心""帮助别人"，如今在孩子身上越来越难见到。

面对孩子的哭闹行为，父母要冷静以对，要弄清楚孩子较听谁的话、较怕谁、最不怕谁、最不把谁的话当回事，从而决定由谁来扮演“强硬角色”，迫使其就范。不论在家还是外出，当孩子哭闹时，大人不能让步，要显示出你不怕他哭闹。

大哭大闹往往是孩子逼迫大人就范的主要手段。如果大人总是迁就他，孩子一哭就满足他的任何要求，就会使他认为只要一发脾气，一切都会如愿以偿。以后遇到类似情况，他更会变本加厉，愈闹愈凶，养成难以纠正的任性、不讲理的坏习惯。因此，父母要坚定地拒绝孩子的不合理要求。

孩子在成长过程中，经常会有不按牌理出牌、任性吵闹的时候，唯有父母及早关心、发现问题、寻求解决方法，才是孩子最大福气！

亲子正面沟通秘诀

那么，对于霸道的孩子父母该如何教育呢？

1. 适时的辅导和纠正

当孩子有霸道行为出现时，父母应先处于他的立场设想，试着了解他的心情。对孩子的霸道行为，勿过于迎合或敷衍，应当适时地予以制止与纠正，孩子便能知道何事不可为。

2. 培养和孩子讲理的习惯

父母要学着每一件事情都要和孩子讲理，让孩子慢慢了解和接受，养成讲理的习惯。切勿“以霸治霸”，以免误导孩子，让他们以为霸道可以解决一切。

3. 内心慈爱，处理事情态度坚定

父母事先可和孩子共同商定原则，让孩子了解和赞同。原则确定后，就要坚持且确实执行，父母不可轻易妥协。尤其在碰到危险的紧急情况、会伤害到孩子的身体时（例如触摸电源、热水等危险物品），则可用强硬的制止手段，立刻禁止这种行为，然后立即与孩子解释“不行”的原因，若孩子无法理解，不排除以“打手”的方式来禁止。

孩子爱发脾气，一开导二引导三疏导

宋佳佳迷上了一种猜字游戏，每当做完功课后，她都会捧着一本厚厚的书来做这些猜字游戏。这种游戏是有一定的难度的，有时候，佳佳忙活了老半天也猜不出一道题，真的有点令人懊恼。

这天，宋佳佳再次玩起了这种游戏。正在她陷入沉思的时候，邻居家的罗欢过来找她玩。兴许是宋佳佳太入神了，竟然没有注意到罗欢在向自己打招呼。罗欢误以为佳佳不理睬自己，便顺手把她手中的书抢了过来：“哟，在研究什么呀？这么痴！”

宋佳佳被她吓了一跳，思路被打断了，本来即将思考出来的答案一下子消失得无影无踪。宋佳佳很生气，对着罗欢叫道：“你怎么这样呀！太讨厌了！”

罗欢看到宋佳佳如此愤怒的样子，一溜烟地跑回了自己家。

妈妈也听到了佳佳的叫声，便问道：“怎么了？怎么这样对罗欢说话呀？”

宋佳佳正好有气没处撒，竟然也对着妈妈吼了起来：“这样怎么了？你别管我！烦死了！”

看着无端发火的女儿，妈妈没有生气，而是平静地说：“你一定要学会控制你的脾气，不要冲着人大喊大叫的，这样不好。”

宋佳佳听罢，方才觉得自己有点过分了。停了一下，情绪缓和了许多。佳佳抱歉地对妈妈说：“刚才，实在对不起……”妈妈体谅地对着女儿笑了。后来，宋佳佳还主动到罗欢家向她赔礼道歉。

孩子和成人一样，有着自己的个性与脾气，但是过于频繁地发脾气，就属于我们常说的“坏脾气”了。

脾气不好，往往会影响人生的发展。因此，父母一定要纠正孩子爱发脾气的毛病。

孩子的情绪表达往往非常直接，一发起脾气来，就什么话都听不进了。这种情绪的表达往往会伤害别人，所以，父母要让孩子学会控制自己的情绪。父母碰到孩子发脾气时，对孩子的行为不要过多责难，更不要实行体罚，那样做只会适得其反。心理专家认为，“心病还需心药医”，对孩子的坏脾气，父母只有通过沟通交流，慢慢地开导，才能予以有效化解。

作为父母，要有一双敏锐的眼睛，以便随时洞察孩子的情绪变化。当发现他们情绪低落或反常时，引导他们寻找一种好的发泄方式。父母可以试着与孩子进行面对面的交流和疏导；可以带孩子到野外登山，或进行较激烈的体育活动，让其情绪得以释放；父母可以兑现一件孩子久为期盼的承诺，以满足其此时不平衡的心理；或是父母主动离家一天，让孩子邀好友们来聚会，快乐地玩闹……父母会发现孩子并不会滥用父母给他的自由；相反，父母的理解也许更拉近了父母和孩子之间的距离，彼此相处会更和睦、更愉快。

亲子正面沟通秘诀

对于脾气暴躁的孩子，家长应该如何引导呢？

1. 帮助孩子学会自我控制

让孩子时刻铭记：当感到自己要发脾气时，可反复默念“不要发火”。也可迅速离开现场，去干别的事情，或干脆去找别的人谈谈心，散散步。这样“气头”过后，返回现场，发脾气的外部条件已不复存在，理智也占了上风，就可进行有效的克制了。

2. 拓宽孩子的心理容量

家长要教育孩子，做人应当有“雅量”，即容人之量。心理容量大的人，能尊重理解别人，承受刺激的能量也大，对外界刺激能够“骤然临之而不惊，无故加之而不怒”。而心理容量小的人，则承受的刺激量也小，往往会为一点鸡毛蒜皮的小事而大发雷霆。

3. 让孩子学会换位思考

如果双方在交流意见时，能站在对方的立场上想一想，就会在比较中了解彼此的动机和目的，就会意识到自己的意见是否正确，对方是否能接受，就可以避免大动肝火。比如：一个孩子和爸爸因意见不统一而大吵，这时爸爸可以与孩子商量，让孩子站在爸爸的角度考虑问题，使孩子也做一回“爸爸”，这样结果也许会出人意料地好。

孩子喜欢对着干，心平气和来说服

一天，11岁的赵小成对父亲说：“我想把头发一侧剃成双条式。”作为父亲，赵先生并不喜欢儿子留这种发型，但他知道，这并不危及生命、道德以及健康，而且头发会重新生长出来。于是，他对儿子说：“我不喜欢这种发型，不过，如果这是你的决定，我会尊重。”

赵先生带着儿子去了发廊，美发师给赵小成洗头的时候还评论他的头发很漂亮，然后赵小成描述了他想要的发型。美发师惊奇地问赵先生：“把你儿子头发的一侧剃成双条式行吗？”赵先生回答，他并不喜欢这种发型，但那是他儿子的决定。

就这样，美发师剃去了赵小成一侧的头发，其中保留了两条，并尽量使这种发型在第一天显得好看。可是第二天早晨，赵小成就对他那一面倒的头发无能为力了，他的姐妹只好努力给他喷上发胶和摩丝，以使他能出去见人。

那一年，赵小成勉强保留着那种发型，后来又换了七八种更有趣的发型。但上了初中以后，他就开始留传统的发型了，并且再也没有改变过。

人们经常听到一些父母这样抱怨：“现在的孩子，生活条件越来越好，可是脾气越来越犟，总是不听话，跟你对着干，这到底是怎么回事？”这其实就是孩子产生了逆反心理。

孩子的逆反心理主要表现在以下三个方面：不服从老师或家长的教育指导；对社会产生不满情绪，向社会挑战；结成同龄群体，寻找“知音”或“朋友”。逆反心理表现为“态度强硬”“举止粗暴”或“漠不关心，冷淡相对”等，有时还会因对某方面的反感而迁移到其他的方方面面。

处在青春期的孩子产生逆反心理，有以下几个方面的原因：

一是青少年的自我意识的逐渐清晰和独立意识的日益强烈。

青少年随着身体的变化，逐渐意识到自己不再是一个小孩子，自己已经逐渐地变为大人了。他们渴望表现自我，处处体现出自我的独立性。但由于在家长的眼中，他们仍是小孩，所以，他们会通过和爸爸妈妈“对着干”来体现自我，显示自己的成人感。

二是家长对孩子这个阶段的特点缺乏了解。

面对孩子的逆反心理，很多家长没有了解孩子在这个阶段的生理、心理的特点，就开始沉不住气，采取粗暴的态度和压制的方法。而家长越是恼火地训斥，越会使孩子产生反感情绪，这样不但挽回不了家长与孩子之间的关系，而且会加剧孩子的逆反心理。

逆反心理是青春期的孩子的一种固执偏激的思维习惯，它使孩子不但无法客观地、准确地认识事物的本来面目，反而会采取错误的方法和途径去解决所面临的问题。孩子的逆反心理如果不能得到及时的正确引导，孩子就会产生多疑、偏执、冷漠、不合群、对抗社会等病态行为，无论是对学习还是生活或是人际交往，都会产生极大的危害。

因此，父母要对孩子的逆反心理给予及时的关注，采取有效措施矫正孩子的逆反心理，让孩子养成健康阳光的性格，为孩子的成长铺垫好正规的大路。

亲子正面沟通秘诀

当孩子产生了逆反心理时，家长可采取以下措施加以缓解和矫正：

1. 尊重孩子，不要总对孩子说“不”

当孩子们产生自我意识后，他们希望自己和大人有平等地位，对大人的要求也会有选择地接受。此时，父母对孩子的行动不要轻易干涉。如果需要孩子必须顺从的话，也不要用强制式或命令式的口吻，而应以平等的姿态征询孩子的意见，让孩子作出选择。

有位中学生说，他正准备看完电视就去做作业，结果妈妈这时来了一句“还不学外语去”，听了以后，他却干脆不去了。所以，家长要尊重孩子、相信孩子，以免使孩子形成对立的情绪。

2. 与孩子保持平等的关系

有些父母受传统观念的影响较深，认为孩子理所当然地应该听父母的。他们常常以权威自居，习惯于对孩子居高临下，喜欢对孩子发号施令，要求孩子对自己唯命是从，孩子稍有不顺从，便采取高压政策把孩子的嘴堵上。但是这些父母忘了，孩子在一天天长大，他们已经开始有了自己的主意和想法，不会再像小时候一样简单地服从和遵守父母的命令，当认为自己对的时候会坚持己见，当认为自己没有受到父母公平待遇的时候则会逆反。因此，要想减少孩子逆反行为的发生，父母必须要把自己放在和孩子平等的地位上，像对待成人一样对待孩子，像对待朋友一样与孩子交流。

3. 冷静处理，心平气和

孩子一般不太懂得控制自己，当对父母的管教不服气时，情绪可能会比较激动，可能会冲父母发脾气，甚至可能会有过激的言语和行动。这时父母千万不要跟着孩子一起急，要想办法控制住孩子的情绪，可以先把事情暂时放一放，让孩子出去与朋友玩一会儿，或者待在房间里做自己喜欢做的事，孩子的气往往来得快去得也快，等到孩子心平气和之后再来和他讲道理。

允许孩子“发泄”，把心事说出来

李可儿原本是开开心心地和妈妈一起参加这个儿童活动的，走在路上，李可儿还在和妈妈热烈地讨论如果主持人让她上台表演节目，她要不要参加的问题。妈妈表示，如果是让她上台表演舞蹈，就一定会支持她，因为李可儿跳舞跳得特别棒。

活动现场有许多小朋友，当主持人邀请小朋友上台表演唱歌时，所有的孩子都举起了手。李可儿也要举手，却被妈妈拦住了。“等一下，先让别的小朋友表演吧，”妈妈说，“等下你再上去。”李可儿嘟着嘴不吭声了。

“看，那是我班里的丽丽小朋友。”李可儿指着舞台上的一个小朋友说，“她在唱歌了。”过了一会儿，丽丽唱完歌，抱着主办单位送给她的奖品，高高兴兴地跑了下去。紧接着，主持人又让小朋友们上台玩游戏，可妈妈又没有让李可儿上台。接下来是讲故事，妈妈还是没有让李可儿上台……

活动结束前的最后一个节目，是小朋友们的舞蹈比赛。可是，天有不测风云，就在即将开始舞蹈比赛时，下起了大雨。由于活动是露天的，人们一哄而散。妈妈抱起李可儿，跑进了附近的商场。

“走，李可儿，”妈妈拉着李可儿的手，“妈妈带你去买你最喜欢吃的果冻。”“不吃！”李可儿一下子甩开妈妈的手。“那就去看看玩具吧。”妈妈说。“不看！”李可儿背过身子。

“你到底要干什么？”妈妈气极了，推了李可儿一下。要知道，妈妈也是好心，怕李可儿因表演不擅长的项目而失去了自信。妈妈说：“你有什么可生气的，下雨了，又不是我不让你去表演。”“你是坏妈妈！”李可儿痛哭起来，“你是个坏妈妈。”“快闭嘴，快点！”妈妈气不过，又怕在商场众人面前丢人，“你再哭，我就打你，你信不信？”李可儿第一次见妈妈发这么大的火，紧紧地闭着嘴，不敢吭声了。

妈妈拉着李可儿回家了。从那以后，妈妈找到了一个轻易就可制服李可儿的法宝：“你再哭，再闹，我就打你。”每当她这句话一出口，李可儿就再也不敢吭声了。可是，妈妈发现，虽然李可儿的确变得听话了，却经常发呆，这是以前从来没有过的。

对上面案例中妈妈的做法，每一位父母都应引以为戒。孩子在不满意或与小朋友发生矛盾时，都会产生各种情绪，如：生气、不满、大哭大闹等。这时大人千万不要一味地制止孩子，应该让其有机会宣泄出来；否则，孩子长期受到压抑，情绪得不到宣泄，有可能导致身体和心理上的障碍。

每个人都有情绪，尤其是孩子，他们的心理承受能力差，也不会用大道理来开解自己，要他们很快调整心态，做到豁然开朗似乎有些苛求。最直接的方法就是让其将情绪发泄出来，这对他们的身心都有好处。尽管有时他们的方式有些过激，父母也应该给予充分的理解。父母所需要做的不是阻止他们，更不是大发雷霆或使用暴力，而是让他们懂得，发泄自己的情绪不能拿别人当出气筒，也不能失去理智，应该适可而止。

当孩子情绪平复后，你会发现他比以前更懂事了，还会为自己的过激行为感到惭愧，并对你的宽容心存感激。反之，如果一味地采用疾风暴雨式的“批评加检查”，遏制他“发泄”，效果会适得其反。

亲子正面沟通秘诀

父母如何教会孩子“发泄”呢?

1. 让孩子把心事都说出来

父母要告诉孩子把心事说出来。比如可以这样说：有什么事你不想告诉别人，但憋在心里又觉得不舒服的，你可以通过写日记的方法把心事写出来，心里就会感到轻松一些。也可以学会向人倾诉，把自己的心事向你的好朋友、好伙伴，向自己的心理辅导老师倾诉，有时候自己的倾诉也许并不一定能得到别人的帮助，但你会发现倾诉过后自己的心情会变得坦荡舒畅；还可以找一个没人的地方大声喊叫来发泄内心的积郁；当然也可以找一些自己喜欢的运动让自己出一身大汗来放松自己的心情。

2. 在家里布置“发泄角”

实验证明，孩子用粗笔涂鸦的方式来消解愤怒的效果最好，其次是投掷小飞镖，或者投篮。对于女孩来说，可以专门在家中辟一块“涂鸦角”，买块纤维板，专供其张贴涂鸦作品。对于男孩子来说，投掷飞镖，或是练习跑步上篮，都可以让其宣泄负面情绪。特别是那些感觉被老师和父母冤屈的孩子，掷飞镖是“发射愤怒”的最有效的手段。

3. 晨练时鼓励孩子奔跑或大叫

如果父母发现孩子较长一段时间都处在忧郁、愤懑的情绪中，切忌反复追问“到底发生了什么事”，父母不妨佯作不知，只是带他去有山有林的地方晨练，与孩子一起变速跑、一起攀登台阶或一起在山林中喊叫。“喊”完之后可以谈谈自己的感受：最近妈妈在工作上也有很多不如意，不过到这里来喊一喊、跑一跑，心中就畅快多了，你觉得怎么样？一般在这种交流状态下，孩子就会主动跟父母提起他究竟遇到了哪些不愉快。而且，在“喊叫”之后，他已经能比较客观地看待这些不快了，甚至会自我检讨说：“比起妈妈的烦恼，我的烦恼真的不算什么。”

4. 孩子发泄过后记得要拥抱他

不管对孩子造成困扰的是不是你，作为父母，一定要用肢体语言对孩子提供这样的保证：“我会站在你这一边。我相信你能走出来，重新变成快乐的精灵。”“虽然世间让我们气愤的事很多，但是令我们感觉温暖的事一样也很多。”单纯的发泄会让孩子倍感茫然，而发泄加拥抱的模式，则能令发泄之后的孩子感受到抚爱与亲情的注入。而后者，才是孩子成长为乐观主义者并在成长中逐渐学会调控自身情绪的基础。

孩子的心里没有了负面心理能量“作怪”，自然就会成为乐观上进的好孩子了。

怎样帮助孩子战胜青春期焦虑症

“王恒，全市数学竞赛，老师已经帮你报名了，这个周六要记得去参加。”数学老师和蔼的笑容中透出了期待。

“嗯，谢谢老师，我一定争取好成绩。”王恒嘴上这么说，其实心里别提有多郁闷了。因为他还要准备一场朗诵比赛。

晚上12点了，爸爸妈妈都已经睡觉了，王恒却在灯下苦苦进行“题海战术”。外面施工的声音隆隆不绝，恰巧这个题目无论如何就是想不出来。他一时气不打一处来，紧皱了眉头，咬着笔杆，抓着头发……终于忍不住了，把手中的笔使劲地摔在桌子上。

心里突然产生了强烈的怨恨：都怪老师不好，一点儿都不体谅我们这些做学生的，交代给我这么多事情，叫我做得完吗？外面的人也太缺德了，这都晚上几点了，还制造这么大的噪音，还让人休息吗？讨厌！还有，爸爸妈妈也是，根本就不应该把我送进这所学校里面来。总之……一切都很令人生厌！

过了半小时，终于安静下来了，外面也不吵了，王恒洗洗脸，准备清爽一下再重新想想这道做不出来的题目，可是，墙上的钟表一直“嘀嗒”“嘀嗒”响个不停，烦人！

这个钟表的响声也太大了啊！扰乱了王恒的思路，真讨厌。算了，还是去睡觉吧。

关上了台灯，躺到自己的小床上睡觉，可是无论怎样就是睡不着。王恒翻来覆去，很长时间过去了还是睡不着，于是就使劲地踢被子，床上发出“嘎吱”“嘎吱”的声音。

半夜的时候，妈妈中间醒过一次，顺路来到王恒的房间看看他。其实这时他还没有睡着，看到妈妈来了，他不禁带着哭腔说：“妈妈，我睡不着啊，难受死了。”

妈妈看到他这个样子，温和地拍了拍他：“小恒，恢复平静的情绪，你很快就可以睡着了。”

王恒暴躁的脾气停了下来，和妈妈说：“我要准备朗诵比赛，还要准备数学竞赛，这个周末还有考试，每天作业又这么多，想起来就觉得头都炸了啊。”

“嗯，妈妈知道小恒很辛苦，不过事情要一件一件来处理，我们只要尽力了，就不要去想结果，抱着这样的态度，最后的效果可能会更好些的。如果你听妈妈的话，就先冷静下来，不想这些事情，只管好好睡觉，明天早上起来我们一起制订一个合理的学习计划，好不好？”

妈妈的话就像一颗定心丸，王恒一下感觉放松了许多，真的不一会儿就睡着了。

青春期是焦虑症的易发期。由于在这个时期个体的发育加快，身心变化处于一个转折点。随着第二性征的出现，有些孩子对自己的体态、生理和心理等方面的变化，会产生一种神秘感，甚至不知所措。好奇和不理解往往会出现恐惧、紧张、羞涩、孤独，引起自卑和烦恼，还可能伴发头晕头痛、失眠多梦、眩晕无力、口干厌食、心慌气促、神经过敏、情绪不佳、体重下降和焦虑不安等症状。

除了生理和身体发育的不适可以导致青少年精神焦虑外，家长期望值过高，青少年从家庭、学校那里所获得的情感支持匮乏也是导致青少年精神焦虑的重要原因。

绝大多数的父母将自己的希望寄托在孩子们身上。他们宁肯自己省吃俭用，也要尽力满足孩子的物质欲求，与此同时，不少父母并未把自己与子女的关系放在平等的位置来看待，习惯于选择一种居高临下的姿态来命令子女，俨然将之当作自己的私有财产。凭着一厢情愿“为了孩子好”的心理，很少顾忌孩子的内心感受。尤其对于孩子学习成绩的要求，易于表现出几近苛刻的态度。孩子的课余时间不仅被家长安排得满满当当，一旦孩子考试成绩稍不理想，即遭致家长“疾风暴雨”或“凄风冷雨”式的回应。这使得孩子难以从学习中体味到乐趣。

在学校，仍有不少老师仅将自身职能定位于“授业解惑”。即便“传道”，也多采取板起面孔的“说教式”，而不是循循善诱。特别是对待那些学习成绩较差、行为存在瑕疵的学生，有的老师要么置之不理，要么干脆一推了之，从而给这部分青少年的心理造成一定打击，继而使之产生逆反、抑郁情绪，或破罐破摔，愈益沦为坏孩子；或悲观厌世，自视“看破红尘”。

青春期是人生之旅上多彩的一段，也是多事的一段。在这个时期父母要格外关注孩子的心理变化、情感动态，多花些时间和精力和孩子沟通、谈心，对孩子做好指导和教育工作，帮助孩子战胜焦虑症，顺利、健康地成长。

亲子正面沟通秘诀

青春期焦虑症会严重危害青少年的身心健康和学习，父母要积极寻求各种有效方法引导孩子缓解焦虑情绪，走出焦虑的泥淖，以乐观开朗的精神状态面对学习和竞争的挑战。

1. 不对过分苛求孩子

放低对孩子的要求，懂得欣赏孩子已有的成就，这样自然会让自己和孩子同时达到心情舒畅的目的。

2. 帮助孩子树立自信，相信自己能够战胜焦虑症

自信是治疗青春期焦虑症的必要前提。家长应通过鼓励、赞扬、暗示等方式帮助孩子正确认识自己，树立自信。每天多一点儿自信，焦虑程度就会降低一点，同时又反过来使自己变得更自信。通过这种良性的循环就可以摆脱焦虑症的纠缠。

3. 降低孩子的竞争意识

有些孩子心理不平衡，遇事爱着急、焦虑完全是因为他们太爱竞争，使自己经常处于紧张状态。父母可引导孩子正确对待竞争，降低自己的竞争意识，以轻松的心态参与竞争，从而减轻焦虑心理。

4. 让孩子学会自我精神放松

比如，引导孩子去想象一下愉快的事情，这样可以缓解紧张的心情，从而使自己不再感到焦虑。

5. 教孩子做一些有益的事情来转移注意力

比如，当孩子感到坐立不安、痛苦不堪时，可让孩子从事自己喜爱的娱乐活动，或进行紧张的体力劳动和体育运动，以忘却焦虑和烦恼。

教孩子正确对待偶像崇拜，适度追星

陈跃是个追求时尚的男孩，他的房间里到处都张贴着歌星的海报，这一两年，他迷恋周杰伦，周杰伦的每张新唱片他都第一时间去买下来。

他还把周杰伦的歌词都写在自己的日记本里，没事的时候就哼唱周杰伦的歌。家在南方的他，甚至跟爸妈申请参加周杰伦的北京演唱会。爸爸妈妈以路途远、影响学习的理由拒绝了他的要求，他决定偷偷地攒钱去北京看周杰伦的演唱会。他是周杰伦的铁杆粉丝。他要践行自己铁杆粉丝的身份。他觉得能见上周杰伦一面，是自己最大的愿望了。

爸妈也知道儿子喜欢周杰伦，他的歌都会唱，每天都在关注娱乐新闻上周的动向，开口闭口我的偶像怎么样。他们有些担心儿子会不会因为追星而影响自己的学习，却苦于找不到跟儿子可以协商的点而苦恼。

有一次，老爸问陈跃，你到底喜欢周杰伦什么地方呢？

陈跃边放CD边跟老爸念叨周杰伦的歌多么优美动人，周杰伦的音乐多么让人有共鸣，周杰伦的一切都那么美好，甚至他的每件衣服都看起来那么好看。

老爸纠正说，那是你喜欢他的歌，但是，他这个人呢？要想成为你的偶像，你总得对他的人品有所了解吧。

陈跃这可来了精神，既然老爸要深入了解周杰伦，那么作为一个周杰伦的粉丝，怎么能不表现一下呢？

他开始讲述周杰伦的成长历程和在这几年里取得的成就，以及这些成就背后的付出。

老爸听得也感动了。原来周杰伦也是经历了一番磨难，儿子不是像自己想的那样没头没脑地跟着别人瞎追星。

最后，陈跃还安慰老爸："你放心你儿子啦，我自己有分寸。我就是喜欢周杰伦的歌还有他身上的拼搏精神。要不然怎么歌坛那么多明星，只有他最受欢迎呢？”

老爸点了点头，又摇了摇头，看来儿子追星的事情，不能严令禁止，但是究竟该如何引导呢？这成了陈爸爸的一个大难题，他还要好好考虑。

在上个世纪，人们崇拜的偶像是雷锋、保尔·柯察金。而现在，青少年所崇拜的偶像，则换成了比尔·盖茨、乔丹、刘德华、周星驰、周杰伦等亿万富翁或体育界或影视界明星。时代的变迁，印证了这种替换。

偶像崇拜是青春期的特征之一，由于这个时期的孩子已渐渐脱离父母的羽翼，触角向外伸展，父母、老师不再是“伟大”的化身。而渐渐地有了新的“伟大”的标准。也许是容貌姣好，也许是地位卓越，可能是歌艺超人，也可能是机智不凡。一但某人的特质让青少年心仪、羡慕，他们便很容易献出全部的热情，将他当成学习、模仿或仰慕的对象，“人不轻狂枉少年”，可以称得上偶像崇拜的最佳诠释。从心理学的观点看来，适度的偶像崇拜对成长中的自我认知有相当大的帮助，孩子还可能透过对偶像的模仿学习到一些正向的行为模式。

客观地说，崇拜偶像能满足某些心理需要，对成长有一定的好处。特别对于青少年而言，随着年龄增长，自我意识增强，父母和老师的权威减弱，但自身还未真正成熟，所以需要有新的参照和学习对象。由于娱乐明星外貌或才艺出众，而且总处于大众关注的焦点，显得很风光，所以很容易成为青少年追随和模仿的对象。崇拜偶像也有一定的情感寄托作用。青少年逐渐脱离对家人的感情依赖，但是青春期情绪波动不稳，仍需要有外在的情感依托和情感表达对象。对偶像适度的追随和模仿，有助于使青少年确立自我认同，宣泄和平衡情绪，并为进入成年角色做好准备。而且，欣赏喜爱的影视歌作品，本来就是一种精神享受。所以，每个人或轻或重都当过追星族。

大多数孩子的“追星”仅限于收藏几张他喜欢的“星”照贴在床头，听该“星”演唱的磁带、碟片，或偶尔花钱买票听该“星”的演唱会，搜集该“星”的一些生活资料……如果仅限于这些，做家长的不应横加干涉。孩子紧张学习之余，听听流行歌曲，让生活丰富多彩些，有利于健康成长。

但是，追星是一种非常情绪化的行为，容易理想化、浪漫化、绝对化，出现极端、冲动甚至疯狂的情绪和行为，危害身心健康，拖累家人。所以父母要在肯定孩子的崇拜偶像有一定积极作用的同时，对孩子的“追星”行为不能掉以轻心，防止孩子“走火入魔”。父母应该适时关注孩子的心理动态，了解孩子心中的“星”，和他们谈谈“星”，在评价中慢慢引导孩子正确对待崇拜偶像、明白“追星”应适度。

亲子正面沟通秘诀

那么，做父母的应该怎样帮助孩子对待偶像呢?

1. 要让孩子明白偶像只是在某个方面很杰出，其他方面也很普通

可以引导孩子主动说出自己偶像身上的不足，比如他的发型、服饰、表情、习惯动作、口头禅等。同时要帮助孩子学会分析，用理智来面对明星。让孩子清楚认识到明星也是人，他们一定也有许多缺点，不是所说的每一句话都是真理，每一种行为都是美的。

2. 帮助孩子看到明星的艰难

有意引导孩子多向思维，不要一味批评，不要激化矛盾，应学会支持孩子对的一面，指出片面的地方。告诉孩子，明星的成长历程也有勤奋、有辛酸，要看到他们鲜花掌声后面踏实的努力。

3. 要培养孩子多种兴趣爱好

帮助孩子把注意力从偶像身上转移到其他活动中，比如运动、书画、音乐等。日本著名心理学家森田正马指出，大多数心理疾病的原因

都是“精神交互作用”：对某些片面信息注意越多，越容易把它看得很重，如此形成恶性循环，最终导致心理障碍。当从许多活动中都能得到乐趣时，就不容易执着于某一种乐趣。而且当某种活动受到挫折的时候，还能从别的途径获得乐趣，从而保证心理状态不失去平衡。

第 10 章

学会定规矩，孩子完全照你说的做

孩子不听话，有必要靠家规来约束

方刚在小学期间，往往边吃饭边看书，既耽误了时间又影响了消化，父母怎么劝说他也不能彻底地改正。一时改了，过时又犯，有时把父母气得发火，但他仍我行我素。这说明在这方面他已形成一种很坏的习惯。后来全家一起讨论这个问题该如何解决，方刚说，他也想改，但一吃饭就想着先拿一本书，不拿书就不想吃饭。父母指出这种坏习惯既影响消化又损害眼睛，读书效果也很差，必须彻底改变。

父母和他一起制订了整改时间和方案，限他一个月内必须改变，否则以后再也不为他购买新书了。方刚爱书如命，每个月都要多次逛书店购买新书，玩具不买可以，零食不吃可以，书不买他是怎么也受不了的，为此他下决心改正边吃饭边看书的坏习惯，父母也按约定一个月未购买新书。方刚通过一个月的自我督促和克制，终于改掉了这一坏习惯。

陈强吃饭喜欢剩碗底，不管饭多少都是那样。父母正确引导他，指出粮食来之不易，并用一些具体事例开导他，使其认识到粮食的宝贵，浪费粮食就是犯罪。在这个基础上父母制定了严厉的规定：如果剩饭，再吃饭时必须先把剩饭吃掉，否则不能吃新做的饭菜。他的这种坏习惯经过一段整治也得以彻底纠正。

王先生的女儿颜颜今年上幼儿园大班了，老师说她比其他同学懂事。其实，王先生只是在她很小的时候开始锻炼她的自主能力罢了。王先生给她定了简单的家规：自己洗澡，八点半睡觉，不喂饭等等。而且王先生执行得很坚决，在女儿面前从不表现出心软。坚持下来，她就养成了良好的习惯，每天自己起床，自己吃早饭，自己去上学，晚上做完作业后看一会儿电视，然后自己洗澡睡觉，都不用大人操心，学习成绩也很优秀。

孩子不能按时刷牙、走路爱踢石子、不按时洗澡、随便弄坏钢笔、乱撕作业本等行为，都可以通过制订家庭规范给予限制，并坚决让其更改。家规的制订要发扬民主，由全家人共同讨论制订，对孩子既要有约束作用，又要符合实际情况，使孩子经过努力可以做到。家规制订后，一定要严格执行，定期总结。同时，还要改善家庭的软环境，家庭成员之间要互相尊重、互相关心。教育专家指出：制订家规来规范孩子的行为，是预防孩子不听话的一种有效方法。

孩子的自我控制能力较弱，有的已经改正的坏习惯还可能再犯。为了巩固孩子纠正不良生活习惯所取得的成绩，预防孩子不听话的坏行为卷土重来，很有必要制订一些家庭规范，使孩子的行为有所约束。

亲子正面沟通秘诀

制订家规，预防和约束孩子的不良行为，父母要注意：

1. 让孩子感受到这是源于父母的爱

在订家规的时候，应该让他感受到这是源于父母的爱要让孩子有安全感，切忌让孩子产生抵触心理，觉得父母不爱他了。在坚持原则的基础上给孩子爱抚，在他情绪不好时或者哭闹反抗时，父母千万别为了威严而忽视孩子的心理感受。

2. 父母以身作则守家规

大部分家规都不仅仅是立给孩子的，父母也要严格遵守，以身作则。比如，要让孩子规律进食，父母自己就要在饭桌上举止规范，不挑食、不浪费。

3. 家规尽量制订得简单些

家规应尽量制订得简单些，一段时间内三条左右比较合适，家规表述尽量多用正面语言。在决定给孩子奖励或惩罚时，尽量与他要遵守的规则结合起来，让孩子把规则记在心上。

4. 家规教育应该长期坚持不懈

家规教育具有持久性的特点，它不同于父母给孩子讲一道数学题，讲完了，孩子听懂了就可以了，也不同于孩子做错了一件事，讲清道理就不用再讲了。家规教育的效果在于坚持。

该对孩子讲规矩时不能讲情面

有这样一则小故事，讲到威特6岁时，父亲带他去附近村子的牧师家去做客，并在他家住了几天。第二天吃早餐时，威特弄洒了一点牛奶。按威特家的规矩，撒了食物是要受罚的，只能吃面包和盐。威特很爱喝牛奶，加上牧师全家都非常喜欢他，给他的牛奶是经过特意调制的，此外还有上好的点心。威特的脸红了一下，迟疑了一会儿，但终于没有喝牛奶。

父亲假装没看见，牧师家的人看到这种情况，沉不住气了，再三要他喝牛奶，可儿子还是不肯喝。牧师家的人不明白他为什么不喝，就一再劝说，威特终于说："我洒了牛奶，就不能喝了。"牧师家的人都说："没关系，喝吧，一点儿关系也没有。"父亲只顾吃自己的点心，仍然假装没看见。威特还是不喝，于是，牧师全家推测，威特一定因为怕父亲责备才不敢喝，就向威特的父亲发起了进攻。

这时，威特的父亲让威特出去一下，然后向牧师全家说明了原因。他们听了都说："一个才6岁的孩子，因为一点儿小过错就不能吃他喜欢吃的东西，你的教育也太苛刻了吧。"威特的父亲解释说："不，威特并不是因为怕我才不喝的，而是因为从心里认识到这是约束自己的纪律，所以才不喝。”可牧师一家还是不相信，威特的父亲只好说：“既然这样，那么我离开餐厅，你们把威特叫来，再劝他喝，他肯定还是不会喝。”说完就离开了。

他们把威特叫进去，热情地劝他喝牛奶、吃点心，但毫无作用。接着他们又换了新牛奶、拿出新点心对威特说：“吃吧，你爸爸不会知道的。”但威特还是不吃，并一再说：“就算爸爸看不见，我也不能撒谎。”他们又说：“过一会儿我们就要去散步，你不吃东西，半路上要挨饿的。”威特回答说：“没关系。”牧师一家实在没有办法，只好把威特的父亲叫进去，儿子激动地流着泪如实地向父亲报告了情况。父亲听完后对他说：“威特，你对自己良心的惩罚已经够了。我们马上要出去散步，你把牛奶和点心吃了，不要辜负了大家的心意，过一会儿我们好出发。”儿子听父亲这么说，才高兴地把牛奶喝了。

一个6岁的孩子就有这样的自制力，牧师全家感到十分不解。

读了这个故事，不知做家长的你有何感想，你可能和牧师家的人一样，也认为老威特的教育太严格了。是的，从某种意义上说他的教育确实很严格。通常，严格的教育会给孩子带来很多痛苦，但他的教育却没有。这是因为他的教育方法合理。对孩子的教育就是这样，只要从小抓起，孩子就不会感到有任何的痛苦。孩子之所以害怕严格的教育，是因为刚开始时的教育方法不当。教育孩子，就像砌砖头一样，一定要打好基础，老威特正是很好地做到了这一点。

按这样的教育思路，老威特从一开始，就对儿子要求很严格，家规始终如一。要知道有时允许孩子这样做，有时又不允许，反而会给孩子带来痛苦。正如席勒所说，我们不会对未曾得到的东西感到不满足。不允许做的事，一开始就不允许，孩子也就不会觉得有什么痛苦了。

然而，现在的许多年轻父母，高兴时对孩子不管不问，不高兴时又格外严厉，没有一个始终如一的规矩，这种朝令夕改的做法会给孩子幼小的心灵造成紧张和混乱，从而人为地制造教育孩子的障碍。

制订了规矩，就要让孩子遵守，不能前面订好了规矩，后面看到孩子犯错时又对孩子讲情面，不执行规矩，这样规矩就成了摆设，就会纵容孩子继续犯错。该对孩子讲规矩时就要讲规矩。有一点需要注意，给孩子讲规矩时，要避免训斥和打骂孩子，要注意保护孩子的自尊心。

列宁的父母从来不体罚孩子，但也使用过某种处罚。例如有哪个孩子过分淘气做了不允许做的事情，那就把他带到父亲的书房里，让他坐在一张大皮圈椅上（孩子们都把这张椅子叫作黑椅子），好好想一想自己的行为。有时候也训诫犯有过错的孩子。这种训诫，既是一种严厉的处罚，同时又是一种唤醒良知的教育。不过，处罚只占次要的地位。对小孩子最通常的方法是诱导。例如，可以把淘气得厉害的孩子领到餐厅去，坐下来弹钢琴和他们一起唱歌或做游戏，然后说说为什么不能这样淘气。

亲子正面沟通秘诀

父母怎样才能在不挫伤孩子的自尊心、不影响发展孩子独立性和主动性的前提下，培养孩子的纪律性和对自己严格要求的意识呢？

1. 提出严格的始终如一的坚持不懈的要求

不管孩子做出了什么不好的事，会教孩子的父母从不大声呵斥、指责甚至辱骂；也不管孩子的任性使他们感到如何气愤，他们总是善于克制自己，找到合理的办法说服孩子并坚持自己的要求，毫不妥协。

2. 周密地安排好家庭生活有助于进行纪律教育

孩子除上学外，在家中，绝对准确地规定好起床、吃饭、睡觉、做作业、玩耍、劳动的时间，从小养成遵守作息制度的习惯，一年一年地下去，这种习惯就会逐步成为一种自然的行动准则。

3. 不仅是禁止做什么，而且要允许做什么

孩子们的自由是很多的。有时孩子们在家里玩老鹰抓小鸡、捉迷藏、猫捉老鼠，弄得凳子哗啦响，大喊大叫，哈哈大笑，整个屋子闹哄哄。如果这时家里没有人工作、学习或者休息，就没有必要制止。因为这是有益于孩子身心发育的运动，也是一种娱乐和消遣。

给孩子交代规矩要信号明确清晰

父母的职责不仅仅是养家糊口，最重要的工作与职责，就是从孩子小时候起，就要清楚地向孩子讲明一些规矩，让孩子多了解规矩，要清楚地告诉孩子，哪些是对的，哪些是错的；哪些事情是该做的，哪些事情是不该做，让他从小就懂得规矩。

刘国强的孩子就是因为从小刘国强就告诉他哪些应该做，哪些不应该做，该如何做，而很有规矩。

刘国强的儿子小军6岁了，是个非常懂事的孩子。每天国强下班回家，先陪小军玩半小时的游戏。

之后，国强去打开电脑，看股市信息，此时呢，孩子就会去写作业，或者自己玩。如果国强不叫小军，小军绝不会去打扰爸爸。

小军为何会这样有规矩呢？这当然是得利于国强从小就让孩子明白：在家中应该守哪些规矩，出去做客或者家里来客人时要守哪些规矩。

国强从小就给孩子立下这样的规矩：父母做事时不能打扰。所以，小军小时候，经常是爸爸在沙发上看书，妈妈在做家务，而小军则自己玩玩具。

如果家里来客人，朋友国强就会对小军说：“爸爸要与叔叔聊天，你到卧室中玩一会儿。”而孩子呢，很听话地去卧室待着，一点儿也不

哭不闹。

如果在看电视时，有人打电话过来，小军听到电话机铃声，肯定会把电视声音调小一些，等国强接完电话他再调大一些。因此小军学会了自主，又懂得尊重别人，同时也赢得了自己的自由空间。

看到小军这样守规矩，很多父母，特别是当爸爸的肯定会唏嘘不已：人家的孩子为何如此守规矩呢？为什么我给孩子立了很多规矩，孩子总是视规矩为空气呢？

孩子的理解能力没有那么深刻，自我控制能力也不强，树立十分复杂艰难的规矩，非但不能够让孩子遵守，反而会让孩子糊涂。父母要做的是把规矩讲明白，把道理讲清楚，而不是简单粗暴地命令孩子，更不要摆出强权嘴脸——“你听我的！我说了算！”不要以为孩子像你一样，什么都懂。

由于孩子的语言理解能力有限，他们只会听他们感兴趣的话，太烦琐、意思不明的指令，会让孩子不解。因此，父母们在告诉孩子一些规矩时，一定要表达清楚，要用孩子能听懂的话，明确告诉他们什么行，什么不行。同时，在表达规矩时，要直接，如孩子应该睡觉了，他却还在看电视，你不能对孩子说：“你要是再看电视，就别睡觉了！”而是应该说：“睡觉的时间到了！再看电视，就不是好孩子了！”

再比如，让孩子守交通规矩，可以告诉孩子：“街上的红灯亮了，那意味着你要站住；绿灯亮了，就可以向前走了。”

亲子正面沟通秘诀

到底怎样做才能让孩子懂规矩呢？这需要父母从以下几方面入手：

1. 给孩子交代规矩、表述规矩时，要信号明确

通常，父母给孩子说明规矩时，表达到位，孩子就易理解与接受，

而含混不清的表述，只能使孩子经常找借口与父母讨价还价，甚至力图不按规矩办事。

2. 当孩子不能理解规矩是什么时，要演示给他看

孩子两岁半后，才有较好的语言交流能力。之前，即使是简单的一句话，孩子也常常很难理解其中的含义，因而，教孩子懂规矩时，一定要多用肢体语言。如告诉孩子不要动电饭锅时，父母可以先用手摸下电饭锅，并做出很痛的表情，这样，孩子就会明白动电饭锅的严重后果，从而守规矩。

3. 要根据事情的性质来决定

比如，我们说不可以打人，但现实生活中，很多父母会与孩子小打小闹，孩子们之间也是如此。不过，将别人打哭、打得很疼就不可以。关键是父母这样去和孩子解释，孩子很难理解与判断。所以在制订规则时，父母要注意需要根据事情的性质来决定，而不是由事情的严重程度来决定。

下达让孩子更易接受的指令

爸爸："小柯，以后做事认真点，别那么大大咧咧的行不行？"

小柯："知道了，爸爸，你每次都这样说，烦不烦啊？我也不想出错啊！"

爸爸："那你就好好做啊！"

小柯："爸爸，怎么才算认真啊？我要怎么才算认真啊？"

爸爸被气得无言以对："你这孩子，懂什么啊？"

"认真"是个什么概念，大多数孩子都会认为这指令太笼统了。事

实证明，越是频繁空洞地使用“认真”“努力”“仔细”等词汇，越说明家长教育认识的苍白，教育手段的无力，越是不能让孩子明白规矩、遵守规矩。

给孩子定规矩，简单、具体、直接是第一要务。小孩子，特别是1岁左右的孩子，其理解能力非常差，自我控制能力也不强。给孩子订规矩时，要先从简单易行的规矩为孩子立起。

刚开始，你可以就孩子常犯的一些错误来定规矩。但要注意，你订的规矩一定要简单、具体、直接，让孩子清楚明白。比如：去洗洗手、关掉电视机、把玩具收起来、把课本放进书包里，等等。而不要指派把房间收拾一下、去找点事做这种多重任务，因为小孩子的理解能力没有那么深刻，自我控制能力也不强，树立十分复杂艰难的规矩，非但不能够让他遵守，反而会让他糊涂。

订规矩的时候要把道理讲清楚，而不是简单粗暴地命令孩子，更不要摆出强权嘴脸——“你听我的！我说了算！”不要以为孩子小，什么都不懂。你讲的道理也许他一时不能够完全领会，但是你平和的语气和尊重他的态度，却会让他信任你的判断，顺从你的要求。

给孩子订规矩时，要明确告诉他具体的行为标准是什么。只是告诉孩子什么是不能做的是没有用的，还要解释清楚在什么样的情况下是允许做某件事情的。比如，龙龙家靠近马路，他又爱骑小自行车，爸爸担心自己不在家的时候，龙龙会骑到马路上，被来来往往的车撞到。于是，爸爸就在自己家的大门口画了一条线。告诉他，不能越过这条线。之后，龙龙一骑到画线的地方，就掉头向回骑。

从现在起，不要和你的孩子说什么“认真”了，提出指令与要求的时候，与孩子说得具体些，并请告诉孩子该做什么，怎么做，多长时间做完就可以了。

亲子正面沟通秘诀

现实生活中，有哪些办法能让孩子正面地接受父母的指令呢？

1. 指令和要求尽量清晰具体

如父母可以要求孩子："见了叔叔阿姨你要问好。"而不是笼统地说："你要对客人有礼貌。"

2. 不要同时发出多重指令

像"赶快收拾玩具和你的书，整理好桌子，把手洗了来吃饭"这样一连串发出的指令，就往往会使孩子感到迷惑。

3. 同样的指令只发一次

在生活中，常有父母抱怨孩子不听话，说让他们做些什么总是得叫四五遍才行。改变的办法就是以后同样的指令只说一次，比如吃饭，叫一次孩子没有反应，即不再叫，父母再心疼，也要硬着心肠自个儿吃，不要担心孩子饿着，或吃凉的不舒服。在父母这样做之前要正式明确地向孩子声明今后同样的指令只发一次。

4. 多在指令中使用肯定词

指令中多用肯定词，少用或不用否定词，有助于减少逆反和冲突，加大孩子执行指令的概率。如：变"不要贪玩"为"你玩十分钟就去学习"；变"你不要拖拖拉拉"为"你在5分钟内把书包整好"。

5. 指令应尽量简洁

给孩子的指令应尽可能简洁，字数不宜过多，以15个字以下为好。另外，对孩子发出指令时，应该尽量避免唠叨和提旧账。

孩子屡教不改，及时给予警告

雪儿今年4岁多，已经是幼儿园中班的孩子了，她性格外向，活泼可爱，幼儿园的老师与班里的小朋友都十分喜欢她。可让雪儿妈妈着急的是，雪儿的性子太慢了，无论做什么事情总是磨磨蹭蹭的。

玩了一会儿游戏，她感到口渴了，就对妈妈大喊："妈妈，我要渴死了，我要喝水！"

"等一下，妈妈马上给你倒水喝！"

"嗯！"

妈妈连忙给她倒了一杯水，放在桌上，然后就去洗衣服了。可妈妈洗完衣服回来却发现，杯子里的水只被雪儿喝掉了一点点。

妈妈看着她，说道："雪儿，你不是渴了要喝水吗？怎么才喝那么一点点呢？快来喝！"

"嗯，知道了妈妈，一会儿就喝！"

"别玩布娃娃了，现在快来喝水！"

"嗯！"

雪儿又答应了妈妈快点喝水，并且端起杯子，将杯子贴在嘴上，可就是不见水咽下去。见雪儿迟迟不喝水，妈妈有点不高兴了，一直在旁边看着她。雪儿被妈妈盯着有点害怕，赶紧喝了一大口。妈妈心想这下应该可以放心了，便开始去做饭，可等她做好饭回来，却发现雪儿的一杯水还是没喝完。妈妈只好再次催她喝水。可雪儿磨磨蹭蹭的，还是没好好喝水。妈妈没办法，只好吓唬她："你再不把这杯水喝完，我就把你的布娃娃扔进垃圾箱里。"结果雪儿不但不喝水，还开始哇哇大哭起来。

雪儿的案例在家庭教育中并不少见，妈妈的解决方式不但没有让孩子服从，反而让情况变得更糟糕了。当孩子不听话的时候，家长通常就会重复刚才说的话。而每次重复，孩子不但没有听从，反而随着每一次重复，家长的火气变得越来越大，最后想出吓唬孩子的这一招。不过孩子知道你只是吓吓他而已，所以他不一定会买账。这样，不外乎有三种结果：要么家长以体罚相威胁，或实施体罚；要么打退堂鼓，投降认输；要么两者兼用，然而没有一种结果能让家长称心如意。

雪儿的情况明显就属于这种模式。那么，如果面对面跟孩子定规矩还是不管用，这时家长该怎么办呢？

不用着急，你可以试试惩罚的手段告诫孩子，让孩子守规矩。如果孩子还是不听话，就要有技巧地重复一遍自己的要求，给予孩子警告，让孩子有所畏惧而收敛自己的行为。

亲子正面沟通秘诀

给孩子警告惩罚可以按下面两步进行：

第1步，将你订的规矩讲给孩子听。

如果你将你订的规矩说了一遍，而孩子却没听，那你可以再说一遍，不过一定要在静静地盯着孩子约20秒后才可以。20秒似乎很长，但这段沉默会给孩子造成一定的心理压力，或许用不着你重复孩子就会按照你的要求做了。

第2步，严肃地和孩子说出你的要求。

如果你沉默地盯着孩子20秒，孩子还是不听你的话，这时候就可以稍微大声一点重复你的要求：再次保持眼神交流，简单、直接并且严肃地说："我刚刚说……"然后站在一旁，静静地看着孩子约20秒。这能让孩子感觉到你是认真的，而且会给他你会一直等到他按你的要求做的暗示。

这样事情可能就会在你失去理智之前得到解决。如果到了这时候孩子还不听，那你就可以给孩子发出"警告"或"最后通牒"了。

这里的"警告"其实就是宣布后果，给予惩罚。在这里要提醒家长，给的惩罚一定要及时。

“约法三章”，让孩子学会自我控制

5岁的玲玲和妈妈一起去超市买东西，在去之前，玲玲妈妈就和孩子“约法三章”：如果玲玲在超市比较听话，出来后就会得到奖励。

玲玲满口答应，结果一进超市就变样了。玲玲妈妈顾着买东西，就一会儿视线没在玲玲身上，她就跑开了拿着货架上的东西要买，玲玲妈不同意，玲玲就开始闹脾气，无视孩子的情绪的玲玲妈妈又拉着孩子开始购物，期间孩子不断地捣乱，要这要那，完全忘记了来之前的约定，让玲玲妈妈甚是头疼，最后在收银台付款时玲玲还趁妈妈不注意偷偷地拿起柜台上的零食放进车里，玲玲妈妈眼疾手快地又放了回去，最后在孩子的哭闹中和玲玲妈妈的精疲力竭下回家了。

玲玲和妈妈的约定是在超市里要听话，但是玲玲有时却不认为或意识不到自己的行为已经属于捣乱的范畴了，而且之前的约定在看到琳琅满目的商品时估计也忘得差不多了。

父母在为孩子制订规矩时，要注意和孩子之间做好“约法三章”。

法律是具有严肃性的，家长与孩子之间的“约法三章”同样也应该具有这一特征。比如，家长可以和孩子签订“协议”。在协议上很认真地写下约定的内容，签字同意，并将协议放在家中显眼的地方。如果孩子还很小，不识字，我们也可以通过他们认可的协议方式签订“协议”，比如和学龄前孩子拉钩等。

要想加强约定的严肃性，就一定要注重约定的落实程度。奖罚分明是必须做到的，否则，一次不遵守，以后再签订的协议也不会达到理想的效果了。

“约法三章”只是一种形式、一个过程，它的最终目的是要让孩子学会自我控制。但成功的“约法三章”能给孩子的行为提供一个外在协助的力量，使孩子逐步走向自我控制。家长善于运用“约法三章”，与孩子建立有效的约定，并使约定起到恰如其分的作用，便能帮助孩子从约定走向自控。

“约法三章”对每位家长来说，都是一项必不可少的制订规矩的方案，同时也是最有效的教育方法之一。有了它，家长在处理孩子的问题上，可能会省去很多不必要的麻烦。

亲子正面沟通秘诀

要让“约法三章”真正见效，父母要注意六个方面：

1. 约定目标要具体

设定一个具体的目标，内容要明确具体可行。孩子能容易做到，知道达到目标能给他带来好处，自然也乐意做。这样的“约法三章”是一种“双赢”。

2. 用正面语言平等约定内容

父母面对的虽然是孩子，但运用“约法三章”时也应和孩子处于平等的地位，而且跟孩子“约法三章”时使用正面语言比用负面语言要管用得多。

3. 列个详细的任务单，细化约定内容，及时给予奖励，有利于达成约定目标

将一个对于孩子来说较大、耗时较长的目标分解成几个小的阶段性目标，每达到一个小目标就给予一个小奖励。这样的奖励立竿见影，能激励孩子坚定不移地遵守约定的事，年龄越小越是如此。

4. 设定任务具体的开始时间和完成期限，让孩子充满期盼

比如，以一周为一个约定周期，让孩子始终处在期盼之中，并去努力实现约定。

5. 约定内容应是孩子力所能及的，并要循序渐进、有弹性地进行

有效地“约法三章”，约定的内容必须是孩子力所能及的，且要有

一定的弹性，如果超出了孩子的能力范围，需及时调整和修改，使孩子最大可能地获得成功的体验。

6. 认真约定，严格执行，才能保证约定的有效性

要让孩子遵守你们之间的约定，首先从成人的角度就一定要认真起来，这样孩子才会将之当回事。

把握立规尺度，做到宽严相济

小强是一个长得非常讨人喜欢的孩子，小时候，亲戚们都十分喜欢抱他玩。父母与家人对小强更是疼爱有加。在家人与朋友的宠爱、疼爱之下，小强快乐而幸福地成长着。很快地，小强就到了快上幼儿园的年龄，此时，小强身上的一些问题也就显露出来了。

小强上幼儿园不到一个月，父母就经常接到老师打来的电话。昨天，老师又给小强爸打来电话："你家小强又为争一个布娃娃，把张小玲打了。张小玲的父母来了，你也来幼儿园吧！"

小强爸不得不请假去幼儿园，一到幼儿园，就向人家道歉："对不起，怪我没教育好小强，把小玲打了……孩子不要紧吧！"

"小玲倒没大事，小孩子之间打架也没什么，不过，我建议你好好管教一下小强！给孩子订规矩！"

"嗯！"

小强爸表面上答应，但过后想"树大自然直"，孩子还小，人又机灵，大起来总会懂事的，至于订规矩的事，以后再说吧！

时间就这样一天天过去，小强从幼儿园升到了一年级。上小学后的小强，虽然与同学打架的事少了，可让小强父母与老师大伤脑筋的是，这孩子经常不是忘了带作业本，就是上课了才想起要上厕所，要不就没

过多久又把同学的铅笔盒弄坏了。

有些父母，尤其是相对年轻的父母，在对待孩子上，往往缺乏应有的分寸。他们对待孩子往往是无原则的，过分溺爱。有的对孩子姑息迁就，任其发展；有的只知道想方设法满足孩子的锦衣美食，却不懂得给孩子良好的精神食粮和思想营养。这样，势必会把孩子惯坏、宠坏。这种“爱”是盲目的、有害的。

苏联著名教育家马卡连柯的《父母必读》一书中的序言有这样一段话：“子女固然由于父母方面爱的不足而感受痛苦，可是，他们也会由于那种过分洋溢的伟大感情而腐化堕落。理智应当成为家庭教育中常备的节制器，否则孩子们就要在父母最好的动机下养成最坏的特点和行为了。”这段话讲得十分深刻。

在爱孩子的过程中，要把握立规尺度，坚守做父母的原则，既不失爱，也不缺乏严厉。

现在，很多父母都很重视孩子的早期家庭教育，但由于许多父母缺乏家庭教育方面的知识，存在着两种极端表现：一种是教育过宽，对孩子的要求，不管是合理的还是不合理的，一律满足，结果导致孩子放任自流，为所欲为；一是对孩子的管教过严，给孩子订下许多清规戒律，这也不许干，那也不许干，把孩子的手脚束缚得紧紧的。这两种方式都是不正确的，都会使家庭教育走向失败，给孩子带来危害。

儿童教育学家普遍认为，对孩子应当宽严相济。该严的时候严，父母才能在孩子面前树立起应有的威信；该宽的时候宽，孩子才能够不被束缚，收到良好的教育效果。

在爱孩子的过程中，父母要把握立规尺度，坚守做父母的原则，既不失爱，也不缺乏严厉。

亲子正面沟通秘诀

父母在教育孩子的问题上要做到宽严相济、恩威并施。懂得宽严相济，既不一味地强求孩子服从自己的管教，也不纵容孩子不好的习惯。

1. 要有理智的爱

有些父母对待孩子往往是无原则的，过分地溺爱。有的对孩子姑息迁就，任其发展；有的只知道想方设法满足孩子的衣锦食美，却不懂得给孩子良好的精神食粮和思想营养。这种“爱”是盲目的、有害的。在爱孩子的过程中，父母要能自觉地控制自己的感情，克制那些无益的激情和冲动。

2. 爱要与严格要求相结合

严格要求也是爱孩子的一种体现。所谓“爱之深，责之切”，就是说，严格要求正是出于深切的爱。所以，做父母的不应该受盲目的爱所支配，要“严”中有“爱”，“爱”中有“严”。当然严格要求并不意味着对孩子的严厉、动辄训斥打骂，而是要做到以合理为前提。同样，态度应该是耐心的，循循善诱的。

3. 批评和表扬相结合

当孩子犯了错误时，就要对孩子进行必要的警告和批评，应该讲规矩就实施惩罚，绝不能“心慈手软”，这样孩子才能知错必改。如果做了件好事或是学习上取得好成绩，就要及时给予表扬，这样孩子就会成长得更快。

执行规矩时父母意见要保持一致

陆玉的儿子朋朋喜欢玩打火机，所以陆玉的老公李平曾经多次警告过朋朋不许玩打火机，因为那非常危险。这天，李平出去办事，他出门

前再三叮咛陆玉不许让儿子玩打火机。

见父母骑着电动车出门了，朋朋开始求妈妈："妈妈，让我玩一会儿打火机好吗？就一会儿！"

陆玉看到朋朋一副哀求的样子很可怜，再说有自己在家看着孩子，应该不会有什么危险，于是就答应了他，对他说："好吧。但是你只能玩一小会儿，要不然，你父母回来就麻烦了。"

见妈妈答应了，朋朋就拿了一个打火机打火玩。正玩得高兴时，李平回来了。因为他走到半路想起手机忘在家里没拿，只好返回来拿手机，没想到的是他却正好看到儿子在破坏他的规矩，而一看儿子破坏规矩，李平就着急了。

"我跟你说过多少次了，不让你玩打火机，你怎么不听话？去，上小房间待着去，好好给我反省一下自己的错误，还有，下午不许看动画片！要不然，我晚上回家就好好收拾你！"

见自己被父母抓到了，朋朋只好无奈地去小房间待着。

"这孩子，什么时候才能记住我说的话，什么时候才能听大人的话啊！"看着朋朋去了小房间，父母无奈地叹了一口气，然后推车走了。而他走了不久，看孩子很可怜的陆玉就将儿子从小房间放了出来，又给了儿子一个打火机玩。

就这样，虽然李平管得很严，但还是不时会看到孩子在玩打火机，他给孩子立的规矩呢，也就变成了一纸空文。

从这个案例中，我们可以看到，在给孩子立不许玩打火机的规矩时，朋朋的爸妈没有形成统一的看法，总是一个唱红脸，一个唱白脸。朋朋正好利用了父母、妈妈的"红白脸"教育方式，达到了玩打火机，甚至破坏规矩、不守规矩的目的。

父母对孩子教育时一致性很重要。如果不一致，不仅会破坏父母在孩子眼中的形象，降低父母的威信，影响教育的效果，而且最严重的是会对孩子产生诸多不良的影响。

一是造成孩子的双重人格。

有的家庭在教育孩子时甚至会有意识地“你唱白脸我唱黑脸”，一个迁就、保护孩子，另一个则扮演严厉教育的角色，这对孩子是很不好的。情况严重的就会造成孩子的双重人格，在爸爸面前一个样，在妈妈面前另一个样。

二是削弱孩子自我控制能力的发展。

当孩子出现一定的行为后，如果父母一致肯定或否定，他就会知道自己正确与否，并学会在新的环境中继续或停止、改正这种行为，从而发展自我控制能力。但如果父母意见不一致，当孩子再次遇到同样的情况时，他根本就不知道自己究竟应该怎样做，更谈不上有意识地改正自己的行为了。

三是容易使孩子不明是非。

在家庭中，当父母产生分歧的时候，孩子往往会觉得胜利一方的观点就是正确的，而事实上也许并非如此。长此以往，孩子的是非观会变得模糊，甚至是非颠倒。

四是影响孩子的心理健康。

当父母教育观点不一致时，双方容易发生争执，使家庭气氛变得紧张。孩子也许并不知道父母在吵什么，但他知道父母是因为他（她）而发生了争吵，胆小、内向的孩子会因此感到惶恐不安。在以后的日子里，为了不使父母发生争吵，他常常会谨小慎微，即使在家庭中，在父母面前，也不能表现出孩子的天性，生怕因为自己的不小心又使父母发生争执。孩子如此自我压抑，成长必然会受到影响，尤其是在心理健康方面。

要教育好孩子，父母必须有一个明确的是非观念，父母自己思想混乱是教育孩子的大忌。另外，父母双方的意见要一致，如果父母意见不同或者宽严不一的话，那么家庭教育只能以失败告终。所以，在给孩子制定规矩后，父母和家庭中的不同成员必须要坚守统一战线。

亲子正面沟通秘诀

建立家庭统一战线，父母们可以这样做：

1. 在给孩子订规矩时，自己的做法要统一

父母们还要注意的是，无论给孩子立什么规矩，必须在不同时期内统一，不能今天说这个不可以，明天又说这个可以做。同时，前后的要求是统一的。无论高兴与不高兴时，都要订规矩，千万不能高兴时不订规矩，一生气就订规矩。

2. 父母不能与家人当孩子面争吵

在订规矩的过程中，即使父母对家人的做法有意见，也不能当着孩子的面争吵。因为为规矩的事争吵，就会影响父母在孩子心中的权威感，从而影响在孩子面前做规矩的能力。

3. 注意特殊时期的规矩的统一

在特殊时期，如孩子生病前后，父母要注意规矩的统一。孩子在生病期间，可以给一些照顾。但孩子身体好了，一定要好好恢复规矩。

总之，给孩子订规矩，一定要取得家庭所有成员的支持配合，做什么规矩，何时给孩子订规矩，不仅夫妻要统一意见，而且还要与爷爷奶奶取得一致意见。这样，才能在给孩子订规矩、立什么规矩、如何订规矩这件事上，让家人保持一致，从而在订规矩的过程中，对孩子采取一致的态度和要求，做到爱与规矩高度统一起来。

第 11 章

给孩子话语权，让孩子对你掏心窝

大人说话要允许小孩子顶嘴

3岁："坏妈妈！""我不喜欢你。""不！"（是的，顶嘴在这么早就开始了！）

4岁～6岁："我讨厌你！""闭嘴！""那是我的，别碰。""你不能强迫我。"根据一些家长的说法，现在"随便！"也越来越流行了。

6岁～8岁："你真笨！"或者"我才不做那个呢！"

8岁～11岁："噢，得了吧！""真差劲！"外加翻白眼、怒气冲冲或叹气。"别的孩子都可以那么做！"

12岁～14岁："妈妈（或者爸爸），你对音乐（或电子游戏、或服装，或者孩子关心的任何东西）一窍不通。""你必须带我去商场。（或者做孩子要求的任何其他事情）""你说这种东西也能吃？"

15岁～17岁："爸爸，你需要帮助了。""别烦我！"

17岁以上："我压力太大了（太累了、烦透了、作业太多了，等等），行了吗？"

上面是一些孩子和父母顶嘴时所说话的例子，这些例子按照年龄段列了出来。这些年龄段的划分不是绝对的。孩子越早熟，就越可能使用更大孩子的顶嘴语言。孩子越不爱说话，就越有可能停留在说"你真笨"或"我才不做那个呢"的阶段。

从两三岁开始，家长突然发现，孩子并不像以前那样言听计从了，而是开始顶嘴。无论是哪一个年龄层的孩子，口语上不礼貌的表现对父母来说，都是相当困扰的问题，不但会阻碍亲子间正常的沟通，而且对孩子将来的人际关系与心智发展更会造成不良影响。

有些父母，面对孩子的顶嘴，会直截了当地对孩子说“不许顶嘴”。

一位年轻的妈妈喋喋不休地数落着自己的儿子，小男孩涨红着脸，好几次仰起头想说什么，都遭到妈妈更大的训斥：“不许顶嘴！”“还嘴硬！”小男孩欲言又止，欲哭还休，唯有晶莹的泪珠在眼眶里打转。

生活中，听话的孩子常讨家长喜欢，而爱顶嘴的孩子常遭家长的训斥，被剥夺辩解说明的权利。但是这种不允许孩子顶嘴的专制作风，对于孩子的危害是非常大的

当孩子顶嘴时，如果父母严加训斥，会给孩子的成长带来一系列危害：

一是导致孩子产生逆反心理。

生活中有的孩子犯了错误，试图找出理由为自己辩护，其目的无非是为求得父母对自己的谅解，这种心理很正常，也是孩子鼓足了勇气才这样做的。如果父母武断地加以“狙击”，孩子会认为父母不相信自己。对父母的这种“蛮横”做法，孩子虽不敢言，但心不服，以后孩子即便有更充足的理由也不会再申辩了。孩子一旦形成了这样一种心理定式，父母的批评他就根本无法接受，把训斥权当耳边风。

二是造成孩子认识障碍。

一些犯了错误的孩子，因为没有真正认识到错误而与父母争辩。而这时父母简单粗暴地不给孩子争辩的机会，不让其通过“辩”来分清是非。根本性的问题其实没有真正解决。由此，孩子的认识就会逐渐产生偏差。

三是扼杀孩子新思想。

一个想“顶嘴辩解”的孩子，往往能将是非善恶权衡在自己的评判标准上，显示了不唯命是从，求是明理的思想特质。许多孩子正是在有所听和有所不听的过程中，逐步学会了认识问题、处理问题的能力。而父母“不许顶嘴”的高压使孩子产生了唯唯诺诺的心理，这让他们以后如何创造性地解决问题、处理问题？

顶嘴，这是孩子成长中所必经的过程，是孩子正常的成长表现。顶嘴会让家长不悦，但这并不是说明孩子变坏了，而是因为，孩子开始有自己的独立意识，他认为自己长大了，有些事需要按自己的想法来做，并不想只听父母的话。家长只要加以正确的引导，不仅可以解决好孩子顶嘴的问题，还可以培养孩子的好性格。

亲子正面沟通秘诀

面对顶嘴的孩子，父母该怎样做呢？总的来说，一不要害怕，二要教育引导，三要注意方式。可以从以下几个方面进行尝试：

1. 首先要控制好自己的情绪

不要在顶嘴当时大发雷霆，切忌针锋相对，一定要冷静、耐心。家长如果不能很好地控制自己的情绪，教育孩子时不免急躁粗暴，往往会使孩子的心理受到非常大的伤害。

2. 主动了解孩子“顶嘴”的意图

孩子说话不会拐弯，心里想什么嘴里就说什么。他用粗暴的态度顶撞家长，原因是他的心里有不满。弄清楚孩子的意图和原因之后，你就会明白他为什么突然变得这么粗鲁。

3. 耐心倾听

要真诚地去倾听孩子辩解的理由，并且加以具体分析。不要凭主观臆断或一面之词而妄下结论。

4. 给孩子申辩的机会

因势利导，充分让孩子申辩，培养他们敢想、敢说的良好习惯，能使他们既明事理又练口才。

5. 引导孩子学会自我分析

从鼓励的角度去教育孩子，使他们能正视存在的问题，鼓足信心去克服它。

6．从自身找原因

孩子顶嘴父母要多找找自己的原因，看看自己有什么地方做得不对，说不定会发现是自己有错误了呢。

总之，对于孩子的顶嘴，父母应有足够的民主风范，切忌为了面子和尊严，而置孩子的“委屈”和“苦衷”于不顾，以势镇人，以“大”压小，更不能打骂孩子，从而挫伤孩子的自尊，导致孩子逆反和逃避心理的形成。

但如果孩子出现经常性地顶嘴，或者完全是无理取闹之时，家长就要适时严厉教育，等孩子冷静后，要适当地以严厉语气批评孩子，严肃教育孩子要懂事理。

给孩子充分的发言权和决策权

周末，妈妈带着8岁的女儿丽丽去书店买书。

妈妈自作主张地帮丽丽买好了很多书，拉着丽丽去收银台付钱。丽丽坚决不去，大声地对妈妈说：“妈妈，你给我买书为什么不问我的意见？”

妈妈说：“宝贝，你不懂，妈妈选这些书是为你好。”

女儿说：“我要买我喜欢的书，我喜欢……”

妈妈快速地打断丽丽的话说：“别说了，你必须听我的，快走，去付钱。”

妈妈硬拉着挣扎不休的丽丽，去了收银台。

在生活中，这样的情况随处可见。很多时候，父母会认为孩子还小，什么也不懂，从来没有把孩子当作一个真正独立的个体，对孩子的话不会认真地去听，更不会把孩子的话当回事。

有的父母总觉得孩子没有发表意见的权利，在孩子表达出他的意愿和想法时，父母也总是不屑一顾。当父母就家里的某个决策讨论的时候，如果孩子在一旁插嘴，父母就大声呵斥“大人说话小孩子别插嘴”“这是大人之间的事，没你小孩子什么事，一边玩儿去”，实际上父母的这种态度已经对孩子产生了消极的暗示和影响，无疑是给热情高涨的孩子迎头泼了一盆冷水，使孩子自信全失，严重的可能会让孩子觉得自己在家里一无是处，可有可无，进而导致一些本来可以避免的心理问题，如轻视自己、自我怀疑等。一旦孩子真的出现了心理问题，父母就要追悔莫及了。

国家一级作家骆晓戈教授的教子之道值得推崇。在骆教授的众多教育方法中，最大的亮点就是让孩子参与家庭决策，给孩子一个发言权。比如要添置家庭共用品，都会征求女儿的意见。全家小到衣服大到房屋的购买，她都给女儿充分的发言权和决策权。

一般来说，能够经常参与家庭决策中来的孩子，性格较为开朗，能够在众人面前条理清楚、简明扼要地表达自己的见解和意见，能够主动关心别人、考虑别人的感受，有较强的集体责任感和责任心，待人接物也处处能彰显出自信；而那些从来不参与家庭决策的孩子，考虑事情通常是狭隘的、以自我为中心的，集体意识淡薄，依赖心理强，做事的主动意识差。因而可以看出，让孩子参与家庭决策中来对孩子的健康成长有至关重要的影响。

给孩子一个说话的机会，孩子会给你一个不一样的答案。

亲子正面沟通秘诀

孩子年纪虽小，但是他们也有独立的人格，也有认知世界的独特视角，更有表达自己内心感受的自由。因此，父母要尊重孩子的人格，给孩子说话的权利。

1. 听孩子把话说完

随着孩子年龄的增长，他们的自我意识开始觉醒和成长，越来越有自己的主张，家长也越来越烦恼，认为孩子怎么越来越不听话了，家长和孩子之间的冲突越来越多。

对一个已经有自我主张的孩子来说，乖乖听话是一种痛苦，如果父母一味地将自己的想法强加于孩子，经常打断孩子说话，剥夺孩子的说话权，这样会让孩子产生对抗情绪，使孩子与父母之间相互不信任，容易出现冲突，出现沟通困难。

应该耐心地听孩子把话说完，这样不仅孩子的表达能力会得到提高，而且孩子不容易产生自卑情绪。剥夺孩子说话的机会，孩子的表达能力得不到提高，在社交中就会出现表达困难，会产生自卑情绪，缺乏自信。

2. 给孩子合理的建议

父母听孩子把话说完，孩子说得有理，应该赞赏，孩子说得不合理，作为父母，要明确地表达自己的立场观点，给孩子合理的建议，直到把孩子心中的疑问解开为止。

3. 让孩子投入到谈话之中

交谈需要花费一些时间，这最好是在一种让孩子与大人一样有同等机会参与的轻松的气氛中来进行。谈话时应自由自在，任意地发挥。不要有什么仪式安排或预期达到什么结果，尝试着与孩子随意交流观点和看法。

总之，父母不要让孩子闭上嘴，要尊重孩子，给他们说话的机会，这样不仅能建立健康、和谐的亲子关系，而且让孩子养成一种习惯，在将来的社交中，如果和别人有不同意见时，才能理性地与别人沟通，而不是情绪化地大吵大闹或唯唯诺诺。

孩子犯了错，要给孩子解释的机会

睿睿的同桌有一个橡皮，非常漂亮。她就向同桌借来用用，顺便把玩一下。本来睿睿想下午将橡皮还给同桌，但是放学时却忘记了，把橡皮带回家了，而且，第二天也忘了带回去。

第二天，同桌生病了，没有来上课。过了两天，同桌的病好了，上课时竟然也忘了是谁借走的，于是告诉了老师，说有人偷了他的橡皮。最后这事就闹大了……

最后的结局，老师批评了睿睿，并给睿睿妈妈打了电话。妈妈回家打了睿睿一顿，嘴里还骂着："小小年纪就不学好，学人家偷东西，给妈妈丢脸！"睿睿只是哭泣着，也不敢申辩。

很多父母教育孩子的时候，都存在这样的错误，孩子犯了一点儿小错就无限夸大，丝毫不给孩子解释的机会。也许父母以为这样做都是为了孩子好，但你永远想象不到，这样做对孩子的成长造成多大的伤害！

一所教育机构曾经对2000名在校学生做了一次问卷调查，调查结果显示，现实生活中，常常会有这样的情况发生：孩子犯了一个小错，父母单凭自己了解的情况对孩子的行为做出评价和责备，从来不问孩子真实的情况和内心的想法。

很多父母都有这样的行为，不管孩子是否做错了事情，不去问清楚事情的真相，就把责任全部推到他身上。当孩子申辩和解释的时候，父母就会气上加气，心想："你犯了错还狡辩？"于是，对孩子大喊一声："住口！"你能想象孩子这个时候该有多么委屈吗？即使事后你为冤枉了孩子而向他道歉，但对他的伤害仍然无法弥补。

经常被喝令"你不用解释"的孩子，渐渐放弃了为自己辩解的权利。他们背负着很多的委屈，一个人默默承受，而这样的负担，可能会造成严重的心理问题。

孩子犯错是很正常的。面对孩子的错误，如果父母不注意教育方式，不分青红皂白地批评、责骂、惩罚，不但不能让孩子改正错误，相反会使孩子形成胆怯、退缩或者是叛逆、攻击等不良心理。

父母千万不要一看到孩子做了不顺自己心意的事情，就劈头盖脸地斥责孩子。不管什么时候、什么事情，一定要首先给孩子解释的机会，让孩子把事情的经过说清楚，然后再下结论。这才是正确的管教方式。

亲子正面沟通秘诀

孩子犯了错误，父母要给孩子解释的机会，耐心地跟孩子做好沟通工作。具体来说可从以下几方面进行：

1. 静心倾听孩子的解释

当认为孩子做错了事情，不要急于做出判断和结论，而要首先倾听孩子的解释。你可以说："好吧，和妈妈说说当时的情况。"当孩子对一件你曾经认为错误的事情做出合情合理的解释时，你应该说："原来你有自己的想法，妈妈明白了！"

2. 不要在孩子面前表露不良情绪

孩子对世界的认识，正是从离自己最近的父母开始。父母的任何尖刻和怨恨都会被孩子放大百倍吸收和模仿。父母太多的抱怨和愤恨，容易使孩子产生对社会、对学校、对老师、对同学的不信任、仇视甚至攻击。为了孩子的身心健康，父母应尽量避免在孩子面前过于表露不良情绪。

3. 做好自我检讨

当发现孩子犯错误时，父母不要急于责备孩子，而应立即检讨自己在家中制造的言语环境是否有问题，反省自己的言行，看是否是由于自己的教育方式不当而导致孩子行为出现偏差。

4. 多宽容孩子的过失

当孩子被迫承受了大人施加的委屈时，他无从辩解和宣泄，委屈就会压在心中，不得不自我消化，这样非常容易导致孩子走进心理的死胡同，更有甚者走向自闭或者叛逆。愤怒中的父母，切记要给孩子多一分宽容，多一次解释的机会，不要在愤怒的时候轻易下结论。

要允许孩子有自己的想法

几周前，溪凡要代表学校参加区里的绘画比赛。

妈妈让她画在学校得奖的那幅《海底世界》，获奖的把握更大一些。可溪凡说："这幅画在学校得了奖，上区里比赛干吗还要画它？我要创作一幅新的。"

妈妈又苦口婆心地讲了很多道理，溪凡也没有争辩，但真到比赛的时候，溪凡还是按自己的主意画了别的画，结果却因为准备不足没有拿到名次。

妈妈得知结果之后，对着溪凡嚷："你就这么任性！平时，让你听英语你要做语文，让你练琴你要画画，可让你画画了，你又要看电视，总想按你自己的想法办。这样的小事就算了，参加比赛这么大的事情，你也敢先斩后奏！这回自己吃亏了吧。看你以后还敢不敢自作主张……"溪凡的眼泪一下子掉了下来。

我国是一个具有几千年封建历史的古国，存在的封建意识在现代家长的头脑中还很多。其中之一就是喜欢儿女听话，百依百顺，容不得儿女的反对意见，更容不得儿女的反驳。而现在时代已经变了，再要求儿女们百依百顺是很难做到的，而且也不一定就正确。儿女们有时的反对或者有不同的意见并不一定就是什么了不起的错误，更不是对大人的不尊重和不敬。我们日常生活中的许多事情本来就可以是这样做，也可以是那样做。

每个孩子都有自己的想法，每个孩子也都有自主地和别人交流的愿望，父母应该给孩子创造机会，让孩子将自己心中的想法表达出来，这样才能培养孩子独立自主的意识，学会大胆地发出自己的声音。

作为父母，即使是面对像溪凡这样的孩子自己做主却出现了失误的情况，也不要呵斥、指责和禁止。先帮助孩子总结这次没有做好充分的准备、低估了对手的教训。在遇到事情时，帮孩子分析情况、给予一些建议，启发孩子自己想办法解决问题，并在必要的时候为孩子把关。

父母要相信孩子，相信孩子能做好，能处理好生活中的烦恼，处理好学习上的问题。不要一味要求孩子听话，什么事情都由你们说了算，多听听孩子的意见，更不能因为孩子做事与你们的想法不一致，或违背了你们的意愿，对孩子进行打骂。一句话，不能一言堂，要允许孩子有自己的想法，别将自己的想法强加给孩子。

亲子正面沟通秘诀

父母千万不能将自己的思想强加给孩子，那样只会培养出一个没有主见、能力平庸的孩子。要允许孩子有自己的想法，鼓励孩子独立思考，培养孩子独立解决问题的能力。

1. 允许孩子有不同想法

很多父母总是夸奖自己的孩子听话顺从，希望孩子事事征求自己的意见，什么话都能够和自己交流。其实，这样做的话，会导致你的孩子将来也是这样的性格，他们将没有主见、懦弱，遇事无法冷静思考，处处依赖父母，甚至是逃避问题，以至于在工作中无法突出，没有创新的思想理念，总是事事落于人后，甚至是养成自卑心理。所以，父母不要阻止孩子不同的想法意见，反而应该鼓励他们去解决自己的事情。

2. 尊重他们的想法

孩子很早就会说不了，他们会拒绝被人，这就是反叛的表现，当他们达到青春期的时候，他们的叛逆性格会更加严重，虽然父母担心孩子会不如歧途，但是也不能一棒子打死，至少要尊重他们的一些想法，用道理说话，要比强制地制止要好得多。当你的孩子在向你控诉，要你尊重他们的时候，就说明你的孩子长大了，他们有了自己的想法，有自己的决定。父母应该感到欣慰，而不是难过哀伤，不是认为你的孩子远离了你，不再需要你，这其实是他们独立的表现。

3. 鼓励孩子独立思考

很多时候，我们的孩子会提出一些莫名其妙的问题，父母不要觉得这是不切实际的就否定孩子，很多的科学家都是从世人不关注不在意甚至认为是离经叛道的事情中发现奥妙、获得成功的。所以，父母要鼓励孩子去独立思考一些事情，对于他们的问题给予解答，不要阻碍孩子的思考能力，自我发展能力。

鼓励孩子大胆提出不同意见

宁宁的爸爸是个很开明的父亲。他对孩子具有宽容的心态，洒脱的教育，很少对孩子说“不准”“不要”。他尊重孩子的个性，欣赏孩子的“淘气”，鼓励孩子说出不同的意见。

一次，他给宁宁出了一道带启发性的思考题：

一棵树上站着三只小鸟，一个顽皮的孩子用弹弓打掉了一只，试问树上还有几只小鸟？

宁宁说：“三减一等于二，树上应该还有两只。”

妈妈在旁边笑起来，说："宁宁，你再好好想想。"

但宁宁却执着地说："就是两只嘛。"

于是爸爸启发他说："宁宁有主见，敢于坚持自己的主张，是好样的。但是，你想一想：打掉的虽然只有一只，但弹弓一响，其他两只也就吓跑了，所以，一只也没有剩下。"这样才结束了争论。

随着年龄的增长，孩子对世界的认知水平大大提高，独立意识和各方面能力越来越强，孩子开始有了自己对事物的认识、见解和观点，开始要求自己安排自己的生活、学习，这正是孩子长大的标志，是孩子独立意识和自信心的一种表现。有思想的孩子会获得更大的成功，父母应该放手，让他们自己去发展，就像小鹰一样，总是要自己学会飞翔的。

著名画家丰子恺在教育孩子的问题上是非常灵活开放的。丰子恺有很多朋友，他们常常聚到一起谈天说地。大人们在一起谈书论画，畅所欲言，只要孩子有兴趣，丰子恺总是鼓励他们加入进来，并说说自己的想法。丰子恺不仅看重待客之道，也非常珍视孩子独立思考和学习的品质。正是在这样开放、自由的讨论氛围中，孩子们渐渐学会了自己去辨别和理解事物。

除了在教育方式上开放、灵活，丰子恺自己也是一个很有创新意识的人。他在年轻时留学日本，在此期间学习西洋画、小提琴、日文、英文和德文，他还常常去听歌剧、参观各种地方。在50多岁的时候，他还学习了俄文，并翻译了不少俄罗斯的文学作品及美术、音乐方面的著作。

丰子恺学习、尝试的精神对儿女的学习有着很大的影响。他的女儿丰一吟继承父亲的喜好，成为一位著名的翻译家、画家。她的风格与父亲并不相同，用自己的目光来观察世界，是丰一吟从父亲那里得到的最大影响。

父母要相信孩子，相信孩子能做好，能处理好生活中的烦恼，处理好学习上的问题。不要一味要求孩子听话，什么事情都由你们说了算，多听听孩子的意见，更不能因为他做事与你们的想法不一致，或违背了你们的意愿，对他进行打骂，一句话，不能一言堂，要允许孩子有自己的想法，别将自己的想法强加给孩子。

父母应该鼓励孩子大胆提出与自己看法不同的意见，培养孩子的求异思维、发散思维和逆向思维，鼓励孩子与众不同、标新立异和突发奇想。这样才能使孩子没有压抑，敢于张扬自我；平心静气，坦然接受失败和错误，并将其转化成成功的基石。这一切将为孩子打造一个健康的心灵，使他们成为一个“抬起头来走路”的自尊、自信的人。

亲子正面沟通秘诀

父母要允许孩子表达自己的见解和主张，努力为孩子创造一个宽松的成长环境。

1. 家庭要搞民主，不能专制独裁

孩子们通常很在意别人的看法和对自己的认同感，尤其是父母。孩子只有在不被责备的情况之下，才敢大声地说出自己的想法。因此，父母要放下身段，耐心地倾听孩子的意见，鼓励孩子的质疑，允许孩子在某一问题上的争论，让孩子畅所欲言，给他尝试的机会。父母千万不能因为孩子的天马行空而打断或者否定孩子的发言，要让孩子在家庭中有足够的民主，自由言论权，而且，父母也要积极引导孩子们的独立思考能力。

2. 鼓励孩子多独立思考，多询问孩子的意见

当孩子在面对事物的时候，有自己的不同看法是很重要的。在孩子就某一事物提出自己的看法时，父母们千万不要以为事事听从大人想法就是好孩子，或者觉得孩子说的不正确就立马进行纠正，将孩子的信心

和独立思考的机会扼杀。当孩子们冒出一些特别的想法，父母们不要认为不合理，不要断然否定，鼓励他这种思维活跃的表现。遇到问题时，父母们还要经常询问孩子："你对这件事的想法是什么？""你觉得怎么样？"等等，让孩子拥有自己的想法。

3. 学习环境多样化

父母要提高和激发孩子的好心，将孩子的好奇心引向大自然。鼓励引导孩子用自己的眼睛观察世界、理解世界，将这个世界重新组合。不要压抑"初生牛犊不怕虎"的精神，引导孩子关键时刻锲而不舍。生活中，父母可以经常向孩子提出一些问题，引导孩子从不同角度进行思考，比如：让孩子回答："树木可以用来做什么？""草地的用途有哪些？""水有什么用途？"在点点滴滴中，培养孩子的思维独特性。

听孩子诉说，不随意打断孩子话头

王先生的女儿王露平时是个很听话的孩子，学习也很认真。王先生夫妇二人打心眼里喜欢自己的女儿。

然而有一次，王露郁郁不乐地回到家中，向妈妈诉说道："妈妈，今天我和同学吵架了。原因是……"

还没等王露把话说完，妈妈就生气地打断她的话："什么，你和同学吵架了！"

王露急忙说："妈妈，您听我说吗……"

妈妈大吼道："别解释了，一定是你做了什么不对的事！"

王露躲进了书房，也不出来吃饭，妈妈去叫她，她就是不出来。

妈妈恨恨地嘟囔着："这孩子太不像话了，竟然在外面和人吵架。"

王先生想，发脾气也解决不了问题，于是就放下手头的事，陪女儿坐了下来，问她到底发生了什么事。这一问勾起了王露的伤心事，她泪水夺眶而出，说道：“爸爸，我今天跟班上一个男生吵架了。后来我承认错误在我，但是那个男生得理不饶人，一再地找我麻烦。下课后，老师把我们俩叫到办公室。老师问明情况，对我们俩人劝说了几句，就让我们回家了。我刚要离开，那位男孩的妈妈来接他回家，那男孩就趁机说我骂他妈妈了。听到这话，她妈妈就用冷冷的眼神看着我，带着她儿子边走边说不要接近我这种没教养的女孩，不然就该学坏了。当时我好委屈，难过地想你和妈妈要是在我身边多好啊。”说完，王露又开始哭了。

听了女儿的话，王先生赶紧劝导和安慰她，王露的情绪渐渐平静下来了。

事后，王先生说了爱人两句：孩子受了委屈，有心事向父母诉说，父母应该耐心地听孩子解释，及时像朋友一样跟孩子交流，帮助孩子，不能用不耐烦的口气随意打断孩子的话，甚至无端地责怪孩子。

在成人的交际中，我们知道随意打断别人的话是不礼貌的行为，但在与儿童的沟通中却容易忽略这一准则。结果，有不少家长就像上面故事中的妈妈一样，根本就没有耐心听完孩子的诉说，随意打断孩子的话，令孩子失去了倾诉的欲望，不愿意多跟父母交流自己的想法，分享自己成长的经历，影响了和谐亲子关系的建立。

如果父母总是随意打断孩子的话，就会造成诸多消极的影响：

一是会让孩子觉得自己得不到父母的尊重，长此以往，他们就会习惯于把话藏在心里，不肯对父母说。

二是会让孩子觉得自己和父母的地位是不平等的，自己的说话权得不到重视，时间长了，孩子就会与父母产生对抗情绪，以致双方相互不信任，沟通困难。

三是可能会影响孩子语言表达能力的提高和性格的发展，一些孩子可能会因此而变得自卑、内向、沉默寡言。

孩子在学习和生活中有问题向父母倾诉时，父母要做孩子忠实的听众，耐心和孩子交流。一份调查显示：80%的儿童心理障碍和家庭教育有关，特别是与父母对孩子的教养和交流沟通方式不当有关。孩子虽小，但他们有人格尊严，认知世界时有自己的独特视角，他们有表达内心感受、阐述自己观点的愿望。父母应耐心让孩子把话说完，只有这样才能互相沟通理解，建立健康、和谐的亲子关系。

为了帮助孩子健康成长，父母不仅需要平时多与孩子交流，应该在双方对话的时候多点儿耐心倾听，少打断孩子说话。

亲子正面沟通秘诀

和孩子建立良好的亲子关系不难，不随意打断孩子的说话是一个简单而实用的方法，能起到完全不同的教育效果。

1. 尽力听孩子把一件事情的前因后果讲完

孩子虽小，但他们也有独立的人格尊严，有表达内心感受、阐述自己看法的自由。让孩子把话说完就是对孩子人格的一种尊重。孩子说得有理，应该赞赏；孩子说得不合理，可以进一步交换意见，直至解开孩子心中的疙瘩为止。只有这样，才能建立健康、和谐的亲子关系。

2. 站在孩子的角度换位思考一下

如果自己的话没有说完就被别人打断，是不是会觉得尊严被侵犯了？还会有说下去的愿望吗？己所不欲，勿施于人，父母不能因为自己是长辈想怎样就怎样，不等孩子说完就把自己的想法强加给他。

作为孩子的父母，只有真正进行换位思考，对孩子的诉说才会认真听下去，才能产生交流中的互动。否则，没等孩子说完两句话，就不耐烦了，那就会伤了孩子的自尊心。

3. 对孩子的话语做出积极的回应

在孩子说话的过程中，父母不仅要耐心倾听，而且对于孩子的话语要做出积极的回应。特别是对于孩子提出的问题，要及时给予解答，并鼓励孩子说出内心话，以引导整个沟通过程顺利进行。

认真听完孩子的话，不仅是在对孩子进行平等做人、平等对待别人、平等对待自己的教育，也是走进孩子心灵的有效手段。父母在与孩子交谈、沟通时，一定让孩子把话说完，耐心地听他说。让我们放平视线去看待孩子，用真诚宽厚的心去爱孩子，要时刻提醒自己："让孩子把话说完！"

第 12 章

想让孩子听你的，不妨做孩子的听众

与孩子交流时要少说多听

李颖有一个16岁的女儿，母女两人感情很好，总是形影不离，无话不谈，这让身边的邻居朋友羡慕不已。可是，只有李颖自己知道，与女儿之间的沟通，她做了多少功课，下了多少功夫。

有一段时间，李颖由于工作原因，精神状态很不好，跟女儿说话也没了耐心，更多的是指责和呵斥。一天，女儿放学回家，比平时晚了一点，李颖便劈头盖脸地呵斥："去哪里了？怎么比平时晚了？"女儿说："我和小霞一起去叶子家玩了。"李颖依然不依不饶地说："我很担心你！你知不知道？以后放学就回家做功课，不许到别处！"女儿听了脸色很难看，然后不理李颖就回自己的房间去了。

李颖也意识到自己的说话语气和说话方式都不太合适，但觉得没什么大不了，就没怎么关注女儿的看法。后来李颖发现女儿愈来愈不听话，甚至不愿意跟自己多说话，每天回来就做作业，做完作业就睡觉。她担心女儿出了什么问题，于是去咨询家庭教育专家。专家听了李颖的情况给她开了一个"药方"：多倾听孩子的诉说，与孩子交流时少说多听，并教给了她许多倾听孩子心声的技巧。

从此李颖转变了自己的态度，也不再随便对女儿的言行作价值判断。即使当孩子不同意自己的看法时，她也会承认女儿想法的合理性，并积极做好女儿的倾听者，母女俩的关系又回到了从前。

一天，女儿放学回来沮丧地对李颖说："妈！今天的考试没考好，我好难过。"李颖听了，停下手边的工作，坐下来温和地对女儿说："愿意详细地跟妈妈说说吗？"女儿看了看妈妈，点点头，然后就一五一十地把自己考试的情况跟妈妈讲了。李颖听后，先安慰女儿，接着和女儿一起分析了本次考试失败的原因，并和女儿制订了相应的补救措施。

和女儿分析完情况，已经是深夜了。女儿感激地看着妈妈，说："妈妈你真好！有你这样的妈妈，我太自豪了！"那一刻，李颖也感觉很幸福。

经常有孩子抱怨："没有一个人真正听我说话，他们只是在说自己的！"孩子对这种情况有特殊的感受。称职的父母，一定要学会聆听孩子说话，用自己对孩子的信任、尊重去促使孩子多说话，让孩子把自己的所思所想都表达出来，这样才能与孩子进行良性的交流和沟通。

倾听孩子的心声，让孩子把内心的真实想法说出来，体会孩子的感受，不但可以增进父母与孩子之间的感情，也可以让孩子明白，不管有什么困难和烦恼，都会得到父母的体谅和支持。这会让孩子有安全感，而这种安全感可使孩子的创造力和理解力得到全面的发挥。

父母在倾听孩子说话的时候要肯花时间、有耐性，做个有修养的听众，用心倾听孩子的心声，用心走进孩子的世界，积极发现孩子的优点，发自内心地表扬孩子，鼓励孩子，尝试着不去批评孩子。只要父母耐心地这样去做，多了解、多关怀孩子，孩子就会很乐意和父母在一起。如此，拥有一个心理健康的孩子并非梦想，孩子也能顺利地迈向成功之路。

亲子正面沟通秘诀

父母在倾听孩子说话时要把握好时机的选择，要注意以下几点：

（1）心情不佳、过于疲劳或工作中遇到棘手问题必须尽快处理时，最好不要听孩子说话。

（2）要有一个理智的心理环境。环境安静，心理平和，能较好地对孩子的问题进行思考，采取成熟的解决策略。

（3）根据具体情况，父母中哪一位出面，或一起出面，都要事先商量好，但要注意回避政策，避开其他人。

认真倾听，解开孩子的心结

场景一：“妈妈，我没有某某漂亮和优秀，也没有某某讨人喜爱，你是不是很失望？”孩子感到自卑。妈妈看着孩子的眼睛，抚摸着孩子的头告诉孩子：“孩子，你和她一样优秀！能看到别人的优点，这就是你最大的长处，我喜欢你做我的女儿，也因此感谢上帝的恩赐。”

场景二：“我早晨到校晚了，没有做好值日，老师罚我干一个星期。老师就知道罚，真烦人。”孩子怨气很大。父亲这样安慰孩子：“为了做好班级工作，老师奖罚分明，学生应该理解。在班级里，每一个学生都应当承担一份工作，并把它做好，这是应尽的义务。老师罚你做值日，也不是一件坏事情，可以增强你的责任意识，对你今后的成长很有益。”听了父亲的话，孩子的怨气消去了大半。

场景三：“我们班调皮孩子多，纪律涣散，老师让我当班干部，我才不愿意费力不讨好呢。”孩子对老师安排的工作有抵触情绪。母亲这样开导孩子：“这可是老师对你的信任呀，老师这样信任你，说明你有能力做老师的小帮手，我看你不应该失去这次锻炼机会，更不应该让老师失望，妈妈相信你能挑起这副重担。试试吧，你一定会干得很出色的。”妈妈这样一番话，既告诉孩子要尊重老师，又告诉孩子要有热爱班集体的品质，敢于承担责任的勇气。

孩子把自己的情绪通过发火或哭喊发泄出来后，会重新注意他周围的情况，而且一般说来，他需要得到别人尤其是父母的倾听和安慰。

孩子哭泣或发脾气时，很重要的一点是父母要持续和蔼地倾听孩子的倾诉，亲切地留在孩子身边，温和地抚摩或搂住他，讲几句关心的话，但不要多。例如，“再多告诉我一些”“我爱你”“发生这样的事我很难过”等。假如你在此时说话说得太多，你就会在这种“交流”中凌驾于孩子之上，不能倾听孩子的话。如果你能听听孩子的想法，而不是企图“纠正”他，那么孩子会深深地感受到你的关心。

倾听孩子哭泣或发脾气而不是要求他“恢复正常”的做法，实际上要比试图控制并转移他的注意力或强迫他举止温顺有礼更容易，也更有益处。孩子在哭泣和发脾气的时候会感到自己的世界已经崩溃，而此时你向他传递你的爱能达到最佳的效果。当你留在他身边，不提任何要求，他迟早会修整好自己的世界，而你对他的关怀会成为这个世界中充满活力的一部分。

定期地给孩子“专门时间”倾诉，意味着父母开始尊重孩子的判断力，开始倾听他急于摆脱的紧张及其他感受。一开始，“倾听”几乎对于所有的父母都非常困难，因为他们现在学着要给予孩子们的关怀与“倾听”，他们自己都不曾享受过。在这陌生的领域中，父母们会感到不舒服，但是孩子的反应就是他们的向导。每一次耐心地倾听孩子们的倾诉，每一次充满探索或笑声的“专门时间”，都会说明：父母寻求的与孩子之间的爱和信任正在得到加强。

亲子正面沟通秘诀

实践证明，成功的倾听应把握以下几点：

1. 要专心

每个孩子都希望自己的讲话能受到重视，皆有被尊重的心理需要。因此，家长在倾听时需精力集中、态度端正、全神贯注，尽量注视着孩子的眼睛，不要做看手表、抠耳朵、打哈欠等影响孩子情绪的动作，否则会让孩子觉得你心不在焉。

2. 要耐心

不要因孩子话语过长而感到厌烦，家长要善于控制自己的情绪，耐心地听孩子把话讲完。特别是孩子发表见解或有火气的时候，更要耐心倾听，给孩子提供表达情感的机会，从而促进问题的解决。

3. 要诚心

要尊重孩子，在孩子还没有充分把意见表达出来之前，不要随意表态或乱下断语，也不要随便批评。此时倾听者的坦率、真诚尤为重要，否则会产生一种距离感，影响沟通效果。即使不同意孩子的看法也不要轻易打断孩子的话，如确有必要纠正其不妥的观点，也要等孩子把话讲完后再阐明自己的观点。

如果在孩子情绪最糟时你在倾听、关切他，他会深深地体会到你对他的爱。

家长在倾听中，还要学会透过现象看本质，通过孩子的身体语言、情态，弄清话中之话，把握孩子的真实意图，从而有的放矢地做好导向工作，促进问题的顺利解决，解开孩子的心结。

让孩子把话说完，倾听孩子诉说

老师发现明明最近变了，以前活泼开朗、上课积极发言的他，现在变得沉默寡言，总是一个人发呆，学习成绩也下降了。老师经过细心的了解，才知道了明明不爱说话的原因。

原来，明明以前每天放学回家后，都会把学校发生的趣事说给父母听，可明明的爸爸是个对孩子要求非常严格的人，他把全部希望都寄托在明明身上，希望明明将来能考上大学，出人头地，因此，对儿子的学习抓得特别紧。他觉得明明说这些话都没用，简直是浪费时间，因此每当明明兴高采烈地说话时，爸爸总是会打断他：“整天只会说这些废话，一点儿用也没有，你把这心思放在学习上多好，快去做作业！”

有一次，明明说班里发生的一件事，正说得兴高采烈时，爸爸又很生气地打断他：“说了你多少次了，让你别说这些废话，你还说，再记不住，看我不打你！”吓得明明一个字也不敢说，赶紧回到自己房间里去了。

慢慢地，明明在家里话越来越少了，而爸爸也不让他出去玩，每天放学后他就只好闷在自己的房间里，久而久之，他就变得沉默内向、郁郁寡欢了。

在如今的家庭教育中，有些父母认识不到倾听孩子诉说的重要性。孩子一旦有问题，总爱以成人的思维方式去评判孩子所做的一切，把自己的意愿强加给孩子，不给孩子解释的机会，轻则呵斥，重则打骂。这样，孩子因失去说话的权利或者自己的想法得不到父母的重视，只好将委屈和不满埋藏在心里，长此以往，做父母的就很难知道孩子的所思所想，这样对孩子的教育就会无所适从。

另外，孩子的说话权得不到父母的尊重，父母不让孩子把话说完，一方面不利于孩子语言表达能力的提高，另一方面也使孩子产生自卑情绪。久而久之，孩子就会与父母产生对抗情绪，以致双方相互不信任，产生沟通困难的问题，甚至还会造成孩子的不良心理。

如果父母忽视了与孩子的交流，不重视孩子的倾诉，时间久了，不良的影响就会表现出来。因为对于一个已经有自我主张和能力的孩子来说，让他乖乖地“听话”是一种痛苦。其实，仔细倾听孩子的诉说并回答孩子的问题，对加深亲子关系大有裨益，这可以加强孩子的自信心和安全感。

亲子之间的沟通交流是影响亲子关系、孩子性格发展的重要方面。所以，如果父母们能对孩子的倾诉多一点耐心，给孩子一个诉说心事的机会，那么，孩子遇到事情时就会乐于向父母倾诉，与父母建立良好的沟通。

亲子正面沟通秘诀

在聆听孩子说话时，父母要注意以下问题：

1. 要对孩子的话题表现出兴趣

也许孩子所说的一切，在父母眼里都很幼稚。但是父母在聆听孩子说话时，一定要对孩子以及孩子说的话表现出浓厚的兴趣，这样孩子才能感到被尊重，也会感到自己是重要的。

2. 要给孩子留出时间

在孩子获得成功或者喜悦时，他们很想让父母分享他们的好消息或者愉快的心情；当孩子内心经历着恐慌、创伤或失望时，他们也需要父母温情的安慰。所以，父母不论多忙，都要留些时间给孩子，不要让孩子觉得父母由于着急做其他的事，没工夫听他们说话。总之，要给孩子倾诉表达的机会。

3. 听孩子说话时，一定要集中注意力

父母和孩子交流时要选择合适的时间和地点，比如选一个安静的地点，一个不忙的时间，这样才能够做到专心听孩子说话。在这个时间，不要想其他的事情，只关心与孩子的交流，真心与孩子接触，哪怕只是短短几分钟，只要认真倾听了，也能收到良好的沟通效果。

4. 耐心地鼓励孩子谈话

在听孩子说话的过程中，要善用一些鼓励的词，如“好”“真棒”“不错”等，也可以适时地提一些简单的问题引导孩子。不要随便打断孩子的话，让孩子尽情地把想说的话都说出来。

5. 注意自身的行为语言

父母要善于利用自己的行为语言向孩子表示“我在听着呢”“我感兴趣”“你说的真有意思”。有下面几种信号可以表示对孩子的注意：一是用慈爱的目光注视孩子；二是正面面对孩子；三是与孩子紧挨着坐等。

学会倾听，让孩子对你无所不谈

雯雯今年上六年级。最近，雯雯妈妈发现女儿和平时很不一样，经常一个人闷闷不乐，也不像往常一样爱说爱笑了。雯雯妈妈想，女儿有心事了，便决定找女儿谈一谈。

这天，吃过晚饭，雯雯妈妈拉着雯雯的手，说：“我女儿这几天好像很不高兴。走！妈妈带你去公园散散步。”

雯雯一路上都没说话。一直走到了一张长椅前，雯雯拉着妈妈坐了下来。看着女儿欲言又止的样子，雯雯妈妈说：“雯雯，你长大了，人长大了都会有心事。我不是说过吗？我虽然是你的妈妈，但也是你最好的‘朋友’。你有什么心事、什么困难都可以和妈妈诉说，妈妈即使帮不了你，也可以为你分担一点儿啊，对不对？还有人比妈妈更值得你信任吗？”

这时，雯雯好像才没有了顾忌，靠着妈妈的肩膀，小声地说：“妈妈，我总觉得这件事不太好说。怕您不理解，怕您生气。”

雯雯妈妈笑了，说：“傻孩子，妈妈也是从你这么大过来的，有什么不理解的？说说看？”

雯雯想了一会儿，说：“妈妈，您知道我的同桌杨刚吧？”

“哦，那个男孩子成绩也很棒，我知道。”妈妈回答。

雯雯接着说：“我们关系不错，平时考试不是我第一，就是他第一。不同的是我数学比较好，而他的数学成绩很一般，所以平时放学以后我经常留在班级帮他补习数学。可上周……妈妈，他说他……喜欢我。我真的不知道该怎么办。”

雯雯妈妈这时才明白了女儿这些天来情绪不好的原因。但是雯雯妈妈想，这事挺棘手的，一定要处理好。想到这里，雯雯妈妈拍了拍女儿的后背说：“这也没什么大不了的，这说明你长大了。你能和妈妈说这件事，妈妈很高兴。再说了，有人喜欢你，说明我女儿好呗。妈妈高兴！其实，妈妈小时候也有过类似的经历。”

“是吗？”雯雯瞪大了眼睛，看着妈妈。

“妈妈那个时候比你大一点，十四五岁的样子。住我家邻居的一个男孩经常骑自行车去学校接我放学。开始的时候我以为他就是看在邻居和朋友的面子上来接我的呢，直到有一天他给我写了一封信……后来我给他回信了，告诉他我想要一个他这样的哥哥。再后来他就真成了我哥哥，我们一直都是比较好的朋友。直到后来搬家了才失去联系的。雯雯，你现在也长大了，你也应该知道怎么处理这样的事情，对吧？妈妈建议你和杨刚说清楚，做朋友挺好的，可以互相帮助、互相学习。但不能有其他的想法，因为你们还没有真正长大。妈妈相信杨刚能想通的。如果有什么麻烦你可以随时和妈妈沟通，好吗？别难过了。”

“妈妈，您真好。我开始都不敢和您说呢。”雯雯笑得很释然。

这就是沟通的妙处，这就是倾听的神奇！我们都应该向这位母亲学习一下，她很轻松地就把孩子的一个“小危机”解决了。事实就是这样，作为父母，我们不管做什么，肯定都是为了孩子好。但是，既然是为了孩子好，既然爱孩子，就不要有粗暴的责问、无情的惩罚，而是要选择倾听。在倾听之中，融入对孩子的爱、宽容、耐心和激励，从而给孩子创设一个幸福、温暖的成长环境，从而在自己与孩子之间建立起最亲密的亲子关系。

如果没有一种“倾听意识”，如果父母没有耐心听孩子把要说的话说完，而是一味地将自己的喜怒哀乐强加给孩子，其消极影响是显而易见的：一方面，孩子说话得不到父母的重视，他们只能把自己的秘密埋藏在心里，做父母的就很难知道孩子的所思所想，这样对孩子的教育就会无的放矢，无所适从；另一方面，孩子的说话权得不到父母的尊重，久而久之，孩子就会与父母产生对抗情绪，以至双方相互不信任，沟通困难，这都不利于亲子关系的和谐发展。

所以，要想构建和谐的亲子关系，要想让孩子对你言听计从，要想让孩子对你无所不谈，家长就必须先有一种倾听的意识，要学会倾听孩子的心声。

“一双善于倾听的耳朵胜过十张能说会道的嘴巴。”善于倾听也是最重要的最有效的沟通方式。从沟通的角度而言，倾听是沟通的前提。学会倾听，是沟通的第一步。在亲子教育的过程中也是如此，父母只有善于倾听孩子的心里话，知道孩子想什么、关注什么和需要什么，才能有针对性地给予孩子关心和帮助，也才会使以后的沟通变得更加容易。

亲子正面沟通秘诀

许多家长与自己的孩子都缺乏交流沟通，从而忽略了孩子的心声。其实，家长应该要多多倾听孩子的心声，这样对孩子的心理发展，对家长与孩子间的情感都有利。那么，家长应该怎么做呢？

当孩子倾诉心声时，家长一定要与孩子平视，而不是一副居高临下的态度。这是一种最基本的尊重。孩子也是需要这种尊重的。

当孩子倾诉心声时，家长不要抱着胳膊，或者做翻看杂志等其他事，这些举动会给孩子一种心理阻碍，从而有不想倾诉的意愿。

当孩子倾诉心声时，家长一定不能在孩子没说几句话的时候就打断，表现出不难烦的样子，更甚至说一些过激的话，比如“我早就知道了，别烦我”等。这样不但扫了孩子的兴，可能让孩子以后都不敢倾诉了。

当孩子倾诉心声时，家长可以做出一些符合孩子话语内容的举动。比如张大嘴巴表示你很吃惊，虽然对于大人来说这是有些夸张的，但孩子都希望大人能够对他们说的话有兴趣，并且情绪被他们所感染。

当孩子倾诉心声时，家长可以适时地用语言表达你的观点或看法，或者就说一些简单的鼓励或赞美。比如“我也和你想的一样”“你太厉害了”等等。这样，孩子说话的兴趣自然会有。

学会听孩子倾诉了，孩子也就愿意跟你倾诉了，愿意跟你倾诉了，孩子也就愿意跟你像朋友一样交流了，愿意交流了，家长的教育就更简单了，孩子的心理就会健康发展了。

倾听孩子的弦外之音，理解孩子的心

在一个闷热的下午，李心洁浑身是汗地骑着自行车在人流、车流中艰难地行进。女儿坐在李心洁的车后座上，向她讲着在班里与同学闹别扭的事，劳累疲惫、心里正烦的她毫无反应地听着。

渐渐地，女儿的声音弱了下来。突然，她小声说：“妈妈，我差点儿忘了，老师让买一盒橡皮泥。”李心洁不耐烦地说：“早干吗去了，刚才路过文具店为什么不说！”谁知当她极不情愿地带着孩子返回文具店时，女儿竟然气鼓鼓地自己跳下车，恨恨地说：“不买了，回家！”说完，头也不回地径直往家走。

一进家门，李心洁就冲到女儿面前质问她为什么这么不听话。女儿眼泪汪汪地望着她说："妈妈，你知道吗，我们小孩子也很可怜！"李心洁一下子愣住了，像遭到重重的一击。女儿的小脸通红，哽咽着："妈妈，你们父母心烦的时候，可以冲我们发火；我们心烦的时候，找谁发火呢？你知不知道，我们有时也很难受……"孩子的话使李心洁的内心长时间都无法平静下来。

"我们也很可怜"，这句话使李心洁猛醒，她知道，自己粗暴的态度已经伤害了孩子幼小的心灵。望子成龙的殷殷期望、缺乏兄弟姐妹的亲情沟通、繁重的学习压力……他们太需要心的交流和沟通了。许多父母常常忽视了这一点，而只关注孩子的学习，只看重每次考试的分数，却不知道这样做会不利于孩子心理的健康成长。所以，许多的孩子因此变得不愿和父母说话。在这种环境下成长起来的孩子，又怎么不会和父母产生代沟，又怎么不会心生隔阂呢？

从这以后，李心洁就开始有意识地给自己的心灵留出一块空间，去容纳孩子的喜怒哀乐。她知道不仅应该在学习和生活上关心孩子，更应该悉心地去体味孩子那一颗渴望得到理解的心。

从此，她与孩子之间的沟通越来越密切，代沟这堵墙在她们之间消失得无影无踪。

我们曾经也是孩子，也曾因为父母拒绝了我们的正当要求而难过，或因为一次误解遭斥责而伤心……这种伤害往往留下难以抚平的伤痕，有时甚至会伴随我们一生。今天，做了父母的我们，却因为工作、生活的压力和烦恼而把不良情绪发泄到孩子身上，全然不顾孩子的心理变化和承受能力，这是不应该的。

在家庭教育中要善听孩子的弦外之音，才能明白孩子的真实意图。而许多父母老是在那里自以为是地评价孩子，总是打断孩子的话，使他们根本无法完整地表达一件事。更何况，父母的评价总是站在成人的立场上，有些评价对孩子来说也许不太适合。

父母应该做的是：认真听完孩子的话。这不仅是在对孩子进行平等做人、平等对待别人、平等对待自己的教育，也是走进孩子心灵的有效手段。然而做孩子忠实的倾听者，是需要付出时间和耐心的。作为孩子的父母，只有真正换位思考，对孩子的诉说才会认真听下去，才能在交流中产生互动。否则，没等孩子说两句话，就不耐烦了，那会伤了孩子的自尊心。

因此，作为一个称职的父母应学会倾听、乐于倾听，并善于倾听孩子的弦外之音，才能真正学会从孩子的倾诉中真切地感受和把握孩子的喜怒哀乐，真正了解孩子在想些什么，要求什么，希望什么；才能真正领会孩子的思想意图，分享孩子的快乐，真诚地为孩子的进步而高兴，为孩子的成功而喝彩；才能有效地用父母的体贴去化解孩子的烦恼，营造出充满爱意的温馨家庭环境，也才能赢得与孩子的真诚友谊。

亲子正面沟通秘诀

怎样才能更好地倾听孩子的弦外之音呢？下面介绍的几种行之有效的方法，以供父母们参考：

1. 接受和尊重孩子的所有感受

孩子向父母诉说时，父母应安静、专心地倾听，但不给予评判。父母不必接受孩子的所有行为表现，而只是接受他的感受。例如，孩子可能会告诉父母自己对小伙伴有多生气，但父母不能允许孩子通过嘲弄或打人来表达他的愤怒。

2. 向孩子显示你正在听他讲话

孩子向父母诉说时，父母的关注表示自己对孩子的尊重和自己愿意分担孩子的想法和感受。当孩子开口向父母讲话时，父母应停下正在做的事情，转向他，保持目光接触，并仔细地听。同时还要通过点头或不时地用“嗯……”“是的……”等来显示对他的注意。

3. 告诉孩子你所听到的以及你的想法

不时地总结、重述或复述孩子所讲的关键内容，包括他的感受以及导致这种感受产生的情境原因。仅仅倾听和理解是不够的，父母还必须用语言对他所说、所想及所感的事情作出反应。但尽量不要逐字地重复孩子的话，应使用相似的语言来表达相同的意思。

4. 对孩子的感受进行确认

在仔细听取孩子的诉说并观察其面部表情后，对他的感受进行猜测并试着确认。如果第一次的猜测不正确，再试一次。讲话时要尊重孩子，保持冷静，且语速要缓慢。当猜测不正确时，应鼓励孩子帮助父母纠正。

只有在帮助孩子确认其感受之后，父母才能给他提供忠告、建议或教他以不同的方式看待事情。如果父母先给予这些帮助，那将会妨碍孩子努力去表达和理解自己的感受。

总之，只有当父母真正理解孩子的表达时，才能和孩子进行有效的沟通。

要能够听得出孩子的“话中话”

儿子：“爸，明天你干什么？”

父亲：“我要去一个人的家，有点事。”

听起来，父亲的回答如此简单明白，儿子应该满意。但儿子闷闷不乐，觉得父亲不关心他。

儿子不死心，还想再试探一下：“爸，大概要去多少时间？”

父亲："不知道。去了再说吧。"

听起来父亲说得并不生硬，但儿子更加不愉快，本来有心求父亲明天一起去放风筝，现在不想开口了。父亲呢，一点儿也不明白儿子为什么忽然闷闷不乐了。

上述例子说明，由于爸爸不注意倾听儿子的说话，没有听出儿子话中有"话"，别有所求，所以没有做出正确的反应。结果，爸爸被儿子误会了，儿子误会他是不会带自己去放风筝的。而爸爸却一点儿不知道他什么地方做错了。

许多孩子抱怨，他们的父母整天对他们唠唠叨叨，说得太多，"我对他们没话好说"——这是孩子对父母倾听行为不满的表现。

许多家长苦恼，自家的孩子总是把大人的话当耳边风，说一百遍就像没说过一样，"我们讲的话，他根本不听"——这是父母对孩子的倾听行为不满。

亲子沟通就这样从一开始就切断了：孩子以不听挡回父母的话，以不说抗议父母的不听。

为人父母者，你可曾想过：你是否说得太多，听得太少？你是否在意孩子的感觉和情绪？你是否了解孩子所关心的事和人？

圆圆已经五岁半了，虽然还小，但她已经有了自己的想法。她想看动画片了，就和妈妈商量让她看两集。

妈妈说："说为什么呀？"

圆圆说："你要是给我看，一会儿和姥姥玩游戏的时候让你玩儿，可好玩儿了。"

圆圆是非常喜欢和姥姥做那个游戏的，也希望大家和她一起玩，她把这个当作交换条件，让妈妈也陪她一起玩游戏。

这件小事很值得我们家长思考，现在的独生子女真的是太孤单了，所以整体黏着大人是可以理解的。做父母的要多倾听孩子的心声，多陪陪孩子，让孩子成长的过程不要太孤单，家长也会收获孩子成长的快乐！

认真倾听孩子的心里话，我们会发现和孩子沟通也不是太难的事儿，很多你觉得不理解的，只是我们没有把孩子当作一个平等的沟通对象，只有把孩子当作一个平等的或者更高的交流对象，我们才会发现也必然会发现孩子内心的想法，因为孩子不会掩饰自己，只要家长用心倾听。

亲子正面沟通秘诀

父母要以朋友的心态去和孩子交流，以同龄人的语气去和他们讲话，认真地听他们说的每件事，总是能取得他们的信任，成为他们的朋友。

和孩子交流时最好让孩子感觉你和他是平等的，不是居高临下的。在说话初始，最好就保持在姿态上的平等，你可以蹲下来，保持脸部和孩子等高，让孩子可以平视你的眼睛。

多注意观察孩子的一举一动，随时发现孩子情感的变化。有时一句话、一个微笑都能让孩子感觉到你对他的关心。要特别注意与孩子交谈时的方式，专心听孩子讲话，不要同时做其他的事。

小声地用语助词如“噢”“嗯”等表达你对孩子的聆听。如果父母只顾听孩子说，而不用自己的声音传递专注，会引起孩子误会，以为父母在想别的问题，没有在倾听他说话。在与孩子说话时，低声细语能让孩子感到与父母处在平等的地位上，有助于他们对父母敞开心扉。

每天留点时间倾听孩子的心声

玛丽每天一早上班，下午3点下班。回家后，玛丽检查儿子的书包，到洗衣店给儿子洗衣服，然后做晚饭。

一次，当玛丽打电话聊天时，10岁的儿子在起居室吼了起来："妈妈，你就不能坐下来陪我说说话吗？"

儿子的话令玛丽大为震惊。自以为对儿子已足够关心的玛丽，居然受到了儿子的责问。这时她才意识到，自己因工作繁忙，仅注重在生活上关照孩子，而对于孩子想要什么、想干什么，却一无所知。

美国最近一项对全国3~12年级的1023名学生的调查表明，孩子希望有更多的时间同父母在一起，希望父母不要总是忙忙碌碌，并希望父母重视自己。华盛顿的青年发展研究所对年龄在11~14岁的429个孩子的调查发现，孩子普遍希望能与父母有更为紧密的联系，希望能与父母在一起做些简单的事情。美国许多孩子说："对我们来说，能与父母在一起多待一会儿是最大的愿望。"

教育专家们指出，父母能够给予孩子的最好礼物就是时间。

据统计，目前儿童患孤独症的人数是以往的3.5倍。专家认为，这与家长工作紧张，无暇陪伴孩子或对孩子缺乏耐心有关。患孤独症的儿童多有语言障碍、多动、不合群等症状，这些孩子上学后多会出现学习障碍，长大后在与人交往时也会遇到困难。据调查，患孤独症的儿童一半以上是由于父母经常忙于工作或性格急躁，很少与孩子交流。孤独症被称为精神疾病中的"癌症"，目前基本不能完全治愈，因此医生提醒家长：在为孩子提供丰富物质生活的同时，应多关心孩子的精神生活，以免造成终生遗憾。

现代生活的快节奏和人们心理的躁动不安，以及各种复杂的社会和生活问题，使得人们很难安心地与孩子们在一起。也许我们真的有无数事情要做，但这并不意味着我们在工作与照顾孩子之间必须做出选择。只要稍动脑筋，就会发现许多事情都可以变成娱乐。做饭时，不妨与孩子玩玩“过家家的游戏”，其实这并不耽误做出一顿丰盛的晚餐，还能培养孩子的家庭责任感。与大一点的孩子一起做家务、猜谜、说故事、讲谚语，也是不错的内容。

调查显示，我们身边超过40％的家长与孩子沟通时只谈孩子的学习，而沟通的方法多数仍以“家长”自居，以命令口吻与孩子说话，更有一部分家长干脆承认无法与孩子沟通。如今孩子喜欢的父母是：和蔼的、朋友式的、愿与孩子沟通的、有幽默感的。而家长对孩子的尊重，是良好沟通的前提，因而家长应学会倾听孩子的心声。

现在大多数家庭充满了纠纷，亲子关系恶劣，这是由于父母没有把爱和关怀恰当地表达出来。父母在社会及单位等各方面的压力下，忙着自己的工作、应酬，或者为自己的享乐、应酬、爱好找借口，常说没有时间与孩子进行有效的沟通，等到孩子出现了问题，就采取打骂、惩罚的方式来管教。不懂得倾听孩子的声音，将很难达到教育孩子的良好效果。

父母要与孩子良好地沟通，就要学会倾听，倾听是要让孩子觉得他是最重要的。父母和孩子一起分享他的快乐，不要扫孩子的兴。孩子伤心时来找你倾诉，你要留心听，要换位思考，体会他的心情。因为倾听包含了对孩子的爱、尊重和接纳。

亲子正面沟通秘诀

无论多忙，关心孩子、倾听孩子的心声，都应该成为有责任心的父母的首要任务。

（1）父母每天都要尽量花一定时间与孩子在一起，时间长短并不重要，重要的是每天都要花一定时间坐下来与孩子进行朋友似的谈心，倾听孩子的倾诉，了解孩子的内心世界。

（2）远离日常事务走出家门，对孩子和大人都有益处。只要有可能，父母就应设法与孩子一起去郊游、散步等。

（3）作为家长，如果你的工作的确很忙，不妨每天制订一个工作时间表，并尽可能取消应酬、聊天等不是非干不可的事情，而将这些时间完全留给孩子。

聆听孩子的心声，关注孩子的成长

一天，某中学的校长气冲冲地对该校一位班主任说：“我去上厕所，回到校长室，正好看到这个女孩在翻我的抽屉，手里有两枚一元硬币。”

班主任听后倒抽一口冷气，对这个女孩气急败坏地说：“昨天你私进美术室拿走四罐橡皮泥的事还没有解决呢，今天居然……”班主任像泄气的皮球坐在凳子上，打量面前这个胆大妄为的女生：乱糟糟的头发，脏兮兮的衣服，光从外表看就是一个不惹人喜爱的孩子。

“你去校长室拿了多少钱？”

“就两元。”

“做什么用？”

“买铅笔。”

“为什么不问家长要？”

“他们不给，说我乱花钱，他们只喜欢弟弟。”最后那句话充满委屈。

放学后，班主任去了女孩家做家访。

女孩所谓的“家”只是一个汽车库，闷热、潮湿，屋里乱七八糟地堆满了生活必需品和劳动工具。

在与女孩父母的交谈中，班主任得知：女孩从小在农村长大，祖辈也甚为娇宠，为了上学才来大城市与父母一起生活，家中还有一个弟弟。父母在车站靠帮人拉行李运东西谋生，每日起早贪黑、忙于生计，无暇顾及姐弟的生活，即使有空闲，也仅对家中的男孩关注多一些。于是，女孩便只能有脏兮兮的衣着、乱糟糟的头发，同学对其疏远也就难免了。女孩小时候也是被祖辈宠爱着长大的，如今在家中、在学校都备受冷落，幼小的心灵就这样迷失了。

女孩缺乏关注，得不到成人世界的肯定和鼓励，孤独的她需要用各种反常的行为来引起成人世界的关注，加之小时候在祖父母身边长大，难免任性，缺乏良好的行为习惯，父母又没有耐心和时间来关心教育她，她便迷失了方向。

关注是一种爱，至于爱有多深，就看你关注得有多深多细致了。

每个孩子都需要从父母那里得到足够的重视。孩提时代缺乏父母关注的人往往自私、执拗，不懂得理解别人，也往往不信任自己。

其实，现在的独生子女都很孤独。家长把过多的精力放在了生活的忙碌和生存的压力上，好像这成了生活本来的意义和目的；老师忙于通过批改作业和加课来提高教学质量，好像这就是学生在学校的唯一目标。总之，人们无暇或疏于通过口头或肢体的语言向自己的亲人表达关注的情感。孤独的孩子有的沉默，有的内向，他们的成长尽管不缺乏物质的满足，不缺乏知识的灌溉，却缺乏应有的爱的关注。

孩子中除却少数优秀和少数后进的以外，其余的大多数都是普通人，他们不会有骄人的成绩，也不会有反常过激的行为，每天不需要父母和老师费多少心思。他们乖乖地生活和学习，教室里老师甚至感觉不到他们的存在，家里父母也只关注学习成绩。可能一学期老师都没有和他们谈过话，可能在家里和父母的谈话仅限于“功课做好了吗”“考试成绩怎样了”等。谁来关注他们内心世界的波动和烦恼呢？他们的心理成长几乎是自生自灭的，或者可以说是在孤独中摸爬滚打的。

有人说，21世纪将是心理疾病高发的时代，我们的孩子何其不幸，要面临这样一个压力空前的生存环境。父母应该尽可能地做出努力，每天给孩子多一分关注，让孩子远离因缺乏关注而造成的孤独情绪，别让他们在孤独中成长。

亲子正面沟通秘诀

那么，父母该如何给予孩子积极的关注呢？

（1）经常聆听孩子的倾诉，力争准确地理解并表述出对他的感受，使孩子感到他在父母心中所占的重要位置。

（2）及时赞许孩子表现出的良好品行，使孩子有机会了解自己的优点、长处和进步，从而引起积极的进取愿望和信心。

（3）在生活中，父母应尽可能多地抽出时间与孩子进行一些亲子阅读或亲子游戏之类的活动，活动中父母可以以“助手”或“顾问”的身份，给予孩子好的建议，引导他们提高活动能力和水平。

（4）适当让孩子做一些简单的、力所能及的家务，让他们在劳动中体验自己的价值，并增强为家庭成员服务的责任感。

第 13 章

不言之教，无声胜有声的管教

榜样的力量，无声胜有声

有一对夫妻经常抱怨他家的孩子“贪玩”“淘气”“不好好学习”。

有一次，因为儿子考试两门功课不及格，夫妻就共同“收拾”孩子，打得孩子哇哇大哭。

邻居实在忍不住了，就过去批评他们：“你们整天让孩子好好学习，你们好好学习了吗？你俩召集一群人打麻将，却让孩子做作业，他能做得下去吗？”

尽管邻居言辞激烈，但夫妻俩一声没吭。

从那以后，邻居再也没有听到他们打骂孩子了，他们家里的麻将声也消失了。

俗话说，榜样的力量是无穷的，对于孩子的成长来讲，这一点尤其重要。每当父母抱怨孩子做得不对的时候，其实应该先反问自己：让孩子好好学习，我好好学习了吗？让孩子天天向上，我天天向上了吗？让孩子刻苦用功，我刻苦用功了吗？让孩子排前几名，我上学的时候排前几名了吗？让孩子必须有出息，我有出息了吗？让孩子遵纪守法，我遵纪守法了吗？如果连自己都做不到，或者不想做的事情，而要求孩子做到或者去做，那么，这样的教育能成功吗？

正如俄国伟大的文学家托尔斯泰所说：“教育孩子的实质在于教育自己，而自我教育则是父母影响孩子的最有力的方法。”

孩子的家庭教育非常重要，它就如一座大厦的基础部分，决定了大厦的风格和高矮。孩子最早接触的生活环境主要是家庭，而父母是孩子的第一任教师，身为教师，则要以身垂范，做好孩子的榜样。

亲子正面沟通秘诀

父母作为孩子的启蒙老师，对孩子的影响最深远。父母若想成功地教育自己的子女，则必须以身垂范，做孩子的好榜样。父母给孩子做榜样，一般要把握下面三个原则：

1. 父母要以身作则

“父母榜样”作为一种具体的形象，具有强烈的暗示和感染力量。父母不仅是一种权威，而且是孩子言行举止标准的提供者，父母的表现在很多情况下会成为孩子的参照。父母要使孩子的言行有所遵循，切不可言行不一，言行相悖比对孩子放任自流影响更坏。古人云：“以教人者教己。”即要求孩子要具备的良好的品质和习惯，父母都应首先具备。

2. 父母要以身示教

在家庭教育中，父母经常会对孩子说应该这样做，不应该那样做，以此来规范孩子的言行，可是这种空洞的说教所起的作用往往微乎其微。父母的一言一行、一举一动，孩子都会看在眼里并对父母产生崇敬，并以父母为榜样模仿效法。在日常生活中，父母要谨言慎行，以身示教，凡是要求孩子做到的，自己必须首先做到。

3. 父母要说话算数

父母一旦答应了孩子某事，就一定要兑现，若一件事兑现起来有困难，则不要轻易许诺。如果父母经常说话不算话，就会降低在孩子心目中的可信度，孩子对父母的崇信、敬仰与爱戴，就会随父母失信次数的增加而递减，孩子甚至会下意识地效仿父母，养成说话不负责任的不良习惯。

父母是孩子一生的老师，明智的父母都应该以身垂范，给孩子做个好的人生榜样。

一两的身教胜于一吨的说教

汉森习惯在每天工作之前，先去镇上的酒馆喝上一盅。虽然知道这是个不好的习惯，妻子一直劝他戒掉，但是他想，反正只是自己的一个坏习惯而已，又不影响别人。

一天，天降大雪，汉森穿好棉袄，戴上手套，吻别妻子后，和往常一样吹着口哨向酒馆走去。没走多远，他觉得有人跟在后面。回头一看，竟是自己年幼的儿子。

儿子踩着父亲留在雪地上的脚印，边跑边兴奋地喊：“爸爸，你看，我正在踩你的脚印！”

儿子的话令汉森心中一顿，他想：“如果我去酒馆，儿子踏着我的脚印，将来他也会去酒馆的。”

从那以后，这位父亲再也不光顾酒馆了。

父母的品质、人格对孩子有潜移默化的作用，它会影响孩子今后的成长。如果父母的榜样出现了偏差，孩子的思想行为就会出现偏差。在今后的生活中他就会放松自律，做出有损社会公德的事情，从而也使他失去社会性人格的发展机会。

家长日常生活的一言一行无不对孩子产生影响。有一位男人这样谈及他的父亲：“我记得我的爸爸。在工会保护制度还没有建立起来以前，他每周有5天要为他的本职工作干很长时间，星期六还有另外的工作，也要干很长时间。我还能记得每天天还没亮的时候如果我醒了，就能听见父亲起床并悄悄地出去上班，而此时家里其他人都还在睡觉。我不记得他生过病，请过一天假。他唯一不工作的一天是星期天，他总是和我们一起做些事情来消磨这一天，比如探望亲戚、和我们一起骑车等等。他的家庭就是他的生活。他的工作信念和他对家庭的全力投入给我留下了很深的印象，而且至今影响着我。”

许多人还记得他们的父母是怎样向家庭之外的人伸出援助之手的。一位母亲说：“萦绕在我脑海中的是那种对家庭之外的其他人的真诚关心的氛围。我的父亲直到60岁时仍然是一位志愿消防员和救援工作者。我的母亲则一直做各种志愿工作并时常帮助社区中的其他人。即使自己并不富有的时候，父母对别人仍很慷慨。因为父母的友善，许多人在我和姐姐面前常常称赞他们。”

父母对孩子的影响是无时不在的，尽管你也会经常给孩子讲道理，但你的行为却会对孩子产生更深的影响。

当我们友好而和善地对待他人时，我们的孩子就会学到我们的善；当我们心胸狭窄、自私自利时，我们的孩子也同样学到了这些东西。如果我们为了推掉一个不愿参加的约会而说谎，或者我们因为不想听电话而让孩子告诉人家我们不在家时，我们便在孩子的心灵中播下了撒谎的种子。受过骗的孩子会去骗人。孩子若看到家长从工厂里偷工具或在旅馆里偷毛巾便会以为偷窃不是错事。在家里看不见家长笑脸、得不到爱抚的孩子将来很难开朗和对人友爱。

为人父母的，请走好你们的每一步，要知道，孩子正踏着你们的脚印呢！

亲子正面沟通秘诀

在实践家长的艺术中，一两的身教胜于一吨的说教。

我们的孩子在注视着我们的生活，我们是什么样的人要比我们说什么样的话更有力量。

我们做出了率直的榜样，我们的孩子就会诚实。

我们用爱环绕着他们，他们就会去爱。

我们善于谅解，他们就会宽容。

我们对体育显示出兴趣，他们就会在绿茵场叱咤风云。

我们用微笑和闪烁的眼睛对待生活，他们就会懂得幽默。

我们感谢生活的祝愿，他们就会对生活满怀欣慰。

我们表示出友好，他们就会变得和善。

我们的言辞充满进取的意志，他们就会振奋他人。

我们勇敢地面对挫折、失败和不幸，他们就能学会顽强地去生活。

我们的人生肯定了我们对于生命长久而深沉的信念，他们将不再迷惘。

我们用真善美维护着他们，他们将会发现生存的真谛。

我们的行为像个英雄，他们就会成为勇士。

不要只是站着，只用手比画或指点着你企望你的孩子征服的高度。攀缘吧，他们就会跟上来！

作为家长，我们应该认识到：

——父母在孩子的眼里就是模范和表率，父母的一举一动、一言一行都在潜移默化地影响着孩子。

——身为父母应注意自己的品德修养，如孝敬老人、诚实守信等。

——家长勤于钻研、勇于探索的榜样，无形之中，也会深深地影响孩子的行为品质，促进孩子的求知欲，使孩子在耳濡目染中养成刻苦钻研、执着追求的优良品质。

言传身教，以身作则做表率

1955年10月28日晚上9点刚过，在美国西北部西雅图市的“瑞典人医院”里，伴随着一声响亮的啼哭，比尔·盖茨出生了。但没有人能够想到，这个出生时显得并不起眼的孩子日后竟然成了全球首富！

比尔·盖茨的父亲威廉·亨利·盖茨是美国著名的大律师，母亲玛丽·马克斯韦尔是一名中学教师，都是受人尊敬的知识分子。由于身份的原因，他们需要常常活跃在交际场上，并在一些社交和政治集会上引人注目，从而闻名于西雅图市。不过，虽然父母都是受人尊敬的知识分子，但还不能说具有天才级的智商。所以，如果认为比尔·盖茨的天才智商是父母所赐的，那你就错了。所谓代代相传的“血统论”在盖茨家族中是站不住脚的。

说到比尔·盖茨的父母，还得必须说说他们的家族。毫无疑问，这是一个勤奋的家族，如果说这个家族中没有遗传天才的智商，那么在每个家族成员的身上涌动着的，都是勤奋的血液和进取的精神。

在比尔·盖茨的家族里，父亲和母亲都没有称得上大富大贵的人，但在双方的家庭中却都有相同的东西——那就是勇敢、创新、独立、谦逊等精神和无穷无尽的活力。没有这些精神的一代代传承，比尔·盖茨就不会具有超人的才干，并最终造就微软帝国。

父母从来都是孩子的榜样，比尔·盖茨的成长经历也印证了这点。显而易见，在他的身上经常会体现出父母的许多不同一般的素质，他已经继承了父母以及家族的野心、智慧还有竞争精神。比尔·盖茨这些素质的形成，有家庭环境熏陶的因素，甚至还有遗传的因素，但不可否认，父母的教育在其中起到了决定性的作用。

孩子良好素质和优异性格的形成，有家庭环境熏陶的因素，甚至还有遗传的因素，但不可否认，父母的言传身教在其中起到了决定性的作用。

父母是孩子成长过程中最好的老师。孩子的一言一行都深受父母的影响。孩子处理事情的方式，待人接物的方式，对待人生挫折的方式，主要受父母言行的影响和强化。孩子的自尊、自信、自主性、意志力等都受父母言行的影响。

父母的形象对孩子的影响是巨大的，在孩子的成长过程中，他们与父母相处的时间最长。孩子每天都在用最精细的眼光注意着生活中的一切问题，观察着大人的一举一动、一言一行，于是，父母便成了他们学习的示范老师。父母的所言、所为，就自然而然地成了孩子们的榜样。父母做得好的方面，孩子能学到；父母做得不好的方面，孩子也照样学得到。因此，为了让孩子有一个良好的模仿榜样，父母必须十分注意自己的形象。

亲子正面沟通秘诀

要想成为有威信的父母，在日常生活中父母应注意以下几点：

1. 以身作则是建立威信的关键

古话说："其身正，不令而行；其身不正，虽令不从。"父母必须品行端正，身体力行，言传身教，切不可表面一套，背后又一套，在外面一个样子，在家里又是另外一个样子。父母要求孩子做到的，自己应当首先做到。

2. 必须说到做到

威信就是让孩子对家长产生一种信任感。这不是靠说教或者是打骂的方式就能建立的，父母言而有信才是最重要的。不管孩子多小，家长都要恪守"言必信，行必果"的原则。这样就会使孩子感到父母是说到做到的，从而能够自觉地听从父母的指令，接受对他的要求。

3. 严与爱结合

对孩子要管得严，哪怕是错误也不轻易放过，但每次做过批评之后，家长要想办法去安抚他、开导他，使他感受到父母是爱他的，从而不会对父母产生畏惧、抵抗心理。严与爱相结合的教育，最能建立真正的威信。

4. 少而精的管教

父母管得太多，管得太琐碎，事无巨细都唠叨几句，这样就容易使孩子产生厌烦心理，反而不来听父母的。而平时很少教训孩子，但抓住一些主要的东西一管到底，这样反而更有效。

5. 有效地帮助孩子解决困难

孩子在生活中还会遇到他不知道该怎么办的事情，当孩子遇到需要关怀和帮助的时候，父母应及时为其提供帮助和支持。

言传身教并行，潜移默化育人

孙路一进家门，就看见儿子拿着瓶啤酒自斟自饮，已经喝得满脸通红了。他冲上前，生气地夺下酒瓶："好小子，你还喝上啤酒了！"儿子挥挥手："有什么了不起，喝点啤酒算什么呀，你不整天喝吗？"

儿子毫不屈服，先是让孙路有些不知所措，转而就是火冒三丈："反了你了，还敢说你爸了！"说着，抬手就是一巴掌。

"身教胜于言教"，这是古训，是我国传统家教的重要经验，很值得我们现在的家庭教育发扬光大。但目前有不少家长在家庭教育中只是重视言教，而忽视身教，上面例子中的父亲就是这样的一位家长。

作为父母，千万不能只重视言教而忽视身教，只有自己的言传和身教并行，给孩子起到良好的榜样示范作用，才是教育的关键。

父母是孩子的第一任老师，也是和孩子接触最多的人。父母的言传身教对孩子的影响是深远的。他们本能地模仿和他们接触时间最长、与他们最为亲近的人——父母，孩子表现出来的一些个性品质总能在父母身上找到根源。实际上，随着孩子的成长，父母的形象为子女逐渐树立了成功的榜样。

在家庭教育中，父母一定要为孩子树立良好的榜样。孩子在童年时期的个性、品德逐渐开始形成，此时他的主要学习方式就是模仿，模仿大人的一言一行，模仿父母的举止做法。因此，父母的行为方式会直接影响孩子，甚至被孩子全盘接受。

我国有句古话，“养不教，父之过”，充分说明了身教在孩子成长过程中所起到的重要作用是不容忽视的。

父母要重视自己在孩子面前的榜样作用，凡是要求孩子遵守的行为准则和规矩，父母首先要做到，才能理直气壮地要求和督促孩子，孩子也才会心服口服。

亲子正面沟通秘诀

父母的一言一行，无不潜移默化地影响着孩子的成长。因此，父母日常生活中的言传身教，是家庭教育的重要教育方式。那么，父母对孩子如何言传身教呢?

1. 父母对孩子提出的要求，自己要先做到

父母是孩子最直接的模仿对象，要求孩子做到的，自己首先就应做，要言行一致，处处严格要求自己，才有威信，才能掌握教育的主动权，教育效果才能达到预期目标。

2. 父母要有进取心，不断加强自身修养

父母教育孩子更多的是自己的人格力量去影响孩子。父母应不断加强自身修养，保持不断进取的心态。父母的良好修养、优雅的言行、优异的工作成绩，是对孩子最好的精神激励和最佳的行为示范。

3. 父母之间要和睦相处，创建良好家庭氛围

父母之间要处理好关系，让孩子生活在温馨稳定的家庭环境中。这不仅让孩子心情舒畅，快乐学习，而且对于孩子养成爱护、尊重他人和乐于助人的良好行为具有潜移默化的作用，还有利于培养孩子建立良好人际关系的能力。

以自己的言行举止为孩子做表率

一个旧城市，市民生活环境脏乱，并且城市的绝大多数人都已经习惯这种生活环境。

城中一所小学，一位年轻女教师给班上一个小女孩买了条新裙子。当小女孩穿着新裙子站在妈妈面前时，妈妈吃惊地睁大了眼睛，没想到自己的女儿原来如此漂亮可爱，但脸上显得太脏了，头发也很乱。于是妈妈就给女儿洗洗脸，梳理好头发。这下，这个小女孩简直成了一个漂亮的小公主。这时，妈妈又发现屋子太乱、太脏了。于是把屋子里面打扫了一遍，屋子很快变得很干净整洁。这时孩子父亲回来了，看见干净的屋子和漂亮的女儿，不禁一愣，随即感觉自家的脏乱的院子和屋里太不相称了，于是把院子彻底打扫得干干静静。

邻居家看到小女孩家的改变，很是羡慕，于是也主动行动起来，打扫干净自己的家。这样没过多久，这条街上的人们都把自己的家园打扫得很干净。城市的主管看到这条街上的人家如此勤劳，决定把这条破烂的街道给大家彻底翻新。

两年以后，一个崭新、洁净的城市出现了！

一件新衣引发了城市巨变，虽然有些童话色彩，但这个故事却引起大家深深的思考。

模仿是孩子特别突出的一个心理特点。父母在教育孩子的同时，也要以自己的言行举止做表率。

家庭是孩子的第一课堂，父母是孩子的第一任老师。父母是孩子进入社会最初的模仿对象，孩子从父母那里学会的某种习惯和处世态度，对其一生的发展将产生极大的影响。

孩子身上总会有父母的影子。因此，要想让孩子成为言行得当、举止得体的人，父母得先做出表率。在生活中，父母要时刻注意自己的言行，比如怎样穿着打扮，怎样同其他人谈话，如何议论别人，怎样对待朋友——所有这些，都是孩子模仿的对象。

父母要为孩子的行为举止做出典范，并及早规避自己行为举止上的错误，让孩子自己意识到良好的行为举止对自身的重要性。

父母不要对着孩子是一套，背着孩子又是一套。要注意相互之间有矛盾和争吵时，避开孩子。不要在家庭琐事上互相扯皮、争吵。不要在孩子面前说谎话或者说大话。不要不分场合批评孩子的过错，以致伤害了他们的自尊心。在孩子面前，不要以冷淡的态度待人接物。

父母是孩子最好的老师，是孩子人格最先、最有力的塑造者，父母的言行举止直接影响着孩子。因此，在孩子面前，父母应时刻注意自己的言行，做孩子的表率。

亲子正面沟通秘诀

在现实生活中，父母要给孩子树立怎样的榜样？

（1）有博爱之心，怜悯、同情人，能尽力而为地关心、帮助他人。

（2）尊重他人的人格和生命、健康，不东家长、西家短地乱议论人和事，信任基本了解的人并与之共事。

（3）孝敬老人，爱护年青人。

（4）要让人实实在在地看得出你家里的东西是用自己的劳动和智慧赚来的，不是今天这个送来的，明天那个送来的。否则，孩子会觉得不用劳动和智慧照样可获得，可过好生活。

（5）你永远是个爱学习和勤于思考的人。

（6）你是一个大智若愚的人，不大喜大悲；你冷静沉着，对事对人智慧、宽容，拿得起、放得下。

（7）你的生活目标明确，热情向上，意志坚强，坚定而坚持，敢于直面矛盾和困难。

(8) 你的行为严谨，办事干练，实事求是，作风检点，语言干净，礼貌待人，谦虚谨慎。

(9) 你的举止庄重，衣着整洁，住房内整齐有序、清洁卫生。

(10) 你身体力行，注重以行为和言语影响人，善于鼓励和批评孩子。

这是十个主要方面，做的程度有个层次和境界，不管怎样，你都要去尽力而为。

启发孩子反思自己的言行

姑姑送给夏莉两条美丽的小金鱼。夏莉十分喜欢，把鱼儿放在玻璃缸里，看它们在水中自由地畅游。

有一天，夏莉突发奇想，把金鱼从水中捞出来，丢在地板上。看到金鱼不停甩动尾巴，夏莉觉得很好玩。

“夏莉，你怎么这么残忍！鱼会干死的，赶快把它们放到水里。”妈妈看到这一情景，大声呵斥夏莉。夏莉无动于衷，对妈妈的呵斥置若罔闻。这时，外婆走过来说：“夏莉，如果你口渴时不给你水喝，你会怎样呢？”

“我会很难受。”夏莉有过口渴难耐的经历，便不假思索地说。

“是啊，没水喝很难受，可你把鱼从水里抓出来丢到地上，让它们没水喝，你说它们难不难受啊？而且，鱼是水生动物，比人类更需要水，一旦离开水，很快就会死的。它们拼命甩动尾巴，是因为它们太难受了。”外婆开导夏莉。

夏莉不做声了。沉思了片刻，夏莉对外婆说：“我错了，我以后再

不把金鱼丢到地上玩了。”说着便把金鱼放回了鱼缸中。

从上例可以看出，孩子是否具有自我反省能力跟父母和长辈的引导、教育直接相关。

自我反省的能力是人们一种内在人格智力，是认识自我、完善自我、不断进步的前提条件。对孩子而言，具备自我反省能力，就能正确认识自己的优缺点，自尊、自律，有计划地规划人生，遇到困难和挫折时，能够及时调整自己的情绪，积极进取，渡过一次次难关，一步步走向成功。

会自我反省的孩子，能够反思自己的言行，能置身事外地观察自我的状态，因此，能换位体会父母的感受。所以，一般来说，会自我反省的孩子都是好孩子。

教育专家指出，孩子到了一定年龄都会有一定的判断能力，可以简单地判断好坏，并且也有一定的自尊心和羞耻感。如果做错了事，他们也一定会感到羞愧，只是不同的孩子羞愧的程度不同而已，问题是怎样启发他们的自尊心、羞耻感，进而使他们反省，自己下决心改正。

在孩童时期，孩子尚未形成完备的自我意识，自我反省的内在人格智力还处在萌芽阶段，因此需要父母的正确引导，从小培养。

亲子正面沟通秘诀

父母如何把孩子培养成懂得自我反省的人呢？

1. 不直接指责孩子的错误

当孩子做错事时，父母不要一味地给予斥责，否则可能引起孩子的反感，使其对父母产生抵触情绪，导致其内在智力的发展受到限制。这时，父母可采用冷静的态度，从侧面引导孩子进行自我反省，明辨自己的过失。上例中外婆引导夏莉对自己的行为进行了反省，使她最终认识到自己的错误，这是值得每一位家长学习的。

2. 孩子做错了事，许多父母常常替孩子去承担犯错的后果，使孩子觉得做错了也没关系，从而丧失责任心，这不利于培养孩子自我反省的能力，致使他们以后更容易再犯类似的错误。父母应该让孩子自己去承担犯错的后果，让孩子明白，一旦犯错，将会造成不良甚至严重的后果。如夏莉把金鱼从水中抓出来丢到地板上玩，要让夏莉意识到金鱼的死很可惜，金鱼缸将是空空的了，而这些都源于她的错误行为，她会造成不可挽回的后果。

3. 正视负面道德的正面效应

给孩子灌输正直、善良、勇敢等正面道德情感，可塑造其美好的心灵，而让孩子体验羞愧、内疚等负面道德情感，也会使其受益匪浅。羞愧、内疚等负面道德情感与正面情感相比，更能在孩子的心中留下深刻的记忆，促使他不断进行自我反省，学会区分好坏、是非、对错和美丑，并改正错误。

4. 引导孩子预见事物的后果

许多孩子往往比较冲动，做事时常常根本就不考虑后果，而且由于孩子的经历比较单纯，能够预见到的后果往往与成人能够预见到的不一样。这时候，父母可适当指导孩子，让孩子尝试一下，结果肯定会出乎孩子的意料，这时孩子就会反省自己的行为了。

当孩子犯错或者不听话时，应让他懂得羞愧和内疚。如孩子做错事或者不听话了，父母可直接平静地指出错误的所在，促使孩子自我反省，激发起他的羞愧感和内疚感，使其以后不再犯类似的错误。

说到做到，不给孩子开“空头支票”

“明明，好好学习，如果你下次大考能进入年级前30名，妈妈就休假带你去北京看天安门。”小明自从上初二后学习成绩一直下降，他妈妈非常着急，于是就向小明许下了这样的诺言。小明听了妈妈的话后异常兴奋，非常努力地学习，最终如愿以偿地取得了良好的成绩。当小明将考试成绩告知妈妈后，妈妈也非常高兴，但她对当初的承诺只字不提。两天后，小明终于忍不住要求妈妈实现诺言。

妈妈下班刚到家，小明就急忙跑到妈妈身边：“妈妈，咱们什么时候去北京呀？”妈妈说：“我有事不能休假，去不了了！”小明一听就急了，拉着妈妈的手说：“干吗不休假了？干吗不去了？我就要去！”妈妈挥挥手：“不能去就是不能去，小孩子问那么多干什么？该干啥干啥去。”小明不依不饶地大叫：“不行，就得去！你早就答应我了，不能说话不算数。”小明这一嚷嚷，妈妈也生气了：“你这孩子怎么这么不听话！我是妈妈，我说不去就不去，还用你批准？”小明大哭了起来：“我都已经告诉我的同学我要去北京了，到时会给他们带好吃的，还给他们看照片。现在不去了，叫我怎么和同学说呀，人家一定会说我就会吹牛！”妈妈也对小明嚷嚷：“妈妈的工作重要还是你的同学重要？不去就是不去！”小明还是不放弃，再三要求妈妈带他去北京，结果妈妈一生气，给了他一个耳光，还大骂他不懂事。

小明伤心万分，从此再也不相信妈妈的话了，学习上也丧失了动力。后来小明的老师了解到具体情况，跟他的妈妈及时做了沟通。小明的妈妈这才明白过来，后悔当初没有兑现对孩子的承诺。

也许父母的许诺出发点是没错的，是希望给孩子进步增添一点儿刺激，使之有动力。然而，上文中小明的妈妈为自己的爽约寻找理由，却使承诺带来的正面刺激一步步消失。假若妈妈总是为自己的爽约寻找客观理由，那么孩子将来也会为自己做不到的事寻找各种借口，而不从自身寻找原因，不肯道歉及反省自我。这是一种怎样的恶果呀！

许多父母并没有信守承诺的习惯，他们往往对孩子许下这样那样的承诺，但很少有兑现的时候。孩子对父母的做法习以为常，也就不会去遵守自己许下的承诺，而且，当父母不能依照承诺履行诺言时，孩子就会对父母的口是心非感到生气，并且不再相信父母的话。久而久之，累积的怨气不但会严重影响到亲子间的和谐关系，也会降低孩子对父母的信任度。

没有信任就没有威信，父母失信于孩子，害处是相当大的。所以，作为父母一定要做到说话算数，切不可为了达到某种暂时的目的而欺骗孩子，对孩子撒谎。

父母应像与成人的交往一样认真对待与子女之间的相互承诺。它不仅是与孩子交流的一种合理形式，也是培养孩子健康人格的一种有效手段。当孩子认识到自己答应了的事情就必须做到时，便有了责任感，从而学会履行责任，养成良好的道德习惯。

亲子正面沟通秘诀

作为父母怎样才能正确地向孩子许诺，在孩子心目中树立起言而有信的形象呢？专家们建议父母，许诺时要注意以下几个方面的问题：

1. 尊重孩子，做到言而有信

父母要尊重孩子，不要以为孩子年龄小、不懂事，就不重视对孩子许下的诺言，无论能否兑现都不在意。在孩子的眼里，守信用是最重要的。孩子有时会抱怨大人说话不算数，那是因为他们希望自己的愿望得到满足。

2. 把握许诺的次数

许诺应随着孩子年龄的增长逐渐减少。年龄小的孩子，控制能力差，许诺可以多些，随着孩子年龄的增长，有较好的自控能力，许诺次数可以逐渐减少。

3. 不可胡乱许诺

承诺太多而又不能兑现，将使父母在孩子心目中的地位大大降低。父母的承诺必须有利于孩子的健康成长，使其起到正面教育的作用。不在孩子面前夸口，胡乱许诺。

4. 积极应对诺言不能兑现的结果

当父母因为工作等原因影响了诺言的兑现，使孩子感到失望、委屈时，父母不可强迫孩子接受许诺不能兑现的结果，而应主动并诚恳地向孩子道歉，把不能兑现的原因跟孩子讲清楚，取得孩子的理解和原谅，并在以后寻找适当的机会兑现自己没有实现的诺言。

父母对孩子必须做到言而有信、以诚相待，这样孩子才会对父母产生充分的信任感，也才愿意把自己的心里话告诉父母。父母是孩子的镜子，也是孩子模仿的对象，也只有说话算话的父母才能在孩子心目中树立起威信来，才能避免因孩子说谎而头疼的事情发生。

第 14 章

避免无效沟通误区，亲子关系更和谐

无效沟通误区一：用命令的口气压制孩子

齐齐的学习成绩很好，而且还是班里面的班干部，各方面都很优秀，在学校里是同学们的榜样。齐齐深知作为一个班干部，做每一件事情都要起到带头作用，所以无论是学习还是纪律方面，他都能做出很好的表率。老师常常夸奖齐齐是个“以身作则”的好学生干部。

这天，齐齐的学校号召大家义务献血，为了让同学们踊跃响应，老师就先给学生干部做思想工作，希望由各班的学生干部先加入献血的行列。

齐齐回到家里，把这件事和妈妈说了，希望得到妈妈的支持。可是，齐齐刚把话说完，妈妈就大声地拒绝了：“不行！你怎么能去随便献血，你知道要吃多少营养品，你的血才能补回来吗？”

齐齐向妈妈解释道：“其实，正常人献一些血是不影响健康的。”

妈妈立刻反驳道：“你怎么知道？你还在长身体的时候，决不能献血。知道吗？”

齐齐还在和妈妈辩解道：“老师希望班干部起带头作用，我可不能成为后进分子。”

妈妈不容争辩：“后进就后进，你就和老师说你贫血。别和我争了，按我说的做！”

齐齐无可奈何地回到了自己的房间。

父母与孩子之间的沟通，经常因不合理的表达方式而受到破坏，比如用命令的语气：“你必须怎样”“我说不可以就是不可以”“我要求你怎样……你做不到就会……”等等。

在生活中，很多家长都像故事里面的妈妈一样，面对孩子的问题不能给出合理充分的理由时，为了让孩子打消念头，便使出最后的绝招："你是我生的，所以凡事必须都得听我的。"在这种强权教育下，孩子能够做的只是接受家长的指令，然后去执行就可以了。长期如此，孩子的独立精神、自主意识都成了父母意志的附庸。

家长切勿一厢情愿地为孩子的事情自作主张，不要把自己的意愿和需要当作孩子的意愿和需要。父母要记住孩子不是傀儡，而是一个独立的人。

美国精神病学家威廉·哥德法勃曾经说过："教育孩子最重要的，是要把孩子当成与自己平等的人，给他们以无限的关爱。"无数事实也表明，父母以居高临下的命令姿态来跟孩子说话，反而会使孩子产生逆反心理。只有父母转变姿态，不用命令的口气跟孩子说话了，才有可能让孩子感受到平等。

著名教育家陈鹤琴在其名著《家庭教育》一书中举过这样一个例子：

一天，陈鹤琴的儿子拿了一块破烂的棉絮裹着身体玩。陈鹤琴看见后，就考虑是立刻把破棉絮夺去呢，还是让他在玩弄中得到一种经验，或者命令他将棉絮丢掉，而以其他东西替代。思考了一下，陈鹤琴觉得还是用积极的暗示去指导为好，就对孩子说："这是很脏的、有气味的，我想你一定不要的，你需要一块干净的，去拿一块干净的玩吧。"孩子听了，果然很高兴地跑去了。

陈鹤琴事后总结说："无论什么人，受激励而改过，是很容易的；受责骂而改过，是不大容易的。而小孩子尤其喜欢听好话，更不喜欢听恶言。大多数做父母的看见小孩子玩肮脏的东西，就会立马跑去把脏东西夺过来，而且还要骂孩子，甚至于还要打他。其结果，小孩子改过的少，而怨恨父母的多，即使不怨恨父母，至少也一定不喜欢父母了！"

亲子正面沟通秘诀

不用命令的口气对孩子说话，放下自己的威严，把孩子当作平等的朋友，父母一定会体验到非常美妙的亲子境界。

1. 放下权威至上的观念

父母应放下权威的架子，把自己放在和孩子平等的位置。真正做到尊重孩子，不把自己的想法强加给孩子，只是提出想法和建议，让孩子自己选择。很多父母之所以不让孩子自主选择，是因为担心他犯错误。但是，孩子正是在错误中成长的，父母应该给予孩子充分的信任。当父母的想法跟孩子有冲突的时候，不妨换位思考一下：如果有人不尊重我而只是要我听话，我会是什么感受呢？这样就会更多地理解孩子的行为和想法。

2. 学会与孩子商量

父母对孩子少使用命令的口气，多一些商量的方式，就会使孩子改变对父母的抵触，消除或减轻两代人的隔阂，从而使父母与孩子之间形成温馨友爱的氛围，这些不但体现了父母的修养与教育有方，也会使孩子变得更加懂事、可爱。

3. 用孩子的眼光去看孩子的世界

父母要经常站在孩子的角度去考虑孩子的言语行为，了解孩子的年龄特点，才不会给孩子提出苛刻的要求；理解了孩子看问题的角度，才不会拿成人的标准去批评孩子；尊重孩子的自尊心理，才不会采取命令的口气对待孩子。

无效沟通误区二：揪着孩子的过失不放

在小军父母的眼里，小军实在太不争气了。他不但学习成绩差，永

远都是班级里垫底的，而且经常惹是生非，打架斗殴，动不动就欺负同学。父母经常被老师叫到学校。可是，父母的打骂根本一点儿作用都没有，小军没有一点儿悔改的意思。父母为此头痛极了，觉得这样下去，这个孩子的前途一定要毁了。

这天，校长又给小军的爸爸打了电话，让他马上去学校。小军爸爸火急火燎地赶到学校，才知道小军又闯祸了，把班里的一个男生给揍了一顿，据说打得满脸开花。现在那个男生还躺在医院里，那个男生的家长还在气头上，一定要将小军送到派出所去。小军的爸爸跟人家说了半天的好话，赔了半天的笑脸，只差磕头求饶了，最终答应赔偿医疗费、营养费和精神损失费后，人家才同意不予追究。这边的问题刚解决好，学校的处理出来了，小军被开除了学籍。爸爸找校长求情，校长这次铁了心，无论如何也不要这个学生了。

爸爸心情沮丧地带着小军回了家。刚到家，爸爸就关起门，二话不说对小军就开始拳打脚踢，狠狠地把这个孩子给揍了一顿。最后还是气不过，恶狠狠地对小军说：“你太不争气了，养你还不如养条狗！”

小军本来觉得今天闯的祸大了，爸爸一直在低三下四地为自己求情，所以对于爸爸对自己的暴打，他认为也是自己咎由自取，一直都不吭声。现在听到爸爸的这句话，实在忍不住，对爸爸吼道：“谁让你当时生我了？我就是连狗都不如！从我记事起，你就开始这样骂我！你什么时候把我当人看了？”爸爸听到这句话，愣住了……

小军的确是一个令人头痛的孩子，这次犯的错误也有些过火了，终于咎由自取，被学校开除了学籍。父亲生气暴怒也是完全可以理解的，但是越是这个时候，做家长的越应该克制，当孩子因为犯错误被周边所有人都放弃的时候，父母不应该放弃。

孩子再调皮捣蛋，也会知道这次事情的严重性。家长要建设性地去解决这个问题，再生气也不能说出有损孩子人格的话来。这样践踏孩子人格尊严的做法只能让孩子越来越沮丧，陷入自卑的境地，可能会自暴自弃，破罐子破摔。

受到父母赏识、包容和教育的孩子，会在愉快中接受父母的建议，时刻记住自己的过失，并在以后逐步改进或改正。

其实，孩子犯错是很正常的。面对孩子的错误，如果父母不注意教育方式，不分青红皂白地批评、责骂、惩罚，不但不能让孩子改正错误，相反会使孩子形成胆怯、退缩或者是叛逆、攻击等不良心理。所以，父母要包容孩子的过失，以平静的心态对待孩子所犯的错误，这才是最好的教育孩子的方法。

亲子正面沟通秘诀

大部分父母也想包容孩子的过失，但有时就是控制不了自己，不知道该怎么做。那么，你不妨从以下几方面入手：

1. 体谅孩子的过失

在生活中，有时父母也会出现这样那样的过失，更何况是不谙世事的孩子。因此，面对孩子的过失，父母要学会制怒，以一颗平常心来对待，把它看作是正常现象，是孩子成长中不可避免的。

2. 给孩子解释的机会

有的父母性子特别急，当孩子犯错时，不给孩子解释的时间和机会，先打骂一顿再说。其实这种做法丝毫起不到教育的作用，还会让孩子不愿再与你交流沟通了。因此要给孩子解释的机会，让孩子放下害怕心理，孩子才会主动和你沟通，说明事情原委。

3. 帮助孩子分析出错的，改正错误

父母要心平气和地给孩子讲道理，帮助孩子分析过失所在，并指出改正的办法。

4. 教孩子学会自我教育

有时孩子无意间犯了错，还没等父母批评教育，自己已经开始后悔、反思并自我教育了。因此，当孩子犯错时，父母可以引导孩子自己寻找原因并加以改正，这样孩子对自己所犯的错误会有更深刻的认识，改正过失的自觉性也会更高，以后就会少犯或不犯同类的错。

总之，孩子的心异常娇嫩，像一株刚露头的嫩芽，一朵初绽放的花蕾，需要父母加倍地呵护。

无效沟通误区三：盯着孩子的缺点挑刺

有一个叫王静的孩子，已经上幼儿园了，她最不喜欢上的课是手工课，因为她总是不能顺利地做好老师教的内容，她的手不像其他孩子的手那样灵巧。为此，她非常苦恼，回家问妈妈，妈妈对她说："每个人的能力是不一样的，你可能不如别人手巧，可是你也有很多他们没有的优点。再说了，妈妈小时候还不如你呢，你看我现在不是什么都会做吗？"

妈妈的话让王静信心大增："对啊，我虽然不如别人手巧，但是我能唱出好听的歌曲，还会给其他孩子讲故事呢。"

上小学后，她开始讨厌体育课。因为很多体育项目她都做不好，她不如其他孩子跑得快，不如其他孩子跳得高，甚至连一些简单的动作都不能顺利地完成。为此，体育老师也经常说她"笨"。看着别的同学在操场上快乐地跑着、跳着，她只能伤心地掉眼泪。

她去找爸爸诉苦，爸爸把王静揽在怀里，心疼地对她说："不是你笨，是爸爸不好，把这个缺点遗传给了你，我小时候还不如你做得好呢，不信你看……"爸爸说着，非常笨拙地在地上做了一个前滚翻的动

作。看着爸爸笨笨的样子，王静不禁笑了起来，原来这么优秀的爸爸都有缺点啊。

“金无足赤，人无完人。”世界上十全十美的人是没有的，何况是正在成长的孩子。孩子身上所谓的优点和缺点往往是辩证的，表面是缺点，实质却包含着优点的潜能；今日的缺点，也许就是明日的优点。辩证法告诉父母，一切事物都处于转化之中，在一定的条件下，一个孩子的缺点也能够转变成为优点。

美玉也有瑕疵，孩子有缺点不可怕。每个孩子的能力都是不同的，他们总会在一些方面有不足甚至是缺陷。这时候，如果连父母都看不起他们，甚至嘲笑他们，那孩子会更加自卑，甚至自暴自弃，从而毁了孩子的一生。

孩子的可塑性是很强的。可以说，不论孩子有什么样的缺点和不足，都是可以纠正过来的。

孩子或多或少都会存在一些缺陷，只是程度不同。对于具有明显生理缺陷的孩子，父母更应该通过自己的赏识和鼓励，给他们生活的自信和勇气。有时候，甚至需要一些善意的谎言，巧妙地“骗”一下孩子，让孩子在谎言中忽略自己的缺点，抹平心中的自卑。

面对有缺点的孩子，父母不仅要安慰孩子、鼓励孩子，帮助让孩子树立信心，更要注意发现和培养孩子的优点和长处，帮助孩子扬起生活的风帆，创造人生的辉煌。

亲子正面沟通秘诀

怎么样才能做到悦纳孩子的缺点，教育好自己的孩子呢？

1. 对于天生的“缺点”要“悦纳”

孩子生来就是不同的，孩子的某些缺点可能就是他的个性所致，这不完全是他自己能够控制的。所以，父母要接纳孩子的缺点。只有接纳孩子的缺点，同情孩子的缺点，才能心平气和地帮助孩子纠正缺点。可以说，在教育孩子的问题上，心态决定着一切。

2. 先赞扬后指缺点，孩子易接受

每个人都喜欢听赞扬的话，对自己的缺点不是不清楚，而是不愿意别人说得太清楚，所以父母不要直接攻击孩子的缺点，那只会引起孩子的反感，这是一种本能的自我保护，谁都一样。

所以在指出孩子缺点的时候，最好先是赞扬他的优点，即使这优点是你都不相信的，反正他相信就行了。孩子很粗心，你可以先夸他做事很果断，就是细心差了一点儿；孩子语文不好，数学不错，你当然是先夸他数学厉害，语文再加把劲儿那就更厉害了。

3. 避免错误的家教观念

让孩子出色是父母的最大心愿，然而，父母教育孩子的错误观念以及由此导致的错误家教方法，不仅不能纠正孩子的缺点，反而会影响孩子的健康成长。一味抱着批评和指责，认为棍棒下出才子的想法，并企图用这种压力迫使孩子改正缺点、错误也是不对的。这种做法，往往会使孩子越来越没有信心，只会使情况越来越差。

错误的方法只能得到错误的结果，因此每一位父母在抱着教育孩子改正缺点、发扬光大优点的美好愿望的同时，千万不要一厢情愿，不讲科学性地采取一些错误的方法来教育孩子。

父母要悦纳孩子的缺点，唯有如此，才能让孩子更好地改掉缺点，养成更多的优点。

无效沟通误区四：急于纠正孩子的“出格”

一次美术课上，10岁的伊雪想了好长时间才开始动笔，一出手就画了半只鸭子！陪孩子画画的父母们看见一张大纸上什么都没有，却在画纸边上只画了半只鸭子，都觉得不可思议，开始七嘴八舌地议论起来：“怎么只画个鸭屁股呀？这孩子怎么乱画呢？好好一张纸不画，画到边边上干什么？……”伊雪妈妈也说：“你看人家画得多好！你看你！”“哪有画半个鸭子的呢？怎么能画得这么不完整？都到纸外面去了，把纸翻过去重画吧！”

老师赶紧过去看了看，说：“让孩子画完，不要着急！孩子一定有她自己的想法！”

果然，伊雪下笔后，似乎胸有成竹，很快完成了那幅画。老师让她给大家讲讲画的内容，伊雪简单地讲了一下她画的故事：“鸭妈妈和鸭孩子出去玩，走散了，小鸭去问青蛙妈妈：你好！你看到我的妈妈了吗？青蛙妈妈没看到；小鸭又问乌龟姐姐：你好！你看到我的妈妈了吗？乌龟姐姐也说没看到！最后小鸭终于找到了自己的妈妈，原来，妈妈去找妹妹了！妈妈带着小鸭和妹妹一起去了游乐场！”

这时，大家才明白，原来那画面上的半只鸭子，是跟着妈妈的小鸭子。妈妈和妹妹已经走出画了，而小鸭子才走出去一半。

看着画，老师为孩子的创意感到欣喜，伊雪的妈妈也感到震惊。

对于一个10岁的孩子来说，做的事情虽然出乎父母的意料，可是这样丰富的想象力，是多么的宝贵啊。

现在孩子们的生存、成长环境，无论是家庭还是社会，都和他们父母小时候不一样了。他们接触社会、接触新事物更早、更广泛，他们面对的世界更精彩。这就使他们更容易产生好奇心，容易突发奇想，有意无意地做出一些出格的事情来。

针对这种情况，国内的教育专家们指出：面对孩子的诸多出格行为，如果父母将其简单地看成越轨、破坏纪律而加以批评和限制，可能就会把一些孩子的主动性和创造性扼杀在萌芽状态。反之，如果父母能够正确地对待孩子的“出格”行为，对他们加以正确地引导，调动他们的主动性和创造性，培养他们的创造精神和战胜困难挫折的勇气，那么在“出格”的孩子们中间一定会出现更多的人才。

强烈的“出格”思想对孩子的成长是有害的，但孩子的“出格”思想也有其不可忽视的积极因素。认识到了这一点，有助于正确对待孩子的“出格”，因势利导地教育孩子。

教育专家指出，“出格”对于孩子的成长有如下几方面的积极作用：

1. 有利于孩子独立性的发展

孩子的“出格”大多发生在青春期。青春期的孩子处在生理发育的高峰期，这一阶段也是心理发展的巨变时期。这个时期是由孩子向成人过渡的心理“断乳期”，他们不再像儿时那样依恋父母，也不再把父母看作是“至高无上”的“权威”。这样的心理，如果能悉心保护，正确引导，有利于其独立创造性的发展。

2. 有利于孩子情绪的调节

孩子处于发育的过渡时期，其中枢神经系统活动的基本过程，一般是兴奋过程强于抑制过程。有“出格”思想的孩子，是不会让情绪长期滞留在心中的，经过适当发泄后，他们的情绪会得到调节，对其心理健康是十分有益的。

3. 有利于培养孩子的求异思维

孩子的“出格”思想，有时是针对传统思想的束缚而产生的。传统观念认为是这样的，而具有“出格”思想的孩子偏偏认为是那样的。虽然有时可能“钻牛角尖”或失之偏颇，但更多的时候，却是他们求异思维的表现，他们在试图独辟蹊径，从其他角度来观察和分析问题。

4. 有利于孩子形成开拓的个性

孩子产生“出格”思想，实质上是他们心理上对于常规的“突破”。当他们心理上一进入“突破”阶段，表现出来的就不再是过去的听话、顺从，而是勇敢和冒险。现代社会充满着竞争，从小培养孩子好胜、敢闯的心理素质，有利于其形成开拓、进取的个性。

所以，一个合格的父母应该能够正确认识和对待孩子的“出格”，并积极引导孩子，使其朝着富有建设性的健康方向发展。

亲子正面沟通秘诀

那么，父母应该如何正确对待孩子的“离经叛道”行为呢？教育专家为广大父母们提供了如下对策。

1. 正确理解孩子的“出格”

父母要知道，孩子的一些“出格”行为，其实是对于自己生理、心理成熟的一种尝试性反映。绝大多数并非父母所想象的那样，孩子并不是真的学坏了，而只是个体成熟的心理反映而已。

2. 正确应对孩子的“出格”

父母发现孩子的“出格”行为时，的确需要表明态度，但要特别注意方式方法。父母应该给孩子一个平等对话的机会，避免因为简单粗暴而伤害了孩子的感情，甚至激发孩子的逆反心理，推动孩子走向父母希望的反面。

建议父母在这个时候，可以采取“主动式聆听”，最好由父亲来处理儿子的问题，母亲来处理女儿的问题，这样共同语言会多得多。父母可以坐在孩子身边，主动和孩子聊聊这方面的问题，可以告诉孩子自己在这方面的一些经验和体会。

3. 用沟通交流走入孩子的心扉

交流、沟通是走进孩子心灵的最好方法。面对“出格”的孩子，和他们进行良好的沟通是引导他们的必要前提。每个父母都应该提高自己和孩子交流沟通的能力，只有如此，才能够走进孩子的心扉，摸透孩子的想法，才能采取具有针对性的、高效的教育方法。作为一名合格的父母，一定要敢于接受孩子的“出格”，要能够善待孩子的“出格”行为，要善于引导孩子走向精彩的人生。

无效沟通误区五：对孩子下否定的预言

小宝超级喜欢武打片，偶像是成龙和李连杰。他希望自己长大后也能像他们一样凭借真功夫在世界上闯出一片天地。

这天晚饭后，小宝和爸爸妈妈一起看成龙的电影《警察故事》。小宝看到成龙在影片里帅气的武打动作，越看越羡慕，连连叫好，边叫好边站起来，还在电视机前有模有样地舞起来了。

小宝越舞越入迷了，在客厅里面“嘿嘿哈哈”地舞开了，忘记了还在电视机前看电视的爸爸妈妈。这让看电视看得正入迷的爸爸很是心烦：“你去别处舞去！别挡住我们的视线！”

小宝没有听出爸爸话里的不耐烦，反而一本正经地跟爸爸说：“爸爸，你看我舞得好不好？我要努力练习功夫，将来也要和成龙一样世界闻名，打进好莱坞……”

爸爸看着小宝煞有介事的样子，禁不住“扑哧”笑出来：“什么？打进好莱坞？就你这样，别做梦了吧！还是好好学习，能考上大学就不错了！”

爸爸的话让小宝心中的火焰霎时熄灭了。从此，那个充满志气的小宝不见了。

在华人世界无人不知的大明星成龙的成名之路，并不是一帆风顺的。他从小就梦想着当武打明星，但他的外在条件不好，大鼻子，小眼睛，这样的条件让他很难进入演艺圈。可是他一刻也没有放弃过他的明星梦，认定自己终有一天能成为和李小龙一样家喻户晓的武打明星。事实证明，他的确做到了。每当成龙回忆起年少的梦想时，总是感谢自己的母亲："当年的我很自卑，别人都说我长得不帅，却想当明星，简直就是痴心妄想。但是我的母亲却一直给予我鼓励，她经常对我说：'孩子，我相信你一定会成为第二个李小龙。'这让我不停地鼓起勇气。今日的成就，和母亲当年的鼓励是分不开的……"

而案例中小宝爸爸却采取了一种和成龙妈妈截然相反的态度，也许他只是随口说出这样一句话，却不知道就这么一句话彻底击溃了孩子的自信心。

很多父母都有这样的经历，在孩子不听话，屡教不改，或者不认真读书、完不成作业时，气急了就会骂出一些令人泄气的话来："你一点儿用都没有！""你将来也就这样了，怎么养出来你这么个废物！"殊不知父母一时的气话，却足以造成对孩子终身的伤害，因为它截断了孩子对自己将来的希望和美好的憧憬。一个人对前途失去了信心，一个认为自己没有前途的孩子，他还能好好读书吗？还能读好书吗？

一个人的前途是很难预料的。因为一个人的成长，除了取决于主观的因素外，还取决于外部条件和环境，例如机遇。而一个人的才能又是多方面的，有的人不会读书，但可能精于经营。更何况，孩子未来的人生道路还很漫长，不管现在多么平淡无奇的人，只要对将来抱着"前途大有可为"的希望，就会激发无穷的力量。

亲子正面沟通秘诀

很多父母在否定自己孩子的时候都是无心的。建议父母重新学习

“说话”，并注意以下几点：

1. 不要轻易否定孩子

那些轻易否定孩子的父母，只想在孩子面前树立权威却忽略了孩子需要的尊重，交流的结果可想而知。引导孩子进行深入思索可以使孩子看到父母的“深度”，从而产生敬佩之情。

2. 不要说孩子没出息

“没出息！”这句话出自父母口中的频率是相当高的。这句带着强烈贬损意味的话，不知刺伤了多少孩子的心。孩子也是人，也有自尊心，在孩子的成长道路上，需要来自父母的肯定和赞扬。即使是批评，也应当入情入理，让孩子心服口服，千万不要说孩子没出息。

3. 避免语言中的消极心理

暗示心理学研究已经证实，长期的不良心理暗示可以导致孩子认知思维层面的偏离，进而引起相应的心理和行为改变。因为孩子对自身状况缺少判断能力，潜意识里很容易认同父母的这些消极说法，父母说得多了，往往会弄假成真。

4. 在孩子失落时支持他

孩子毕竟是孩子，他们太弱小。每当孩子痛苦和失落之时，做父母的不要忘记对他说：“你一定行的，我相信你。”任何人都有成功，也有失败，失败往往比成功更多。孩子失败了，父母绝不能说“我就知道你不行”之类的话，而是要多加鼓励，帮助他们从失败中走出来。

无效沟通误区六：把过高的愿望强加给孩子

一位在工作上颇有成绩的女士说：“我从小就喜欢读书，很想念大学，但是由于家庭经济条件不好，家中只供我念完初中就停止继续读书了，所以我的文化程度实只是初中毕业。以后，上山下乡插队，回城后参加工作，没上大学，感觉是自己一生的遗憾。我没上过大学，但我极努力让孩子上大学，可我的儿子没考上大学，我非常痛苦。人家的孩子怎么考上了大学，我的孩子为什么没考上大学，是我的家教存在问题吗？孩子没考上大学，这对我的打击很大，我的心理压力也很大。唉，我觉得我的希望落空了。”

一位母亲对念高中的儿子说，“你每次考试每门课都得在80分以上，你们学校规定85分以上是优秀，我不指望你能门门优秀，但我要求你每门能达到80分，这样你才能确保年级排列百名之内，你才能考上大学或许还能考上重点大学。”可是有一次这个孩子期中考试考了73分，他父母就大发脾气，因为对她来说考73分就是失败，没达到她门门80分的要求。

当今的父母，对自己的孩子普遍寄予过高的期望，期望孩子各方面都出色，功课门门都优秀，将来考上名牌大学，有的甚至还为孩子设计人生道路，一心要将孩子打造成一个出人头地的有声望的人。殊不知，父母不切实际地给孩子制订高标准，只能给孩子带来过高的压力，让孩子产生畏难和抵触情绪，严重的还会采取极端行为。

一个女孩在初中一年级时学习成绩一般，后来她在初中二年级考试排名又降了20多名，因而受到她父母严厉的批评。她父母要她保证初三一定要考得好，结果这孩子在初三的期末考试中感到第一天的考试成绩不好，就喝敌敌畏自杀了。

这一切都是不正确的家庭教育所造成的。有些父母在教育孩子时，总是要求孩子只能成功，不能失败。没有常胜的将军，也没有常胜的考生，再好的学生也很难保证每次考试都是第一，更难保证每门课都达到多少分以上。这种求全责备，不顾孩子的实际情况，只要对孩子的考分不满意，就严加训斥的做法，只能挫伤孩子的积极性，降低孩子学习的信心。

孩子有他自己的理想与抱负，没必要背负上一代的理想与希望，他们有自己的主观能动性。现在社会有很多机会和挑战，对他们来说，上大学已不是他们唯一的出路，他们有自己的人生选择。作为父母，不管你曾经的梦想有多么辉煌与崇高，都不要强加在孩子身上。

天下父母有哪个不是望子成龙，望女成凤？但是对孩子一定要因材施教，不能无的放矢，不能拔苗助长，更不能给孩子造框框，让孩子按照定格好的“模式”去发展。这样做不但不能使孩子有所发展，还会起到适得其反的效果。

在这一点上，我国当代文学家老舍的教子方法值得我们去借鉴。老舍先生的教子方法有四：一是不必非考一百分不可，特别是不必门门都考一百分；二是不必非上大学不可；三是应多玩，不失孩子的天真烂漫；四是要有个健壮的体魄。

老舍先生的这种顺其自然的教育法打破了传统的教育方法，给孩子营造了一种宽松的发展空间，使孩子的个性得到了充分的发展，对培养孩子的自信心以及适应社会能力等都有很大的帮助。

假如你的孩子不能成长为参天大树，那就让他做一棵默默无闻的小草吧，他一样可以给你带来春天的美丽；假如你的孩子不能成为一片汪洋，那就让他做一朵最小的浪花吧，他同样可以带给你跳动的喜悦。每个人都应该知道：树有树的挺拔，花有花的芳香！

亲子正面沟通秘诀

眼下，许多家长把大部分精力、物力、财力，都倾注在孩子身上。但是，不少家长的苦心最终未必都能获得预期的回报，有时候，孩子反而成了父母的心病。那么，如何对待孩子的成长呢？

1. 家长对孩子要多一些平和，少一些苛刻

以平常心对待孩子的成长。父母都希望子女有出息、有作为，但是大千世界，芸芸众生，还是普通人占多数。如果家长不顾客观因素，而一味地高要求、高投入，其结果可能就是期望越高，失望越大。在孩子成长的问题上，家长不要给孩子过大的压力。

2. 家长要遵循孩子的成长规律，切勿拔苗助长

家长在给孩子选择教育时要选择适合他们年龄阶段的教育，也就是说不能超越孩子在该年龄阶段所能承受的最大压力。过早高强度地开发孩子潜能的教育，可能会一时换得了孩子某种超常的才能，而家长却没有意识到自己有可能在牺牲孩子一生的幸福。

3. 让孩子自己树立适当的目标

父母对孩子的要求过高、过严，会让孩子产生很重的心理负担。这种做法常常欲速则不达，不但不能有效地促进孩子正常心理的形成，反而还会阻碍孩子智力和个性的正常发展。因此，父母要帮助孩子树立适当的目标，让孩子的智力和个性得到正常的发展。

4. 珍视孩子的进步

一般来说，在孩子看来，只要自己取得一点进步，父母就应该高兴，对自己进行表扬。可是有的父母不会从孩子的角度来看问题，而用大人的标准去要求孩子，因而孩子很多时候就很难达到父母的要求。还有的父母则担心孩子听到表扬产生骄傲情绪，其实大可不必担心，将表扬做到适可而止就好了。

无效沟通误区七：打骂动手打人的孩子

小健在学校里与同学打架了，班主任老师打电话给小健的爸爸。

小健的爸爸虽然对一向老实的儿子突然打架有些奇怪，但还是一肚子怒火，嘴上不停地跟老师说好话，心里却在责骂儿子：这个臭小子，一点儿好事也不干，回来非收拾他不可！

没过多久，儿子就兴冲冲地回来了，见儿子一副若无其事的样子，坐在家里等他的爸爸更是火冒三丈，开头就嚷道："你在学校干什么好事了？整天不学好，就知道打架！"

小健知道爸爸为什么生气了，本想解释一下这次打架是因为对方先挑起的，可是，他似乎被爸爸怒视的双眼吓住了，只见他嘟嘟囔囔地说："我……我……"

"我什么我！打就打了，男子汉敢做敢当，有什么好说的？"

小健一听爸爸这样说，流下了眼泪。

这一流泪，爸爸似乎更生气了，继续咆哮着："哭什么哭！打架你还有理了？现在哭算什么？"

从那以后，小健开始越来越叛逆，时不时与别人打架斗殴。爸爸更是隔三差五地打骂他一次，但是一点儿用也没有。

如果听说孩子打人了，父母切不可不问清事情的原委便破口大骂起来。应当先以平和的语气对孩子说："我知道你很生气。"以表示明白孩子的感受，然后坚决地说："但是动手打人是不对的。"说明自己反对这种野蛮的行为。再给孩子清静的空间进行思考，平复孩子激动的情绪。

此外，父母处理孩子间打架的事情时要有这样的想法：孩子自己能解决的问题，尽量让孩子自己解决；孩子自己解决不了，求助于父母，父母切莫简单处理。

父母要教育孩子懂得：做事要公正，不要强词夺理，即使自己有理也不要随便妥协，不讲原则。教育孩子不能随便动手打人，要尽可能用讲道理的方式化解矛盾。

孩子打人、骂人是不文明的行为，不过孩子身上的任何缺点都是从无到有、从小到大发展形成的。因此，对孩子打人的坏习惯，父母有责任尽早予以纠正。

亲子正面沟通秘诀

怎样才能纠正孩子爱打人的坏习惯呢？

1. 让孩子明白打人是野蛮行为

父母要让孩子意识到，人与人之间应该和睦相处、互相帮助和爱护。打人是野蛮行为，打人的孩子也是不会交上好朋友的。

2. 弄清楚孩子在什么情况下打人

孩子打人的情况是千差万别的。比如，有的孩子在玩累了，不想再玩儿下去的时候，特别容易打人。这时，父母就应该把他叫走，不要让他再泡在孩子堆里，以免出现打人的情况。

3. 让孩子学会用说理代替武力

用武力解决冲突是不理智的。父母应告诫孩子不要用武力解决和小朋友之间的冲突，要让孩子在碰到争执时，最好是和小朋友讲道理。

4. 平静地对待孩子之间的冲突

如果孩子之间发生了冲突，父母一定要保持冷静，不要立即大声呵斥孩子，更不能因为害怕自己的孩子吃亏而护着孩子。应该让孩子自己说清楚发生冲突的原因，然后让他们自己提出解决冲突的方法，或者帮孩子提出一些解决冲突的办法。

父母要牢记：打骂不能在孩子心中树立威信

王先生曾讲了这样一件事。他的女儿很快就要中考了，却迷上了电视剧《还珠格格》，不管作业有多少，每天晚上必须要挤出时间看两集《还珠格格》。爸爸看着女儿大量的学习时间被占用，心里着急，就劝女儿不要再看了，要抓紧时间学习。

女儿说："还有几集就演完了，等看完《还珠格格》就什么电视剧都不看了，专心学习。"

爸爸生气了，说："一个《还珠格格》不看又能怎样，是学习重要还是看电视重要？你怎么越大越不懂事？"

女儿也提高了嗓门儿，说："还有几集就看完了，早先你怎么不说？"

"你还有理了，我看你不看又能怎样，都什么时候了，还没完没了地看这种电视剧。"爸爸上前一把扯下电视天线，又拔下电源插座。

"你怎么这样霸道，你凭什么不让我看电视？"女儿一边哭一边说。

结果一晚上女儿也没学习，王先生也气得一夜没休息好。第二天女儿放学后，坐在沙发上又把电视打开，照看不误，王先生看到后气得摔门而出。这之后父女俩冷战了好几天，最后还是王先生先妥协，父女俩才重归于好。

王先生向同事们咨询："女儿小的时候很听话，怎么越大越不听话了，敢与大人对着来了，我应该怎样在孩子面前树立起威信呢？"

很多家长认为孩子不听自己的话，是因为自己在孩子面前没有威信，那么如何在孩子面前树立威信呢？很多家长认为：对孩子要严厉，不要多给他笑脸，让他怕你。

孩子犯点错误，有的父母就对孩子严厉地批评、指责、打骂。虽然父母有时只是恐吓孩子，但孩子听多了，就会十分厌烦甚至抵触父母。孩子因此会觉得自卑，慢慢缺乏勇气与父母沟通，免得再挨打、挨骂。

父母在教育孩子过程中，不要刻意地为自己树立威信，因为那样只能事与愿违，尤其要避免以下几点：

（1）以高压赢得威信。父母动辄发脾气，经常打骂孩子，使孩子畏惧自己，使孩子经常处于恐惧不安的状态中。

（2）以疏远赢得威信。父母总是与孩子保持一定的距离，他们很少与孩子交流感情，孩子不了解父母的想法、爱好等，父母也不知道孩子的需要和喜好，父母与孩子之间存在着明显的鸿沟。

（3）以傲慢赢得威信。父母认为自己的言行在孩子面前全是正确的。是家庭的法律信条。话一出口，孩子就得绝对服从，即使是说错了也要迫使孩子必须照办。

（4）以严厉赢得威信。事无巨细、不分是非，都要孩子服从，明明是自己错了，也不承认。

（5）以教训赢得威信。父母无视孩子是否愿意听，也不管自己的语言是否恰当，在任何场合下都没完没了地指责孩子并要求孩子服从。在这种环境中成长的孩子，会对这种说教产生厌倦情绪。久而久之，他们对正确的教育也会产生反感。

（6）以宠爱赢得威信。对孩子百依百顺，姑息迁就。不给他们指明努力的方向，也不提出任何要求，而是有求必应，一概满足，导致孩子任性妄为，形成骄横执拗的性格。

以上六种方式，只会让孩子更加叛逆，家长一定要注意避免使用。

在孩子面前树立威信，不是想树立就可以树立的，不是急于求成的事。它是父母运用恰当的教育方法，建立在与子女彼此尊重和信任的基础上，是不知不觉、自然而然产生的。

亲子正面沟通秘诀

要想成为有威信的父母，在日常生活中应注意以下几点：

1. 以身作则是建立威信的关键

古话说："其身正，不令而行；其身不正，虽令不从。"父母必须品行端正，身体力行，言传身教，切不可表面一套，背后又一套，在外面一个样子，在家里又是另外一个样子。父母要求孩子做到的，自己应当首先做到。

2. 必须说到做到

威信就是让孩子对家长产生一种信任感。这不是靠说教或者是打骂的方式就能建立的，父母言而有信才是最重要的。不管孩子多小，家长都要恪守"言必信，行必果"的原则。这样就会使孩子感到父母是说到做到的，从而能够自觉地听从父母的指令，接受对他的要求。

3. 严与爱结合

对孩子要管得严，哪怕是错误也不轻易放过，但每次做过批评之后，家长要想办法去安抚他，开导他，使他感受到父母是爱他的，从而不会对父母产生畏惧、抵抗心理。严与爱相结合的教育，最能建立真正的威信。

4. 少而精的管教

父母管得太多，管得太琐碎，事无巨细都唠叨几句，这样就容易使孩子产生厌烦心理，反而不来听父母的。而平时很少教训孩子，但抓住一些主要的东西一管到底，这样反而更有效。

5. 有效地帮助孩子解决困难

孩子在生活中还会遇到他不知道该怎么办的事情，当孩子遇到需要关怀和帮助的时候，父母应及时为其提供帮助和支持。

附录一　父母最不该对孩子说的100句话

一、批评孩子时最不该说的话：

1. 你怎么那么笨。
2. 你看看人家孩子。
3. 你的字像鸡爪一样。
4. 你敢不听我的话？
5. 你到底在搞什么鬼？
6. 出去就永远别回来。
7. 谁让你撒谎的？
8. 我的话是对的吧！
9. 老毛病还没改。
10. 和你爸一个德行。
11. 你怎么总是这样？
12. 你还敢不敢？
13. 一点儿礼貌都没有，快叫人。
14. 说你几句就不高兴。
15. 就你这成绩以后扫大街去。
16. 你看看人家。
17. 这么简单都不会，以后还能干吗？
18. 一点儿规矩都没有。

19. 要是这样，你一辈子都没有出息。
20. 看看你的牛脾气！
21. 你简直就是破坏专家。

二、与孩子沟通时最不该说的话：

22. 妈妈求求你了。
23. 不做完作业，你就别想玩。
24. 我没有本事，咱家就看你的了。
25. 你居然敢批评我起来了？
26. 说不行，就不行。
27. 千万别得罪老师。
28. 你爱妈妈还是爱爸爸？
29. 你别烦我。
30. 没看我正忙着吗？
31. 你走不走？
32. 就你那样？
33. 你一定不能像我这样。
34. 一个女孩怎么想玩男孩的东西？
35. 把这个脏东西给我扔出去。
36. 别动，等你长大再帮我。
37. 我这是为你好。
38. 我们买一个更好的。
39. 别和坏孩子混在一块儿。
40. 为了你，我什么都能去干。
41. 为了妈妈，你一定要考好。

三、面对孩子的问题时最不该说的话：

42. 按我说的做！
43. 你问我，我问谁？
44. 大人说话小孩别插嘴。
45. 你本来就应该这么做。
46. 既然这样，你想去哪里就去哪里吧！
47. 你是从垃圾堆里捡的。
48. 你的脑袋里长草了。
49. 当心，摔下来我可不管。
50. 没得商量，免谈！
51. 哪来得这么多的好奇心。
52. 那么难看，你还喜欢。
53. 你哪有钱去捐款呀？
54. 你怎么这么喜欢闹别扭。
55. 不要为自己的成绩差找借口。
56. 先把你的“猪圈”弄干净，再来提问。
57. 等我那天找到答案再告诉你。
58. 说点“好听”的话。
59. 闭嘴，小孩子问那么多干吗？
60. 胡说八道！

四、当孩子遇到困难时最不该说的话：

61. 你在等我表扬你吗？
62. 他打了你，你怎么不打他？
63. 滚，马上给我滚！
64. 没事，反正没人看见。

65. 外面很多坏人。

66. 你们老师偏心。

67. 真是个胆小鬼。

68. 你是个窝囊废！

69. 那样太危险。

70. 妈帮你去说“对不起”

71. 实在不行，那就别坚持了。

72. 有吃有穿的，还有什么不满足？

73. 怎么才考这么点分？

74. 光一门课学的好有什么用？

75. 不准失败！

76. 你是个“人来疯”。

77. 小孩子懂什么？

78. 你的任务就是好好学习，其他什么都别管。

79. 下不为例，再有下次我非收拾你不可。

80. 你又做错了。

81. 不能怪你，我都不会。

五、日常生活中最不该对孩子说的话：

82. 若考100分我就给你买礼物。

83. 一定要进前5名。

84. 你和那个孩子什么关系？

85. 早知道这样，当初就不生你！

86. 等你爸回来收拾你！

87. 谁稀罕。

88. 你怎么不明白我的苦心呢？

89. 不要领朋友到家里。

90. 当个小组长有什么值得骄傲的。

91. 当干部影响学习。

92. 小孩子有什么隐私。

93. 别问这些不要脸的事情。

94. 那个人真不是东西。

95. 马上把电视关上。

96. 别乱告状。

97. 你怎么这么难缠?

98. 你的眼睛真小。

99. 不要把东西借给别人。

100. 去模仿明星吧。

附录二　父母倾听孩子的十大黄金准则

准则一：尊重孩子

当孩子倾诉心声时，家长一定要与孩子平视，而不是一副居高临下的态度。这是一种最基本的尊重。孩子也是需要这种尊重的。

准则二：认真倾听

当孩子倾诉心声时，家长的眼睛可以跟着说话的孩子转动，很自然的用眼睛表达出你的愉悦。让孩子意识到你有在认真听，他的心理就会不自觉地放松，愿意倾诉。

准则三：耐心倾听

孩子年龄小，语言表达有限，很难把自己的所思所想完整而有条理地说出来。因此父母应耐下性子，多给孩子时间，让孩子心情放松地把话说出来。

准则四：带着爱去倾听

父母关心孩子不是领导关心下属，所以父母不应像领导倾听下属诉苦一样，除了安慰和劝导之外便是就事论事，而是应该带着深深的爱走进孩子的内心。

准则五：关注孩子倾诉时的情绪

倾听过程中要随时关注孩子的情绪波动，并与孩子感同身受——也就是让自己站在孩子的立场上，想象孩子的感受。留意非语言信息：面部表情、语调、姿势等。设法分析出自己在类似的情况下会有何感受。

准则六：使用表情变化传达关注

比如保持微笑，并常常做出吃惊的样子。孩子最爱吃惊，用大人的话说就是“大惊小怪”，他们希望看到大人对自己所说的事情表示出吃惊的表情，能把大人吓住，说明自己很有本事。

准则七：用自己的声音传递专注

在语言表达上，父母要经常用“嗯”“哦”“我知道”之类的话语，表示自己正在专心地关注孩子讲话、倾听孩子说话。

准则八：不要中途打断孩子的话

中途打断孩子的话，这样会让孩子会觉得你不够尊重他，要让孩子把话说完，大人再发表自己的意见。

准则九：适时而恰当地提出问题

当孩子的说话告一段落时，可适时而恰当地提出问题，通过表述自己的意见引导孩子深入谈话。

准则十：及时给孩子作出回应解释

在聆听孩子说话的过程中，父母要及时回应一下，通过自己的言语对孩子的叙述加以解释和说明，可以帮助他们弄清楚自己所表达的意思。在解释时，要多运用词汇，尽可能帮助孩子把自己想说的话准确、清楚地表达出来。